Veröffentlichungen
der Europäischen Märchengesellschaft
Band 13

Im Auftrag der Europäischen Märchengesellschaft
herausgegeben
von Ursula und Heinz-Albert Heindrichs

Die Zeit im Märchen

Im Erich Röth Verlag Kassel

Umschlagbild: »Licht–Zeit–Maß« von Gisbert Tönnis; mit freundlicher Genehmigung des Städtischen Museums Gelsenkirchen
CIP-Titelaufnahme der Deutschen Bibliothek
Die Zeit im Märchen / im Auftr. d. Europ. Märchenges. hrsg. von Ursula u. Heinz-Albert Heindrichs. – Kassel: Röth, 1989 (Veröffentlichungen der Europäischen Märchengesellschaft; Bd. 13) ISBN 3-87680-354-3
NE: Heindrichs, Ursula [Hrsg.]; Europäische Märchengesellschaft: Veröffentlichungen der Europäischen...

Printed in Hungary
Aus der Garamond-Antiqua gesetzt und gedruckt von Druckerei Szegedi, Ungarn

Etwas vom Rätselhaftesten, das wir kennen, ist die Zeit.
Aber: kennen wir sie denn?

Vor ungefähr 1600 Jahren formulierte Augustinus in seinen »Confessiones«: »Was ist also Zeit? Wenn es mich niemand fragt, so weiß ich es; soll ich es einem Fragenden erklären, so weiß ich es nicht mehr.«

Es scheint so, als seien wir Menschen des 20. Jahrhunderts mit all unserer Wissenschaft immer noch in eben dieser Situation, als seien wir auf dem Erkenntnisstand des Kirchenvaters stehengeblieben: wie selbstverständlich leben wir mit dem Begriff Zeit, aber wir be-greifen ihn nicht!

Die Zeit fließt, unaufhaltsam schreitet sie voran, und wenn wir auch unsere Uhren zurückstellen, wir halten sie nicht auf; aus der Vergangenheit in die Zukunft geht die Bewegung der Zeit.

Allerdings haben die modernen Naturwissenschaften mit ihren exakten Methoden das Phänomen zu ergründen versucht, aber offenbar ist man sich bislang nicht einig über eine Theorie, die das Vorrücken der Zeit, den sogenannten Zeitpfeil erklären könnte. Der Physiker Roger Penrose aus Oxford arbeitet seit etwa zehn Jahren an Raum-Zeit-Problemen, und er kennt sogar sieben verschiedene in der Natur vorkommende und voneinander unabhängige Zeitpfeile, die alle nach vorwärts gerichtet sind; aber diese Vorwärtsrichtung läßt sich in keinem der sieben Fälle physikalisch erklären (Zeitmagazin Nr. 1, vom 1.1. 1988, 25 ff.).

Welch ein Rätsel also bleibt die Zeit auch für den modernen Forscher, der Geräte zur Verfügung hat, mit denen Bruchteile von Sekunden präzise ermittelt werden können!

Es gilt aber gerade darum, was Erhart Kästner in seinem wichtigen Buch »Aufstand der Dinge« von 1985 feststellt: »Am Eingang der

Neuzeit steht der Glaube ans Messen... Die Uhr ist das Meßgerät aller Meßgeräte, da sie den einzigen unersetzlichen Stoff, den wir kennen, unsere Zeit, mißt.« Kästner sieht in den »weichen Uhren Salvador Dalis« einen »Widerruf an den Hochmut der Rechnung, eine Kündigung, eine Zurücknahme... Dalis Uhren, die als Fladen über abgestorbene Baumäste hängen, verspotten die Überschätzung des Messens. Solche Uhren können freilich nicht gehen. Sie sind vorweggenommene Fossilien, aus dem Berg der Zukunft gegraben. Wenn man sie ansieht, meint man, daß schon alles vorbei sei. Daß sie beendet sei, diese Neuzeit und Meßzeit, katastrophal zu Ende gegangen. In der Wüste, die sie in den Seelen zurückließ, hängen diese vergammelten Zähler, überzählig geworden.«

Der rationalen Unergründbarkeit steht unser Erleben von Zeit gegenüber: wir erfahren deutlich Langeweile oder Kurzweil, wir kennen vertane und genutzte Zeit, die Erscheinung des Zeitstillstandes ebenso wie die der Zeitentrückung. Wir ersehnen den »alles enthaltenden Augenblick«, der Zeit außer Kraft setzt, der Ewigkeit, die Fülle der Zeit erfahrbar macht.

Angesichts der fatalen Zeitnot, die den Menschen des endenden zweiten Jahrtausends kennzeichnet, der termingehetzt auf der »Suche nach der verlorenen Zeit« ist, wächst die Sehnsucht nach erfüllter Zeit, nach sinnerfahrener Zeit. – Den »nunc stans« ersehnen die Menschen indessen von jeher, und menschliches Glück besteht wohl vor allem in der Ewigkeitserfahrung, in der Aufhebung von Zeit.

Das Märchen, das vom Vergangenen erzählt, umgreift im Sinne solcher Aufhebung Gegenwärtiges und Zukünftiges, und darum ist es wichtig, die Weisheit der Märchen nach der Zeit zu befragen.

Seit das aufgeklärte, rationalistische Denken in eine Krise geraten ist und im sogenannten »mythischen Denken« – seit Levi Strauß spätestens – ein neuer, alter, gleicher Wert wieder entdeckt worden ist, hat sich auch eine vertiefte Sensibilität für die grundlegende Qualität des Märchens entwickelt, und im Anhören erlebt der, dem es erzählt wird, oftmals etwas vom Überzeitlichen *in* der Zeit.

Die Märchen kennen die exakt bemessene Zeit: »Wie er eben zum eisernen Tor hinausging, da schlugs zwölf, und das Tor schlug so heftig zu, daß es ihm noch ein Stück von der Ferse wegnahm«, so heißt es im Märchen »Das Wasser des Lebens« (KHM 97). Die Märchen kennen das Rätsel der Zeit, das den »Trommler« eine merkwürdige Erfahrung machen läßt: »Als er in sein väterliches Haus trat, wußte niemand, wer er war, so hatte er sich verändert, denn die drei Tage, die er auf dem Glasberg zugebracht hatte, waren drei lange Jahre gewesen.« (KHM 193) Die Märchen kennen die »angehaltene Zeit«, die den »gelernten Jäger« (KHM 111) in einer Nacht Abenteuer bestehen läßt, für die der Mensch außerhalb des Märchens lange, lange gebraucht hätte.

Die Märchen sind aber vor allem selbst beheimatet im Zeitlosen, in der Nicht-Zeit: nach Max Lüthi steht in den Märchen »die Vergangenheit spannungslos neben der Gegenwart; von Zeitverrinnen ist dabei nichts spürbar.«

»Es war einmal, es wird eines Tages sein; das ist aller Märchen Anfang« – so beginnt ein bretonisches Märchen, und diese Formel spricht Entscheidendes über das Märchen und über die Zeit aus: das Erzählte hat überzeitliche Gültigkeit, es ist dauernde Gegenwart, permanent ist es aktuell, wie selbstverständlich ist das Vergangene Zukunft als Gegenwart!

Der vorliegende Band, der das Thema »Die Zeit im Märchen« von den verschiedensten Seiten angeht, will zu verweilendem Betrachten einladen, und damit will er versuchen, dem Lesenden Zeit zu erfüllen.

Mit dem Wunsch für solche Leseerfahrung sei das Buch auf den Weg gegeben!

Ursula Heindrichs

GRUSSWORT
VON MINISTERPRÄSIDENT JOHANNES RAU

Wenn ich mir, inmitten »zeitgemäßer« wie »zeitraubender« politischer Verpflichtungen, zu einem Grußwort die »Zeit nehme«, so bitte ich Sie, darin doch nur einen begrenzt souveränen Umgang mit jenem Phänomen erkennen zu wollen, das hier verhandelt wird.

Freilich geht es in meinem Falle um die reale Zeit, die ich mir doch auch ein wenig »stehlen« muß, während Sie ernsthaft und weitgehend wissenschaftlich der »Zeit im Märchen« nachspüren wollen.

Beide Vorstellungen von »Zeit« bringen uns aber wohl ganz zwangsläufig zu der Frage, wofür wir Heutigen eigentlich Zeit haben und womit wir unsere Zeit etwa vertun. Sie merken schon, ich komme zu den gesellschaftlichen Verhältnissen, die ja mit unserer Verfügung über Zeit, sei es nun Arbeitszeit oder Freizeit oder Ruhezeit oder auch Lesezeit oder gar Traumzeit, viel zu tun haben.

Erinnern wir uns in diesem Zusammenhang an jene Vorrede zu den Kinder- und Hausmärchen von 1819, in denen die Brüder Grimm dankbar das Westfalen-Land und seine Mundart erwähnen. Es heißt da: »Dort in den alten berühmten Gegenden deutscher Freiheit haben sich an manchen Orten die Sagen und Märchen als eine fast regelmäßige Vergnügung der Feiertage erhalten.«

Nun haben wir Menschen am Ende des zweiten Jahrtausends nach vielen Jahrzehnten des Fortschritts wohl unvergleichlich mehr Freizeit und Möglichkeiten des Vergnügens. Das Vergnügen am Märchenerzählen und Zuhören ist aber gewiß nicht mehr mit dem Feiertagsvergnügen zu Beginn des 19. Jahrhunderts zu vergleichen. Optische Unterhaltung, über deren Märchenhaftigkeit man gelegentlich auch nachdenken sollte, vielfältiger Augenschmaus also – nicht selten mit Nervenkitzel verbunden –, überwiegt wohl bei den meisten von uns. Der phantasiebewegende Erzähler ist selten geworden, und die erdachten Figuren der schreibenden Erzähler haben es schwer, in einer Flut von Wirklichkeitsausschnitten zu bestehen, mit denen wir in jeder Tagesstunde überhäuft werden.

Und dennoch: sehen wir einmal ab von all jenen »Märchen«, die uns Politikern und manchen anderen zur Last gelegt werden, die mit den Menschen »kommunizieren«, dann ist das Märchen als literarische und sprachliche Kunstform ganz offenbar nicht kleinzukriegen. Auch manche Art von geharnischt ins Spiel gebrachter psychologischer und soziologischer Aufklärung hat die schlichte Kraft jener Phantasie nicht zerbrechen können, der die zarten Märchengebilde entsprungen sind.

Natürlich kenne ich die Vorwürfe von gestern und heute, die jene Erfindungen, die ich soeben »zart« genannt habe, der Verlogenheit und der Grausamkeit geziehen haben. Ist es also nur Hobby, ein gefährliches gar und natürlich ein »nostalgisches«, wenn man sich mit Märchen und mit diesem wichtigen Kriterium der »Zeit im Märchen« beschäftigt?

Ich nehme an, daß die meisten unter Ihnen jene Einleitung kennen, die Wilhelm Hauff seinem »Märchen-Almanach« vorangestellt hat. Damals, vor einhundertfünfzig Jahren schon, beklagte sich darin die Tochter der Königin Phantasie und Schwester der Träume, unser Märchen eben, daß es nicht mehr gelitten sei unter den Menschen. Und die Mutter beruhigt sich und ihre Märchentochter mit der Vermutung, da werde wohl die launische Muhme »Mode« im Spiele sein. Sie tut etwas sehr Vernünftiges, sie schickt nämlich ihre Tochter einstweilen zu den Kindern.

Da mache ich nun, spät zwar, aber nicht ohne Nachdenklichkeit und Vergnügen, die ganz persönliche Erfahrung, daß Kinder nach wie vor für Märchen zu haben sind. Vielleicht, weil in ihrer Natur das Verlangen nach einem Stück »Gegenwelt«, wie immer auch die Grenzen zwischen jener Märchenwelt und unserer sogenannten »realen Welt« fließend sind, lebendig ist.

Da kann die eben zitierte Grausamkeit und auch die oft kritisierte Verlogenheit kein Gegenargument sein. Schließlich werden solche kritischen Befunde in mannigfaltiger Weise weit übertroffen von vielem, was Fernsehen und Film doch in unsere Stuben und also schon an unsere Jüngsten bringen.

Was nun die soziale Wirklichkeit betrifft, so gilt gewiß für die Fülle von Königinnen und Prinzessinnen, für manche Stände und Berufe dieses deutlich angezeigte »Es war einmal...« Ist aber damit die Aussage oder gar die »Botschaft« unbrauchbar geworden?

Wir sind uns ja einig darin, unsere Kinder zur Kritikfähigkeit zu erziehen. Daß dabei aber eine sorgsam vermittelte Grundlage an Werten und damit auch an Hoffnungen, an Lebenshoffnungen, nicht verzichtbar wird, das sollte uns, wie ich meine, auch klar sein. Ein Stück davon bringen, wie ich denke, viele Märchen zustande.

Vielleicht mag der eine oder andere fragen, ob den Kindern dieser Zeit ein »Roboter-Märchen« angemessener sei. Und doch könnte es wohl sein, daß diesen Kindern etwa »Das tapfere Schneiderlein« auch heute noch ganz nahe steht, vielleicht sogar näher als der »Auto-Matthias« von Stanislaw Lem.

Es geht um die »Zeit im Märchen«. Jean Paul hat einmal formuliert: »Die Zeit ist die Larve der Ewigkeit.« Da mögen wir zu der Erkenntnis gelangen, daß unter solchem Aspekt das Messende und Planende auch das Flüchtige und Vergehende ist. Es ist wichtig, aber nicht wesentlich.

Raum und Zeit, die Kategorien Kants, sind die Ariadne-Fäden durch das Labyrinth des Seienden. Aber unabhängig von diesen Kategorien, ja in bewußter oder unbewußter Gleichgültigkeit ihnen gegenüber, bewegen sich jene Einfältigen, gewissermaßen die »Simplizissimi«. Sie werden getragen von einer ihnen mitgegebenen Geborgenheit, die bei den »normalen« Menschen ein vielleicht mitleidiges Lächeln, mehr noch Verlegenheit, oft aber im Grunde wohl Neid hervorruft.

Viele Gestalten und Geschehnisse in den Märchen sind von eben dieser Qualität. Und wenn sie von den Kindern besonders geliebt werden, so gewiß deswegen, weil sie ihnen, ihrem Empfinden am ähnlichsten sind. Daß es sich dabei um allgemeine menschliche Vorstellungen und Sehnsüchte handelt, beweist die Tatsache, daß es märchenhafte Geschichten überall auf der Welt gibt und einige Grundmotive sogar überall identisch sind. Daraus wächst den Märchen und der Märchenforschung freilich eine interkulturelle, völkerverbindende Aufgabe zu: weil die Grundwahrheiten der Märchen überall gleich sind auf der Welt, sind sie, auch politisch, eine elementare Quelle der Völkerverständigung, quer durch Zeiten und Rassen.

Otto Betz

DAS GEWICHT DER STUNDE
Märchen zwischen Zeit und Ewigkeit

Das Märchen hat keinen philosophischen Ehrgeiz, es will uns nicht zu einer klarumrissenen Erkenntnis führen, die exakt bewiesen werden könnte; es führt uns aber ins Land des Möglichen, es gibt uns einen Ausblick ins Neue und bisher nur Geahnte, es öffnet Perspektiven, lockt zu grenzüberschreitenden Ausflügen ins Unerkannte. So werden unsere Denkgewohnheiten korrigiert und ergänzt, Alternativen der Weltbetrachtung heraufphantasiert: Zeit verdichtet sich, dehnt und weitet sich, aus der farblosen Zeitquantität wird eine einmalige und unvergleichliche qualifizierte Zeit, aus der dahinrinnenden Zeit wird ein mächtiger Zeitraum.

Können wir unsere begrenzte und eingeengte Zeit überschreiten? Das Märchen kann davon manche Geschichte erzählen und manches Lied singen.[1] Ob nun die Märchen, Sagen und Legenden Ausdruck der menschlichen Sehnsucht nach dieser zeitübergreifenden Daseinserfahrung sind oder ob sich die Tiefenerfahrungen der Mystiker auf die Erzählungen ausgewirkt haben, ist wohl schwer eindeutig auszumachen. Nach Meister Eckhart ist das *fünkelîn,* der Seelenfunken, der seelische Topos, wo die Ewigkeit Gottes in die Zeitlichkeit des Menschen Eingang finden kann, da kann der Blitz des göttlichen »Augenblicks« in unser Dunkel einschlagen. Das Märchen und verwandte Erzählgenera haben ihre eigene Art, von solchen Vorkommnissen zu berichten, es ist tröstlich, daß sie in der Andeutung bleiben. »Wer Ohren hat zu hören, der höre.«

»Jede Besinnung über das Wesen der Zeit führt auch zur Besinnung über das Wesen des Menschen«, heißt ein Aphorismus von Horst Wagenführ.[2] Denken wir also über die Zeit nach, dann geht es dabei nicht um etwas Abstraktes, sondern um den konkreten Menschen. Wir erleben nicht eine von uns abgelöste Zeit, sondern uns selbst als zeithafte, zeitverhaftete Wesen. Und obwohl wir die *weiterfließende* Zeit und die nicht festzuhaltende Stunde oft leidvoll beobachten, hat Wagenführ sicher recht mit seinem Wort: »Der Mensch ist nach seiner ursprünglichen Natur nicht ein von der Zeit bedrängtes, sondern von ihr beschenktes Wesen.«[3] Dankbarkeit für die *gestundete Zeit* ist sicher eher angebracht als die Angst vor der zerrinnenden Zeit oder der Ärger über die zu knapp bemessene Zeit.

Es ist anzunehmen, daß sich die Menschen schon sehr früh, als sie überhaupt begannen, über sich nachzudenken, überlegt haben, was das ist: der zeitliche Wandel, die Veränderung und Entwicklung, der Beginn und das Ende, die wiederkehrenden Rhythmen, aber auch die Nicht-Umkehrbarkeit der Zeit. Und wenn sie dabei Erkenntnisse gewannen, dann haben sie keine Lehrbücher darüber verfaßt, sondern Geschichten erzählt, haben Feste gefeiert, um die erfahrene Zeit zu gliedern, haben einen Kult gestiftet und Opfer dargebracht, um ihre Dankbarkeit zu bezeigen, haben Lieder gesungen und Tänze getanzt. Die Welt, in der wir leben, ist so vielgestaltig, wirft so viele Rätsel auf, daß wir versuchen müssen, ein paar Verstehens-Schneisen in den Urwald zu schlagen. Vor allem die Geschichten, die Mythen, Sagen und Märchen sind es, die das Unvertraute uns näher bringen und das Unverstandene unserem fragenden Geist vertrauter machen. Aber das Seltsame ist: diese uralten Geschichten haben ihre Deutekraft bis heute nicht eingebüßt, sie können auch uns noch eine Hilfe sein, wenn wir von den Problemen unseres Daseins heimgesucht werden.

»Nichts Schönres unter der Sonne, als unter der Sonne zu sein...«, heißt es bei Ingeborg Bachmann. Nichts Schönres in der Zeit, als in der Zeit zu sein, möchte man ergänzen. Aber den Menschen ist ihre Lebenszeit nicht ausreichend genug, sie möchten sie verlängern, sie möglichst weit ausdehnen, weil sie ja noch so viel vorhaben und der Gedanke an ein Ende schrecklich ist. Im Märchen »Die Lebenszeit« (KHM 176) wird erzählt, wie Gott den Tieren und dem Menschen ihr Maß der Lebenslänge zuteilt.[4] Während aber die Tiere es ablehnen, lange zu leben (»Bedenke mein mühseliges Dasein: von Morgen bis in die Nacht schwere Lasten tragen...«, sagt der Esel), sind dem Menschen die ihm zugedachten dreißig Jahre bei weitem nicht genug. »Welch eine kurze Zeit! wenn ich mein Haus gebaut habe und das Feuer auf meinem eigenen Herde brennt; wenn ich Bäume gepflanzt habe, die blühen und Früchte tragen, und ich meines Lebens froh zu werden gedenke, so soll ich sterben! O Herr, verlängere meine Zeit.« Und Gott läßt sich wirklich erbarmen, was der Mensch aber bekommt, das sind die Jahre, die die Tiere abgewiesen haben, sodaß er nun keine Menschenjahre angehängt bekommt, sondern die achtzehn Eselsjahre, die zwölf Hundejahre und die zehn Affenjahre. So lebt der Mensch also länger als die Tiere, aber zum Schluß wird er »schwachköpfig und närrisch, treibt alberne Dinge und wird ein Spott der Kinder.« Mit verhaltener Ironie glossiert das Märchen die menschliche Sehnsucht nach einem langen Leben.

Und wenn ein Mensch sogar mit dem Tod Freundschaft schließt, um dadurch vielleicht dem Tod ein Schnippchen zu schlagen, kommt er doch dem Sterben nicht aus. Auch wenn der Tod sein Gevatter geworden ist und ihn zum großen Arzt hat werden lassen; als der Mann in die Totenhöhle kommt und die vielen Lebenslichter sieht, will er auch seine Kerze sehen, es ist aber nur noch ein winziges Endchen, das eben auszugehen drohte. »Zündet mir ein neues an, tut mir's zuliebe, damit ich meines Lebens genießen kann.« Es nutzt ihm nichts, das Lebenslicht erlosch und der Arzt war in die Hand des Todes geraten (KHM 44).[5] Hier ist es also die Metapher der Kerze, die die begrenzte Spanne Zeit angibt. Beliebig verlängerbar ist die Lebenszeit nicht, irgendwann ist die Kerze abgebrannt, damit muß der Mensch rechnen.

Aber die Märchen wissen auch um die Sehnsucht der Menschen, der Zeitlichkeit und damit der Vergänglichkeit zu entgehen. Wenn es kein Kraut gegen den Tod gibt, vielleicht gibt es einen Ort, wo die Zeit nicht mit ihrer Zerstörungskraft hinreicht. Das italienische Märchen »Das Land, wo man niemals stirbt« beginnt so: »Eines Tages sagte ein junger Mann: ›Diese Geschichte, daß alle sterben müssen, gefällt mir nicht: ich will ausziehen und das Land suchen, wo man niemals stirbt.‹«[6] Aber wenn er auch durch viele Länder zieht und selbst uralte Menschen trifft, die immer noch eine gewaltige Aufgabe vor sich haben, die ihnen das Weiterleben ermöglicht, einen todlosen Ort findet er nicht. Schließlich kommt er doch noch zu einem Ort, wo der Tod keine Macht hat. Dort kann er nun geruhsam seine Zeit verbringen, die ihm aber im Laufe der Jahre langweilig wird. Ein Ritt zurück in seine Heimat wird ihm zugestanden, er darf aber niemals aus dem Sattel seines Pferdes steigen und die Erde berühren. Als ihn aber der Fuhrmann eines Ochsenkarrens bittet, ihm den Wagen anzuschieben, vergißt er die Mahnung und steigt ab. Kaum hat er die Erde betreten, packt ihn der Fuhrmann: »Endlich habe ich dich erwischt! Weißt du, wer ich bin? Ich bin der Tod. Siehst du all die zertretenen Schuhe auf dem Wagen? Die hab ich alle deinetwegen verbraucht, um hinter dir her zu rennen.« So ist er also doch vom Tod als dem Herrn der zerrinnenden Zeit eingeholt worden.

Im Menschenleben – und demgemäß auch im Spiegel der Märchen – geht es aber nicht um eine pure Verlängerung des Lebenslaufes, eine quantitative Anstückelung des Lebensfadens, sondern um eine qualitative Intensivierung des Daseins. Wer lebt, möchte nicht nur sein Leben bewahren, sondern es sinnvoll verbringen, möchte Höhepunkte erleben. Wer das Leben nur fristen kann, gerät in eine Ödnis, erst die Herausforderung und Bewährung bringt das zutage, was im Menschen angelegt ist. Nicht jede Stunde hat das gleiche Gewicht; vielleicht ist ein Menschenleben über Jahre hin beinahe ereignislos, bis sich plötzlich eine Wende abzeichnet, die ein ganz neues Niveau heraufführt.

Ist es verwunderlich, daß es vor allem die Liebe ist, die das Schicksal eines Menschen zu wenden vermag? Keine Zeitspanne in unserem Leben ist vergleichbar mit der Phase des Verliebtseins, mit der ersten Begegnung von zwei jungen Menschen. Vor allem die orientalischen Geschichten erzählen in tausend Variationen von dieser unvergleichlichen Zeit. Eine Szene aus Nizamis »Sieben Geschichten der sieben Prinzessinnen« mag das verdeutlichen: Da wird von einem asketischen jungen Mann erzählt, der mitten in seiner Stadt vom Schicksal ereilt wird. »Als der Gute so nichtsahnend seines Weges dahinzog, im Frieden mit sich und der Welt, kam ihm jemand entgegen – eine Gestalt, verschleiert und ganz eingehüllt in einen dunkelfarbigen Umhang aus Grobtuch: eine Frau offenbar. Was weiter? Daran war gewiß nichts Besonderes, und Bischr wollte schon den Blick wieder abwenden, als plötzlich ein Windstoß der Schreitenden den Schleier wegriß und ihr Gesicht entblößte. – Nur einen Wimpernschlag lang! Doch es genügte; was da für einen einzigen Augenblick sichtbar wurde – so wie hinter Wolkenschwärze der Vollmond –, das war ein Antlitz von solcher Schönheit, daß Bischr, als hätte ihn jählings ein Pfeil getroffen und an seinen Platz für immer festgenagelt, stehenblieb und hinstarrte auf die Erscheinung... Der Narzissenblick, der dem Bischrs begegnete, hätte mit Zauberkraft tausend Schläfer zur Liebe erweckt. Er sah ein Gesichtchen, lieblich gleich einem Blumenstrauß, eingerahmt vom Geringel der Locken, und zwei Lippen wie mit Zucker bestreute taufeuchte Rosenblätter. Das Wunder dieses Anblicks, so unerwartet und nah, war für Bischr zuviel. Seine Glieder waren gelähmt; er glaubte in Ohnmacht zu fallen. Er stieß vor Überraschung und Schrecken einen Schrei aus – gegen seinen Willen –, und es klang wie der Hilferuf eines gepeinigten Kindes... War eine Sekunde, eine Stunde, eine Ewigkeit vergangen, als endlich die Betäubung von ihm abfiel?«[7]

Nizami hat hier das klassische Beispiel eines *Schönheitsschocks*[8] beschrieben. In das Leben des unscheinbaren Bischr bricht etwas ein, das er nicht begreifen kann, der Anhauch einer anderen Welt erreicht ihn, eine Ahnung des Vollkommenen. Da genügt ein flüchtiger Augenblick, der Blick in ein unverschleiertes Antlitz, und er kann nicht mehr weiterleben wie bisher. Plötzlich ist alles anders geworden, es ist eine neue Situation entstanden, in sein früheres Leben mit seinem geruhsamen Einerlei kann er nicht mehr zurück. Gerade die Unberechenbarkeit dieser Erfahrung, das blitzhaft Eintretende, löst den Schock aus. Bischr wird später sein Leben in zwei Phasen einteilen, in die Zeit vor dem enthüllenden Windstoß und in die Zeit danach.

Die arabisch-persische Erzähltradition ist voll von solchen Geschichten. Da bekommt ein Prinz von einem Karawanenführer ein Stück Seidenstoff gezeigt mit dem Bild eines schönen Mädchens. »Ihr Gesicht strahlte wie der Mond. Sie schien zu sprechen und dem, der sie ansah, freundlich zuzuwinken.« Sogleich ist der Prinz in Liebe entbrannt und sagt: »Bei Allah, ich muß das Mädchen haben, das dieses Bild zeigt. Ich nehme keine andere, und müßte ich ihretwegen die ganze Welt durchstreifen!«.[9] Und wirklich muß er durch viele Länder ziehen und Abenteuer durchstehen, muß die Qualen der unerfüllten Liebe erleiden, bis er schließlich das Mädchen als seine Braut gewinnt. Als er sie zum ersten Mal leibhaftig sieht, wird er wieder von diesem Schock erfaßt: »Man konnte so recht ihre Schönheit, Liebenswürdigkeit, ihren hübschen Wuchs und das

Ebenmaß ihrer Glieder bewundern, als der Blick des Prinzen auf sie fiel. Er starrte sie an, seine Liebe zu ihr erreichte die höchste Stufe, und er fiel ohnmächtig um.«[10]

Was ist aber, wenn ein solcher Moment nicht verstanden und genutzt wird? Was in einer einzigartigen Chance angeboten wird, kann auch unwiederbringlich verloren gehen. Der große Augenblick muß nicht zwingend das große Glück bescheren, er kann auch vertan werden und dann eine große Trauer auslösen. Nizami hat auch dieser kummervollen Zeiterfahrung eine faszinierende Geschichte gewidmet, die »Geschichte von der unerfüllten Liebe«.

Da begegnet ein König einem Mann, der wegen seiner abgrundtiefen Trauer nur noch in tiefschwarzen Gewändern umhergeht. Nach seinem Grund gefragt, erzählt er: »Aus den Paradiesesgefilden, die ich bewohnte, vertrieb mich (der Himmel) und warf mich in Tintenschwärze der Welt zum Geschwätz vor.« Und er berichtet von einer chinesischen Stadt von paradiesischer Schönheit, die aber dennoch die »Stadt der Umnachteten« heißt und eine Trauerstätte ist, weil alle Bewohner offensichtlich die gleiche Erfahrung machen mußten. Der König wird von dieser geheimnisumwitterten Stadt angezogen und findet sie wirklich nach langen Wanderungen. Von dort gelangt er auch noch zu dem paradiesesgleichen Stück Erde, das »hier ausgebreitet lag als ein grünseidener Teppich, und Duft stieg auf von vielerlei Blumen und erfüllte mich mit Entzücken.«

Zu einem »zur Erde gefallenen Stück Himmel« wird aber der Wonnegarten erst, als auch noch ein Zug von Mädchen erscheint, »lauter Mädchen, und jedes von ihnen von so leuchtender Schönheit, daß ich darob die Welt und mich selber vergaß.« Seine Wonne steigert sich noch, als er der Feenkönigin begegnet, die ihn freundlich empfängt, ihn in ein traumhaftes Fest mit kostbaren Speisen, herrlicher Musik und wirbelndem Tanz einbezieht. Nur bei dem erotischen Spiel muß er auf die letzte Vereinigung mit der Königin verzichten, sie wird ihm aber für die nächste Zukunft versprochen. Er aber kann die Erfüllung nicht abwarten und will seine Wünsche gleich befriedigen – da verschwindet die ganze paradiesische Zauberwelt und die Feen mit ihrer Königin dazu, der König findet sich in einer lichtlosen Finsternis, alles, was ihm Lebenssinn zu geben versprach, löste sich in nichts auf, sodaß auch er nichts anderes tun kann, als für den Rest seiner Tage schwarze Gewänder zu tragen und dem entgangenen Glück nachzutrauern.[11]

Auch in den europäischen Märchen wird die entscheidende Stunde der Bewährung, in der es darauf ankommt, wach und aufmerksam zu sein, in vielen Versionen erzählt. Oft ist es die Nacht, die als die gefährliche Zeit schlechthin dargestellt wird. Es ist die Zeit, in der die wilden Tiere umherschleichen, aber auch die Räuber oder sonst ein seltsames Gelichter ihr Unwesen treiben. Es ist die Zeit, in der der Goldene Vogel kommt und die goldenen Äpfel vom Baum stiehlt, in der der Eber kommt und die Erde aufgräbt. Und wer den geheimnisvollen Dieb ertappen will, muß wachsam sein und sich nicht dem Schlaf überlassen. Der Kluge baut einen Kreis von Dornsträuchern oder Disteln um sich, sodaß er, wenn er einzuschlafen droht, durch das spitze Gesträuch wieder aufgeweckt wird. Die durchwachte Nacht kann die Stunde der Entscheidung herbeiführen, die Bewährungsprobe, von der alles abhängt. Wer aber einschläft, verpaßt auch die einmalige Chance.[12]

Und wer bereit ist, die verzauberte Prinzessin zu erlösen, muß eine begrenzte Frist des Leidens und der Quälerei durchstehen. Der Kaufmannssohn kommt in das verwunschene Schloß, wo ihn die in eine Schlange verzauberte Prinzessin schon erwartet: »Kommst du, mein Erlöser? auf dich habe ich schon zwölf Jahre gewartet; dies Reich ist verwünscht und du mußt es erlösen.« Drei Nächte lang kommen nun die Unholde, schlagen und stechen und quälen den jungen Mann, schlagen ihm schließlich sogar den Kopf ab. Er aber wehrt sich nicht, hält alles aus und redet kein Sterbenswörtchen. So kann die Prinzessin ihre wahre Gestalt zurückerhalten und mit dem Wasser des Lebens ihren Retter wieder ins Leben zurückholen.[13] Auch das Leiden gehört zu unserem Dasein, eine solche Zeit ist schwer durchzuhalten, aber sie kann dazu beitragen, daß der Zauber überwunden und die Erlösung erreicht wird. Ohne eine solche Zeit der Erprobung und Bewährung, auch des stellvertretenden Leidens, kann der hochzeitliche Tag nicht heraufkommen.

Im Märchen »Die Rabe« möchte ein junger Mann eine verzauberte Königstochter erlösen und bekommt die Anweisung: »Geh weiter in den Wald, und du wirst ein Haus finden, darin sitzt eine alte

Frau, die wird dir Essen und Trinken reichen, aber du darfst nichts nehmen; wenn du etwas issest oder trinkst, so verfällst du in einen Schlaf und kannst mich nicht erlösen. Im Garten hinter dem Haus ist eine große Lohhucke, darauf sollst du stehen und mich erwarten. Drei Tage komm ich jeden Mittag um zwei Uhr zu dir in einem Wagen, der ist erst mit vier weißen Hengsten bespannt, dann mit vier roten und zuletzt mit vier schwarzen, wenn du aber nicht wach bist, sondern schläfst, so werde ich nicht erlöst.«[14] Aber der junge Mann kann dem Angebot der Alten nicht widerstehen, trinkt einen Schluck und wird so müde, daß er zu der festgesetzten Zeit fest schlief, »daß ihn nichts auf der Welt hätte erwecken können.« Auch an den beiden nächsten Tagen ging es ihm nicht anders, sodaß er seine Chance verpaßt hat. Zur bestimmten Stunde muß man wachsam sein, am genau angegebenen Zeitpunkt, nicht irgendwann.

Aber das Märchen gibt den Trost, daß auch nach dem verpaßten Kairós noch eine weitere Chance gewährt wird, wenn auch die Aufgaben immer schwieriger werden.[15]

Aber manchmal gilt es auch, eine gefährliche Phase durchzustehen, um mit List und Mut einen Zeitpunkt zu überspielen, an dem der Teufel (oder in anderen Märchen der Tod) zuschlagen kann. In einem Zigeunermärchen geht ein hungriger kleiner Junge, dessen Vater im Sterben liegt, zum Tod und bittet ihn um ein Stück Brot. Er bekommt auch eine Tüte mit trockenem Brot und geht – zusammen mit dem Tod, den er nicht erkannt hat – in das Haus des Vaters zurück. Dort knabbert er nun nach Herzenslust an seinem harten Brot und fordert auch den geheimnisvollen Gast auf, mitzuessen, hat er doch die Hoffnung, daß sein Vater durch das Knirschen und Knastern aufwacht. Nun heißt es weiter: »Die Sanduhr des Mannes aber rann und rann. Immer leerer wurde das eine der Gläser. Bald rannen die letzten Körner hinaus. Der Tod aber war dermaßen beschäftigt mit dem Knäckebrotessen, daß er ganz vergaß, mit seiner Sense just in dem Augenblick zuzuschlagen, da der Sand aus dem Stundenglas geronnen war, und damit hatte er den rechten Augenblick verpaßt. Allmählich erwachte der Mann. Sein Leben kehrte zurück.«[16] Nun kann ihm der Sohn auch ein Stück von dem Knäckebrot reichen, der Tod aber muß verschwinden, er hat den entscheidenden Augenblick verpaßt.

Noch geheimnisvoller sind die Märchen, die davon sprechen, daß manchmal die Menschen aus ihrer menschlichen Zeit gleichsam herausfallen und an einer völlig anderen Zeiterfahrung partizipieren. Sie machen Erfahrungen, bei denen sie die Grenze ihrer normalen Zeitlichkeit überschreiten. Offenbar haben die Feen ihre eigene Zeit. Die Menschen haben zwar ein Verlangen, die Feen zu sehen und Einblick in ihr Leben zu bekommen, das ist aber mit Gefahren verbunden, denn es ist fraglich, ob man die Grenze auch wieder heil zur Menschenwelt und zur Menschenzeit zurück überschreiten kann, wenn man erst einmal hinübergelangt ist.

Ein walisisches Märchen erzählt von zwei Knechten, die aus dem Gebirge heimkommen, wo sie Torf gestochen hatten; einer von ihnen, Rhys, hört im Wald plötzlich eine wunderbare Musik, die ihn so beeindruckt, daß er die Musikanten suchen muß, um nach der Musik tanzen zu können. Sein Gefährte dagegen hört nichts und geht nach Hause. Als aber am nächsten Morgen Rhys immer noch nicht nachgekommen ist und auch in der Gastwirtschaft nicht gefunden wird, wo er sich – nach der Meinung von Llewelyn – hinbegeben haben könnte, beschuldigt man Llewelyn, er habe seinen Gefährten vielleicht unterwegs umgebracht. Und wenn er es auch leugnete, man glaubte ihm nicht. – Ein Jahr später kam ein Fremder in die Gegend, der sich auf das geheime Feenvolk verstand und meinte, die könnten da mit im Spiele sein. In der Nacht, in der sich das Verschwinden Rhys jährte, begab man sich mit Llewelyn in den Wald, genau zu der Stelle, wo sich Rhys verabschiedet hatte. Und wirklich stieß man auf einen Feenkreis. Plötzlich hörte auch Llewelyn eine feine Musik von lauter Harfen. Aber die mitgekommenen Leute konnten nichts hören. »Stell deinen Fuß auf meinen Fuß, David«, sagte Llewelyn, da konnte auch der die Musik hören und die kleinen Leute tanzen sehen. Und als Llewelyn auch den Rhys erkannte, packte er ihn beim Rock und zog ihn aus dem Kreis der Tanzenden heraus. Der aber wollte nicht mit Tanzen aufhören und rief: »Laß mich doch wenigstens diesen Tanz noch zu Ende tanzen, nie zuvor habe ich beim Tanzen einen solchen Spaß gehabt. Und ich bin doch erst fünf Minuten dabei.« Llewelyn ließ aber nicht locker und klärte seinen Freund darüber auf, daß man ihn beschuldigt habe, den Mitknecht ermordet zu haben. – Plötzlich war der Feenspuk vorüber, die Musik nicht mehr zu hören. Widerwillig ging Rhys mit den anderen nach Hause, konnte aber nicht viel erzählen, außer daß dieses Völkchen hervorragend tanzen könne. Gegessen und getrunken hatte er nichts, auch die Kleider nicht gewechselt. Als er aber wieder in sein Heimatdorf kam, wurde er schwermütig und redete nicht mehr. Es ging nicht viel Zeit ins Land, da starb er.[17]

Glimpflicher kam Einion davon, der einmal dem Feenbereich zu nah kam und dann tatsächlich zu einer Feenfamilie geführt wurde. Die drei Töchter waren wunderschön, redeten ihn auch freundlich an, aber er hatte eine zugefrorene Zunge. »Da kam eines der Mädchen zu ihm heran, fuhr ihm mit den Fingern durch seine gelben krausen Haare und gab ihm einen Kuß auf die Lippen. Sogleich konnte er seine Zunge wieder bewegen. Da war er nun, verzaubert von diesem Kuß, und er blieb ein Jahr und einen Tag und wußte nicht, daß mehr Zeit vergangen war als ein Tag, denn er befand sich in einem Land, in dem die Zeit nicht zählt.« Ihm wird aber die Heimkehr in die Menschenwelt erlaubt und seine schöne junge Frau darf er mitnehmen. Und wenn es unter den Menschen besonders schöne gibt, dann sind es wohl die Nachfahren dieser Feenfrau.[18]

Die Geschichten von der Relativität der Zeiterfahrung finden sich in den verschiedensten Kulturen und Traditionen, sie sind im Grenzbereich zwischen Märchen, Mythos, Sage und Legende angesiedelt. Da wir in unserem Kulturkreis spontan an den Mönch von Heisterbach denken, könnte man das Phänomen das ›Heisterbach-Syndrom‹ nennen. Der Mönch grübelte über das Zeitproblem nach. Der Psalmvers »Vor Deinen Augen sind tausend Jahre wie der Tag von gestern, der schon vergangen« (Ps 90,4) läßt ihm keine Ruhe, er kann die Zeitenthobenheit Gottes nicht nachvollziehen. Bei einem Spaziergang im Klostergarten horcht er auf einen singenden Vogel, dessen Gesang ihn aus seiner kontinuierlichen Zeit herausholt, er kann *dichte Zeit* erleben, einen Glücksmoment, der nicht gemessen und distanziert beobachtet werden kann. Aus dieser Erfahrung des *nunc stans*, wie es die Mystiker genannt haben, entlassen, kann er nicht mehr in seine ursprüngliche Zeit zurück, er ist aus der Zeitlichkeit herausgefallen, der Zeitfluß ist weitergegangen, so kommt er an das Ende seiner Zeit: der Lebensbogen ist zuende, die Lebenskraft ist in dem *dichten Moment* verbraucht.

Ist unsere *kleine Zeit*, die Zeit des permanenten Nacheinanders, von einer *Großen Zeit* umgeben, die in unsere kleine Zeit eindringen und sie aufheben kann? Offensichtlich können manche Menschen Erfahrungen machen, die den relativen Zeitstrom durchbrechen lassen, hinter der Alltagswelt schimmert der geheimnisvolle Hintergrund des Ewigen hindurch. Im Erleben der *Erleuchtung* erhofft man die Vordergründigkeit des Daseins zu durchstoßen.
Eine hinduistische Legende veranschaulicht sehr drastisch die Relativität unserer Zeiterfahrung. Viele Jahre hatte sich Narada in die Einsamkeit zurückgezogen und sich ganz der Versenkung hingegeben, dem asketischen Leben. Da fand er Gnade bei Vishnu. Es erschien ihm der Gott und versprach ihm: »Sprich einen Wunsch aus, was immer du wünschest, ich werde ihn dir erfüllen.« Narada besann sich nicht lange, sondern sprach: »Zeig mir die Macht und magische Kraft deiner Maya.« Vishnu war damit einverstanden und forderte ihn auf, ihm zu folgen. Als sie einige Zeit gewandert waren, kamen sie in eine einsame Gegend, es herrschte eine drückende Hitze, sodaß sie vom Durst gepeinigt wurden. Da setzte sich Vishnu nieder und bat Narada, auf dem Weg weiterzugehen, bis er ein kleines Dorf erreichte, dort könne er sich Wasser geben lassen und es hierher zurückbringen. Also machte sich Narada auf den Weg und fand auch bald das Dorf. Beim ersten Haus angekommen, klopfte er an die Tür und es wurde ihm von einem Mädchen geöffnet, das eine so strahlende Schönheit hatte, daß er seinen Blick nicht von ihr wenden konnte. So versonnen war er in den Anblick des schönen Mädchens, daß er seinen Auftrag vergaß. Das Mädchen ließ ihn eintreten, seine Eltern empfingen ihn mit großer Ehrfurcht. Narada blieb in dem Hause wohnen, weil es ihm unmöglich schien, sich wieder von dem Mädchen zu trennen. Eines Tages feierte er mit dem Mädchen Hochzeit, so lernte er die Freuden der Ehe kennen, aber auch die Mühsale des bäuerlichen Lebens. So vergingen die Monate und Jahre im Fluge. Im Laufe der Jahre wurden ihm drei Kinder geboren, und als sein Schwiegervater starb, übernahm er die Aufgabe des Hausvorstandes. Als aber das zwölfte Jahr seines Hierseins sich neigte, suchten gewaltige Regenfälle die Gegend heim, das Wasser troff in solchen Massen vom Himmel, daß sich das ganze Tal in einen See und die Wege in Flußläufe verwandelten. Die Tiere seiner Herde ertranken, das Haus stürzte in sich zusam-

men. Da nahm Narada seine Frau bei der Hand, setzte sich das jüngste Kind auf seine Schulter und geleitete die beiden anderen, um sie aus dieser Wasserkatastrophe zu retten. Als er aber auf diesen grundlosen Wegen ausglitt, fiel sein jüngstes Kind in die Fluten. Und da er diesem Kind nacheilte, um es wieder zu erreichen, wurden schon die beiden anderen von den Wassermassen weggerissen, und sie verschwanden in den aufgewühlten Fluten. Zu Tode erschrocken, schaute er sich nach seiner Frau um. Da mußte er zusehen, daß auch sie sich nicht mehr halten konnte und in den Strudeln des Wassers versank. Nun stürzt auch er zusammen und wird ohne Bewußtsein von der Gewalt des Wassers weitergetrieben, bis ihn eine Welle gegen einen Felsen schleudert und er schließlich am Ufer liegen bleibt. Aus seiner Ohnmacht erwacht, fällt ihm sein ganzes Unglück wieder ein, das er erlebt hat und schluchzend beweint er sein Geschick. Doch plötzlich hört er eine vertraute Stimme, die zu ihm spricht: »Narada, liebes Kind, hast du mir endlich Wasser gebracht, das du mir holen gegangen bist? Seit einer halben Stunde warte ich nun schon vergeblich auf dein Kommen.« Da wandte sich Narada um – von den Wasserfluten, die ihn hierher getrieben hatten, war nichts zu sehen, er war in den menschenleeren Gefilden, die drückende Hitze des Sommertages umgab ihn. Und wieder wandte sich Vishnu an ihn: »Nun verstehst du wohl die Kraft und das Geheimnis meiner Maya.«[19]

Mit solchen Geschichten wird unsere fixierte Vorstellung von der Gewißheit unserer sinnenhaften Erfahrung aufgebrochen. Was wir wahrnehmen, ist nach hinduistischer Vorstellung ja nur die Maya, die Scheinwelt; die trügerische Vielfalt des Vordergründigen muß erst durchstoßen werden, um die wahre Tiefenschicht des Ewigen zu erreichen.

Auf eine ähnliche Weise wird auch in den chinesischen Märchen die *normale* Zeitschicht aufgebrochen und eine Ahnung von einer Zeiterfahrung vermittelt, die anderen Gesetzen unterliegt. Da geraten zwei Scholaren in den Anziehungsbereich von Blumenelfen, leben mit ihnen eine gewisse Zeit; als sie sich aber wieder verabschieden, sind schon »siebzig oder mehr Jahre« vergangen.[20] Und der König Mu von Dschu hatte gar einen Magier, der ihn manchmal einlud, mit ihm zu reisen. In den überweltlichen Reichen konnte er die

»purpurnen Tiefen der Ätherstadt, der Sphärenharmonie des Himmels« erleben und einige Jahrzehnte dort weilen. Aber die Erfahrung wird so übermächtig, daß der König wieder in sein Reich zurück möchte. »Als er zu sich kam, saß er an demselben Platz wie zuvor. Die aufwartenden Diener waren dieselben wie zuvor. Er blickte vor sich, da war der Becher noch nicht leer und die Speisen noch nicht kalt.«[21]

»Der ›Augenblick‹... ist ein schönes Wort, das wohl Beachtung verdient. Nichts ist so schnell wie der Blick eines Auges, und doch ist er angemessen für den Gehalt des Ewigen... Ein Blick ist eine Bezeichnung der Zeit, aber wohlgemerkt der Zeit in dem schicksalsträchtigen Konflikt, da sie berührt wird von der Ewigkeit«, so hat Sören Kierkegaard philosophiert.[22] Viele Märchen und märchenartigen Geschichten umspielen diesen Augenblick, das momentane Geschehen öffnet sich für eine andere Wirklichkeit, die plötzlich einbricht und sich machtvoll bezeugt. Da fallen Menschen aus ihrer Zeit heraus und partizipieren an einer außerweltlichen Daseinsweise. Wieder zurückgekehrt, können sie sich nicht mehr in ihren früheren Zeitlauf einordnen, zu groß waren die Erfahrungen der genossenen Wonnen. Oder für jemanden weitet sich das winzige Zeitquantum zu einem ungeheuer weiten Äon, er erfährt ganze Menschenleben, um dann wieder in seine Ursprungssituation zurückzuspringen. Die anderen Menschen haben nichts mitbekommen, ihr einziger Eindruck: »Der König saß eine Weile schweigend da.« Wer es erlebt hat, der behält eine Sehnsucht nach der *Anderszeit*, das übliche Kontinuum, hauchdünn und so zerbrechlich wie vergänglich, genügt ihm nicht mehr.

Es ist also eine große Spannweite von Zeiterfahrungen, die sich in den Märchen, aber auch in Fabeln und Legenden, niedergeschlagen hat. Da ist einmal das Erschrecken über die Kürze der Lebenszeit und die Sehnsucht, diese Spanne zu verlängern. In unzähligen Geschichten wird von der entscheidend wichtigen Zeit erzählt, dem Zeitpunkt, wo sich das Schicksal wenden kann, wo die einmalige Chance geboten wird, aber auch eine ungeheure Gefahr drohen kann. Und schließlich gibt es die Geschichten, da fallen Menschen gleichsam aus der üblichen Zeit heraus und erleben eine Verdichtung des Daseins, die man kaum mehr beschreiben kann. Entweder wird ihre ganze Lebenszeit zu einer kurzen Spanne *komprimiert,* sodaß sie nach dieser Erfahrung zu ihrem Lebensende kommen, oder eine kurze Zeitspanne dehnt sich so ungeheuer, daß die Betroffenen sich später wundern, daß dieser gewaltige Raum nur Minuten gedauert haben soll.

Immer wieder wird erkennbar: Zeit ist nicht gleich Zeit, jede Stunde hat ihr eigenes Gewicht. Es kommt darauf an zu erkennen, was *jetzt* die Stunde geschlagen hat. Wer dieses Gespür mitbekommen hat und herausfindet, zu welchem Zeitpunkt man hellwach sein muß, der kann sein Glück machen. So sind die Märchen durchaus Mahner und Erzieher (auch wenn sie nicht mit erhobenem Zeigefinger daherkommen), die uns vorbereiten, die rechte Zeit nicht zu verschlafen, die uns anleiten, das *Gewicht der Stunde* wahrzunehmen.

Luise Bröcker

WENN DU KEINE ZEIT HAST, SOLLTEST DU NICHT KAISER SEIN

Philosophische Überlegungen zum souveränen Umgang mit Zeit in Alltag und Märchen

Wenn wir Zeit zum Thema machen, geht es uns noch heute wie Augustinus, der um 400 nach Christus meinte: »Was ist Zeit? Wenn keiner mich fragt, weiß ich es, wenn ich aber die Frage danach beantworten will, weiß ich es nicht mehr.«

Wie kommt es, daß sich Zeit so schwer erschließt? Wir sind gewohnt, sie als unser Lebenselement zu fühlen und reflektieren nur selten über Zeit selbst, viel mehr über alles, was uns in der Zeit widerfährt. Ja, Zeit ist unser Lebenselement, in dem wir aus dem Vergangenen in Zukünftiges hineinwachsen.

Das Prinzip der Bewegung, der Veränderung kennen wir seit Heraklit als Grundbefindlichkeit von allem. Platon bringt im Kratylos Heraklits Lehre auf den Satz: »Alles fließt und nichts hat dauernden Bestand.« Im Gesamtstrom des Lebendigen zeichnet sich das einzelne Leben ab als Strömen von der Geburt hin zum Tod.

Ist Zeit nun dieser Strom an sich, oder ist es das Strömende selbst? Gibt es Zeit an sich wie ein Gehäuse, durch das Leben fließt, oder ist das Fließende die Zeit? Wir wählen ein Beispiel. Was verstehe ich unter dem Begriff »Gang«? Ist der Gang das Gehäuse, das Objekt, durch das wir uns hindurchbewegen können, oder ist der Gang unsere Bewegung selbst? Der Begriff Gang, so wird bald deutlich, hat doppelte Bedeutung. Er meint sowohl das Gegenständliche als auch die Gehweise des Subjektes. Ist das vielleicht bei der Zeit auch so? Die Frage ist bis heute nicht eindeutig beantwortet, ob es eher stimmt, von der Zeit als dem Gehäuse der Veränderung zu sprechen oder von Zeit als Veränderung selbst.

Fest steht, daß der Begriff Zeit heute sehr stark von den Naturwissenschaften gefüllt wird, die seit Einstein und Minkowski die Nähe von Raum und Zeit in dem Begriff vom Raum-Zeit-Kontinuum sichtbar machen. Dabei ist auch für den Nichtnaturwissenschaftler – ich bin einer davon und fühle mich für eine naturwissenschaftliche Deutung von Zeit nicht zuständig – klar, daß der dreidimensionale Raum das Festgefügtere im Fluß der Raum-Zeit bedeutet und Zeit das Bewegungselement. Das Prinzip der Bewegung ist nicht richtungslos. Zeit strömt vom Dunkel des Vergangenen auf das Dunkel des Zukünftigen zu als irreversibler Prozeß. Ilya Prigogine und Serge Pahaut sagen in dem Aufsatz »Die Zeit wiederentdecken«: »Auf Grund dessen, was wir heute wissen, können wir von Evolution und Irreversibilität im kosmischen Bereich ebenso sprechen wie von Evolution und Irreversibilität beim Leben und bei der menschlichen Gesellschaft.«

Der Pfeil der Bewegung reißt unser eigenes Leben in jedem Moment aus dem gerade Vergangenen los und schießt uns vorwärts in eine nicht verfügbare Zukunft. Manchmal leiden wir an dem unaufhaltsamen Strömen der Lebenszeit, oft geben wir uns auch dem Strom vertrauensvoll anheim. Unser eigenes Leben, das Leben der Menschen um uns herum tauchen in der Geburt auf aus dem Strom und senken sich im Tod wieder hinab.

Diesem Gesamtstrom des Lebendigen entzieht sich das geistige Leben des Menschen in seiner Fähigkeit, Zeit subjektiv zu dehnen oder zu raffen. Die irreversible Bewegung von allem wird durch das subjektive Erleben nicht angetastet, aber für das Subjekt ist im

Erlebnis nicht jeder Bewegungsablauf gleich dem anderen. Ich erlebe als bewußtes Wesen *eine* Veränderung eindringlicher als die andere. Die Eindringlichkeit bewirkt, daß ich reichere Erfahrungen subjektiv als Zeitdehnungen erlebe. Arvo Pärt, ein Komponist aus Estland, beschreibt sein musikalisches Verlangen so: »... sich in die Sekunde zu versenken, sie anzuhalten und in ihr wie in der Ewigkeit zu leben.« Wir können das nacherleben in Grenzerlebnissen wie Liebe und Tod. Da wird eine Bewegung so intensiv erfahren, als habe sie Dauer. Ich erlebe, als sei ich dem Zeitstrom entstiegen in der Erfahrung der Liebe, im Erleiden des Sterbens eines nahen Menschen.

Noch sprechen wir von Erlebnissen, die mit uns geschehen. Haben wir nicht auch die Möglichkeit, subjektiv auf unsern Zeitsinn Einfluß zu nehmen? Gehe ich mit einem alten Menschen spazieren, so passe ich mich seinem Gehschritt an, folge ich einem behenden Kind, so beschleunige ich mein Gehtempo. Erlebe ich das Krankenlager eines Leidenden, so zügele ich meine innere Bewegung, um mich seinem Leiden nahe zu fühlen. Erlebe ich das Glück eines Menschen mit, so schwinge ich ein in den Bewegungsrhythmus des Menschen, mit dem ich mich freue. Meine subjektive Zeitbewegung ist also nicht nur außengesteuert. Ich kann mich bewußt, willentlich einlassen in den subjektiven Rhythmus eines andern, um ihm auf diese Weise nahe zu sein. Jeder Mensch hat den ihm eigenen Erlebnisfluß, sein eigenes inneres Veränderungstempo. Das macht als Fülle möglicher subjektiver Erlebniszeiten die Multiplizität der Zeit aus.

Um zusammenzufassen: dem irreversiblen Bewegungsstrom alles Lebendigen ordnet sich der subjektive Erlebnisstrom zu, der unwillentlich erfahren, aber auch willentlich gesteuert werden kann. Über diese zwiefache Bewegung ist das gestülpt, was wir gemeinhin unter Zeit denken, das Rund der sich wiederholenden Zeit, die wir Jahres- und Tageszeit nennen. Der Weltgang um die Sonne und der Gang des Mondes lehren uns das Rund des Jahres und des Monats. Der Aufgang der Sonne und der Sonnenuntergang – wir sprechen noch heute so von der Sonne, als habe es keine kopernikanische Wende gegeben – zeigen die Rundung von Tag und Nacht an. Jahre runden sich, Monate, Tage. Unsere Kalender und

Uhren entsprechen diesem Netz, das wir dem Fluß der Zeit überwerfen.

Die Zeitveränderung in allem, der irreversible Prozeß ist wie ein Zeitpfeil, der vom Vergangenen in Zukünftiges zielt. Auch unsere subjektive Erlebniszeit ist oft im Bilde des Pfeils zu fassen, vor allem, wenn wir die an unsern Lebensnerv gehenden Erfahrungen meinen. Da erleben wir Einmaligkeit, Unwiederholbarkeit, die weit in die Zukunft weist. Das pfeilartige Vorwärtsstreben unseres subjektiven Lebens zeigt sich uns in der Anstrengung der Hochgestimmtheit oder der Abgründigkeit der Ewigkeitserfahrung im Tode. Die wenig einschneidenden Erlebnisse nehmen wir als wiederholbare wahr. Wir sehen sie im Jahr wiederkehren, im Monat, im Verlauf des Tages.

Diese Doppelgesichtigkeit der Zeit, die ständige Fließ- oder Pfeilbewegung in Zukunft hinein und die Wiederholung in der Rundung – beides verstehen wir unter Zeit, und darum ist es nicht verwunderlich, daß wir bei Erklärungen in Zwickmühlen geraten. Kalender- und Uhrzeit suggerieren Wiederholbarkeit und sind im Alltag die geschätzteren Zeitbestimmer. Irreversibilität und Zeitpfeil sind die aufregenderen Bewegungen.

Ich habe die Begegnung der alten Frau mit dem kaiserlichen Philosophen Hadrian als Beispiel gewählt, weil sich in ihr die Zeitbilder, die strömende Zeit und die sich rundende Zeit sinnbildlich verschränken. Die alte Frau, die dem Kaiser eine Bitte vortragen will und abgewiesen wird, weil der Kaiser keine Zeit hat, antwortet ihm: »Wenn du keine Zeit hast, solltest du nicht Kaiser sein.« Es wird sich kaum um eine Viertelstunde handeln in der Meinung der alten Frau. Sie ist dem Kaiser um Erfahrungsjahre voraus. Sie stellt an einen Kaiser, an den Souverän, der ein gottnaher Mensch ist, eine hohe Anforderung. Diese Anforderung kann die alte Frau als Erfahrene aussprechen: als Kaiser mußt du Zeit haben. Das bedeutet: wenn du die Zeit nur als sich rundende verstehst, verlierst du deine Souveränität, weil du in der Abhängigkeit vom Zeitdruck stehst. Und dieser Druck verwehrt dir den Zugang zu den Menschen, entwertet die Begegnungen mit ihnen. Wenn du Kaiser sein willst, mußt du den Zwang der Zeit durchbrechen. Du kannst dich auch nicht nur als einer fühlen, den der Zeitstrom fortträgt in die Zukunft.

Als Souverän mußt du willens sein, die Bittenden anzuhören. Das heißt, du mußt das subjektive Erleben auf den Bittenden lenken und in seinen Rhythmus einschwingen, um ihm zu helfen. Du mußt dich anstrengen, um ganz aufzunehmen, was der Bittende will. Das kannst du nur, wenn du seine innere Bewegung zu deiner eigenen machst.

Die alte Frau weiß, helfen bedeutet, sich auf den Lebensfluß des Bittenden einzulassen und mit gemeinsamer Anstrengung einen Weg zu suchen, der das Leben des anderen wieder zielsicher fließen läßt. Dies ist kaiserliche Hilfe, Hilfe des Souveräns im Umgang mit der Zeit: mit doppelter Kraft einen neuen Lebenskurs steuern, bis der Bittende allein weiterkann. Zumeist ist in solchen Situationen der Fluß der Veränderung im Hilfesuchenden so gestaut, daß er allein den Hauptstrom nicht wiederfindet und den Helfer zur Rettung braucht.

Kaiser Hadrian erweist sich als wahrhaft souverän, als Gottes Werkzeug, als er sich auf die Bittstellerin einläßt. Er hat sie verstanden. Er entzieht sich dem Zeitdruck der sich rundenden Zeit und gewinnt die Sicherheit, in den Strom des eigenen Zeitflusses den Mitmenschen aufzunehmen und ihm neu zu sich selbst zu verhelfen. Könnte ein Philosoph Wesentlicheres begreifen, als Macht gegen Liebe zu tauschen?

Und wir haben erfahren, was ein souveräner Umgang mit Zeit ist. Wir wissen, nicht das Geschenk einer Stunde, nicht das uhrzeitbestimmte Sichkümmern um einen Menschen, bei dem man Zeit absitzt, ist gemeint. Wer souverän umgeht mit Zeit, der läßt sich selbst los und steigt ein in den Zeitstrom seines Nächsten, um Hilfe zu schenken.

Nicht selten fehlt uns die kaiserliche Souveränität zur Hilfeleistung. Oft sind wir auch der, der bittet, weil wir festgefahren sind in unserm subjektiven Erleben und kaiserliche Hilfe brauchen. Leben ist Ringen um den souveränen Umgang mit Zeit.

Wenden wir uns nun den Märchen zu, und überprüfen wir, ob unsere Überlegungen zur Zeit hier ihre Entsprechungen haben.

Bei der Untersuchung über Zeit im Märchen kommt Max Lüthi zu dem Ergebnis: »Schließlich fehlt in der flächenhaften Welt des Märchens auch die Dimension der Zeit« (Das europäische Volksmärchen, 20). Er versucht, den Nachweis dadurch zu führen, daß die Märchenfiguren keinem Alterungsprozeß unterliegen. Das stimmt. Aber in unserm Sinne wäre es ja auch das Randlichste, wenn das Netz von Stunde, Monat und Jahr als Zeitraster – Zeit im Märchen – meinte.

Das Zahlenwerk der Kalender- und Uhrzeit findet sich hie und da im Märchen. Aber selbst solche Zeitangaben sind nicht historisch gemeint. Wenn Dornröschen in einen hundertjährigen Schlaf versinkt, so verbirgt sich dahinter nicht gemessener Zeitverlauf, sondern lange, lange Schlaftiefe.

Wenn im Märchen »Die 12 Brüder« das Verstummen der Schwester für 7 Jahre zur Entzauberung der Brüder verlangt wird, so ist die 7 eine magische Zahl und zeigt eine Zeitrundung als hohe Anforderung an den Menschen an. Um Zeitkürze anzudeuten, können die Schwäne im Märchen »Die 6 Schwäne« nur eine Viertelstunde ihre Schwanenhaut ablegen. Als im Märchen »Das Wasser des Lebens« der Jüngste beim Glockenschlag 12 das Wasser erlangt, wird der Zeitdruck, in den er durch sein Einschlafen geraten ist, deutlich gemacht.

Über Zeiten und Zahlen im Märchen läßt sich vieles sagen, was das Wesen von Zahlen und Zeiten betrifft, wir aber wollen unser Augenmerk auf Zeit als irreversibles Dahinströmen richten und auf den souveränen Umgang mit Zeit im subjektiven Zeiteinstieg.

Beginnen wir mit dem irreversiblen Strömen. In der Formel »es war einmal« steigt das Märchen irgendwo in der Vergangenheit in den Strom ein und zieht im Bogen eines oder mehrerer Menschenleben in die Zukunft an uns vorüber. Der Zeitpfeil schießt weiter im Märchenschluß in die Ferne – »und sie lebten in aller Glückseligkeit, solange es Gott gefiel«, »und sie lebten vergnügt bis an ihr Ende«, »und wenn sie nicht gestorben sind, so leben sie noch heute.«

Die Vergangenheit vor Märchenbeginn bleibt im Dunkel. Die Zukunft öffnet sich nicht. Sie bleibt unbestimmte Ferne. Das Märchen umreißt den Bogen zwischen dem Dunkel der Vergangenheit und dem Dunkel der Zukunft. Das Dazwischen ist Märchenzeit, kundgemacht an Handlungsketten. Beschreibungen kennt das Märchen kaum. Die Reihung von Handlungen symbolisiert in sich den Lebensverlauf, das irreversible Strömen auf Zukunft zu. Handlung ist die eigentliche Bewegung des Märchens, und Bewegung ist Zeit. Man suche im Goetheschen Sinne nichts hinter dem Phänomen »Handlung«. »Es selbst ist die Lehre.«

Die Bewegung im Märchen ist fast immer auch Gehbewegung. Wandern ist Zeitverlauf. Es wird selten eine Wirkung des Zeitverlaufs auf den Helden gezeigt. Die Handlung selbst impliziert Rückwirkung, die jeder, der will, selbst erdenken kann.

Da ist das Märchen anders als der Bildungsroman, der auch wie das Märchen die unüberprüfbare Raumzeit kennt. Man weiß zum Beispiel von Goethes Wilhelm Meister in den »Lehr- und Wanderjahren« auch nicht, wo Wilhelm unterwegs ist, wieviel Zeit vergeht, aber man bemerkt am Zugewinn von Bildung am Wilhelm Meister, daß die Erlebnisse Wirkung zeigen.

Da ist das Märchen viel einfacher. Jeder kann Wirkungen selbst erdenken. Wer es nicht tut, bleibt bei der Handlung.

Die Bewegung ist, wie gesagt, zumeist auch Gehbewegung. Wandern ist im Märchen der Inbegriff des Zeitpfeilsymbols. Die Wanderung peilt Zukunftsziele an. Der Weg ist Zeit. Wie deutlich erschließt sich zum Beispiel im Märchen »Der Trommler« Zeit als Weg! Der kleine Trommler will die verzauberte Tochter des mächtigen Königs, die auf dem Glasberg gefangen ist, erlösen. Trommelnd zieht er in den Wald ein, obwohl er weiß, daß dort Riesen sind. Furchtlos tritt er vor den Riesen, er schüchtert ihn sogar ein. Als der Riese ihm anbietet, ihn auf seiner Schulter zu tragen, geht die Wanderung mit Riesenschritten vorwärts. In der Ferne meint der Trommler den Glasberg über den Baumwipfeln zu sehen. Dieses Ziel vor Augen, überläßt er sich dem Riesenschritt. Der ist Beschleunigung seines Raum-Zeit-Tempos. Nacheinander wird er von drei Riesen getragen. Einer trägt ihn auf der Schulter, einer im Knopfloch, der letzte auf dem Hut. Immer ist er obenauf, da die Beschleunigung der Wanderung durch den Riesenschritt vom ihm als Hilfe erlebt wird. Er wird den Glasberg erreichen, der bei Menschenschritten in unerreichbarer Zukunftsferne läge.

Der fliegende Sattel wird erlistet, um wieder Menschenmaß zu überschreiten. Der Glasberg ist für den Menschen unerklimmbar. Wieder wird die Wegstrecke zugleich zur Zeitstrecke. Der Raumzeitablauf des Fluges auf den Glasberg ist die Überlistung menschlicher Unfähigkeit.

Diese Wanderung des Trommlers zum Glasberg beinhaltet nicht nur das Einschwingen in einen riesengemäßen Zeitfluß. Es zeigt zugleich unsern zweiten Zeitaspekt. Das Motiv für dieses Sicheinlassen auf die ungemäßen, normalerweise furchterregenden Riesenschritte, ist ein souveränes Helfenwollen. Die verzauberte Prinzessin muß erlöst werden, darum wagt der Trommler den Einstieg in den Riesenschritt, eine Raumzeit, die dem Menschen nicht entspricht.

Das Risiko der Hilfeleistungen stellt die gleichen Anforderungen, wie es die Bitte an den Kaiser meint: »Wenn du keine Zeit hast, solltest du nicht Kaiser sein.« Der Märchenheld muß souverän seine Zeit an die Erlösung der Prinzessin wenden – dann wird er zu seiner eigenen Verwunderung der zukünftige Souverän, der König des Landes, allerdings erst, wenn er nach vielen Irrungen ganz wach bei seiner Königstochter ankommt.

Wanderwege gibt es vielfältiger Art, damit auch Vielfalt der Zeit. Im Märchen »Der Teufel mit den drei goldenen Haaren« wird die erste Raumzeitstrecke vom Helden unbewußt zurückgelegt. Er wird in einer Schachtel ausgesetzt und schwimmt, da er ein Glückskind ist, zu helfenden Zieheltern. Als Knabe schickt ihn der König mit einem Brief, der sein Verderben will, auf Wanderschaft durch den Wald. Räuber vertauschen den Brief, und das Glückskind wird mit der Königstochter vermählt. – Bisher ist die Wanderung nur Zeitweg. Erst als der König die drei goldenen Haare des Teufels verlangt, wenn das Glückskind die Königstochter behalten soll, wird der Wanderweg ein subjektiver Zielweg. Der Weg durch den Raum ist zugleich Zeit, nicht meßbare Zeit, aber Verwandlungszeit, in der der Königssohn reif wird für das Königtum, indem er souverän wird.

Der alte König aber, der keine Fähigkeit hat, sich einzudenken in seine Kinder, wird bestraft, und seine Strafe, die durch das Versponnensein in sich selbst bewirkt wird, die Unfähigkeit zur Öffnung für die Jugend ist, wird auch in einem Raum-Zeit-Bild, nämlich in einem Weg ausgedrückt. Der böse alte König muß die Rolle des Fährmanns übernehmen, einen Nachen übersetzen, hin- und herfahren, immerfort, den Weg der ständigen Wiederholung. Er kann sich nicht weiterentwickeln. Zeit bleibt Hin und Her, Gleichstand.

Nicht jede Versenkung in das Leben des andern bewirkt Erlösung. Erlösung gibt es nur im Fortschreiten, im Eintauchen in den Zeitstrom des andern. Wo kein Fließen der Zeit möglich ist, da ist die Märchenfigur auch nicht in der rechten Weise dem andern zugetan.

Wer sich zum Beispiel in eine Sache verguckt, dem widerfährt Tragikomisches wie der klugen Else. Sie sieht im Keller, als sie Bier zapfen will, eine Kreuzhacke über ihrem Kopf hängen und jammert: »Wenn ich den Hans kriege und wir kriegen ein Kind und das ist groß und wir schicken das Kind in den Keller, daß es hier soll Bier zapfen, so fällt ihm die Kreuzhacke auf den Kopf und schlägt's tot.« Das Sich-Vergucken in die Kreuzhacke macht unfähig zur Entwicklung. Entwicklung als Lebensgeschehen wird im Vergucken sinnlos vorweggenommen und lähmt, lähmt alle, die sich im Märchen anstecken lassen. Es ist Stillstand. Der Entwicklungsstrom erstarrt. Wer kann noch Zukunftsvertrauen haben, wenn sein Blick sich an der Kreuzhacke verhakt? Er ist nicht in lebendig fortschreitender Weise beim andern.

Im Märchen »Das Wasser des Lebens« wollen nacheinander die drei Söhne des Königs auf großer Wanderschaft das Wasser des Lebens holen, um dem Vater Gesundheit zu bringen. An diesem Märchen läßt sich besonders gut ablesen, was Zeit im Märchen in unserm Sinn meint. Da gibt es einmal die Wandersuche nach dem Lebenswasser und später eine weite Heimfahrt über das Meer der Raum-Zeit. Es läßt sich zugleich in besonders eindringlicher Weise ablesen, was im Raum-Zeit-Geschehen das Sicheinlassen in subjektive Zeit ist, wie der Jüngste schließlich der souveräne Held wird.

Auf der Suche nach dem Wasser des Lebens bleiben die beiden älteren Brüder stecken. Ihre Zeit verklemmt sich buchstäblich zwischen zwei Bergen, sie steckt fest, sie tritt auf der Stelle. Immer – so auch hier – denken die zwei ersten Brüder nur in Ichsucht an eigene Herrscherzukunft. Deshalb hören sie auch nicht auf den Zwerg, der helfen will. Für die, die sich schon als künftige Könige fühlen, ist er der »dumme Knirps«. Es würde für sie keinen Zeitstrom mehr geben, wenn sie der jüngste Bruder nicht befreite.

Der jüngste Bruder dagegen ist in seinem Innersten beim Vater, der Hilfe braucht. Im Zeitfluß antwortet er daher immer auf das Nächstliegende. Er spürt in der Begegnung mit dem Zwerg, daß er Wegweiser braucht, und er wird durch sein Hinhören im Lebensstrom gehalten. Er schwingt in den Rhythmus der Helfer ein, und die tragen ihn zum Ziel. Im Zauberschloß sieht man mit Bangen, wie er sich unterwegs aufhält. Zwar kann er die Löven mit Hilfe des Brotes besänftigen. Dann hört er voll Staunen, daß er in einem Jahr die Prinzessin befreien kann–aber das einladende Bett, das den müden Wanderer lockt, wird ihm fast zum Verhängnis. Er hört Gott-Dank die Uhr 1/4 vor 12 schlagen, kann das Wasser in den Becher füllen und beim Glockenschlag 12 fast in letzter Sekunde heil aus dem Schloß entkommen. Der Heimweg über das Zeitmeer ist gefährlich wegen der beiden erretteten Brüder, die ihm das Wasser des Lebens stehlen. Aber er entkommt der Rache des enttäuschten Vaters durch eine erneute Wanderung in die Welt bis zu seiner Rehabilitierung. Nun wartet die Prinzessin auf ihren Befreier. Sie läßt die goldene Straße zum Schloß bauen, und der soll König sein, der nicht rechts noch links schaut, sondern geradewegs auf der Straße auf sie zureitet. Daß der dritte Sohn nach der Zeitwanderung nicht bei Nebensächlichem ist, sondern ganz im Erlebnisstrom der Prinzessin, das wird verdeutlicht dadurch, daß er als einziger im Gegensatz zu seinen Brüdern mitten auf der goldenen Straße reitet. »Er dachte nur an sie«, heißt es im Märchen. Sein Wanderweg endet im Ritt des Souveräns über die goldene Straße, die sein Weg ist, gerade weil er nicht sieht, daß sie golden ist. Sein Raum-Zeit-Weg endet in ihren Armen. Er wird der Herr des Königreichs, weil er den souveränen Umgang mit seiner Erlebniszeit durch seine langen Wanderungen gelernt hat.

Zum Schluß greifen wir ein Märchen auf, an dem das Sich-Einsenken in die Zeit des Geliebten in ein schönes Bild einfließt.

Das türkische Märchen »Der Rosenbey« aus den Karavanserail macht den Zusammenklang der subjektiven Raum-Zeit von zwei Menschen, die sich lieben, am Bild des Rosenstrauchs deutlich. Der weitgereiste Rosenbey, der seine Geliebte ersehnt, muß 40 Tage vor dem Rosenstrauch ausharren, in dem sie sich verbirgt, eine symbolisch sich rundende Zeitspanne, die zugleich den Zeitstrom meint.

Im Märchen heißt es: »Der Strauch (in dem die Geliebte ist) wird sich öffnen, wenn du ihn ausgegraben hast, 40 Tage lang; in der gleichen Zeit sollst du auf deinem eigenen Grund ein Loch graben lassen, das ebenso tief sei wie dieses, das du um meinen Strauch ziehen lässest; dann bringe den Strauch hin zu deinem Grund und Boden, senke ihn dort in dein Erdreich, und der Strauch wird sich öffnen, dir die zu zeigen, die dir bestimmt ist. Vorher aber wirst du sie nicht erblicken.«

40 Tage, das ist der Zeitraum langer Unterhaltung miteinander, in der im Sprechen der beiden Liebenden Denken und Gemüt sich gewöhnen, mit dem Pulsschlag, dem Raum-Zeit-Strom des jeweils anderen zu leben. Dann rundet sich die Zeit zur Hochzeit. »Da stand sie, die Rosengleiche. Hinter ihr Rosen, ihr zur Seite Rosen und dazwischen die junge Gestalt in graue Schleier gehüllt, als sei sie in Rosen gekleidet.«

In diesem Märchen steht an Stelle der Wanderung über die goldene Straße hin zur Königstochter ein innerer Weg, ein Zugehen aufeinander im 40tägigen Gespräch, das die Bereitschaft vertieft, sich ganz und gar einzulassen in den Grund und Boden dessen, der liebt.

Ich greife zurück auf das an Kaiser Hadrian gerichtete Wort: »Wenn du keine Zeit hast, solltest du nicht Kaiser sein.« Kaiser kann jeder sein, der mit der Zeit souverän umgehen kann – jeder, der seine Raum-Zeit mit mehr Liebe für seinen Mitmenschen füllt als mit Streben nach Macht.

Franz Vonessen

DER RICHTIGE AUGENBLICK

Über den Kairos im Märchen

Mein Thema ist das Glück und sein Verhältnis zur Zeit – oder genauer: jener Augenblick, der, schnell vorübergehend, über Glück und Unglück entscheidet, also der rechte Moment, der nicht verpaßt werden darf. Dieser heißt auf griechisch *kairós*[1], und da der Kairos im Hellenismus personifiziert und zum Gott gemacht worden ist, bietet sein Name sich an, um eine Sache, die überall auf Erden bekannt ist, mit einem kurzen Wort zu bezeichnen. Aber wer von ihm spricht, sollte niemals vergessen, daß hinter ihm die Glücksgöttin steht. Er selbst ist im Grunde nicht mehr als ihr Helfer oder Bote, und seine Eigenart läßt sich dahingehend bestimmen, daß er die Verbindung des Glücks mit der Zeit ist. So muß ich erst ein paar Worte über das Glück sagen und beginne mit einer halb märchen-, halb sagenhaften Geschichte, die Herodot uns erzählt, und zwar aus dem Leben eines ägyptischen Königs namens Rhampsinitos[2]. Von diesem heißt es, er habe als Lebender den Hades besucht, also die Unterwelt, wo nach dem Glauben der Ägypter Demeter und Dionysos herrschen. Dort habe er, so als sei dies der Sinn seiner Unterweltsreise gewesen, mit Demeter Würfel gespielt, und teils habe er sie besiegt, teils habe sie ihn überwunden. Zuletzt sei er mit einem kostbaren Geschenk verabschiedet worden: einer goldenen Binde, und das heißt doch wohl: einer Corona.

Diese Geschichte ist merkwürdig, sie hat einen fast unglaublichen Zug. Wir hören in der Mythologie von mancherlei Unterweltsfahrten, aber dabei wird die Übermacht des Herrn der Totenwelt niemals in Frage gestellt. Im Gegenteil, er herrscht absolut, und was er gewährt, gibt er freiwillig. Selbst wenn eine Göttin, zum Beispiel die babylonische Ishtar, den Weg in die Unterwelt antritt, um ihren Geliebten zu retten, muß sie, als ungerufener Gast, zunächst einmal harte Gewalt dulden. Warum der Unterweltsbesuch des Rhampsinitos so harmlos abläuft, ist unklar, zumal er kein Gott, sondern Mensch ist. Und daß dieser Mensch da unten sogar auftrumpft und in der Spielkunst mit Demeter gleichzieht, ist ein schwerverständlicher Zug: man denke an das Schicksal des Marsyas, der es wagte, sich mit Apollon zu messen[3].

Es ist zu vermuten, daß die ganze Geschichte durch ein Mißverständnis verunstaltet ist. Herodot selbst äußert Zweifel an ihrer Glaubwürdigkeit, wenn er abschließend sagt, was die Ägypter ihm berichtet hätten, möge annehmen, wem es glaubhaft erscheine; seine Aufgabe sei nur die, das aufzuschreiben, was er gehört habe.

Wie die Geschichte wirklich gelautet haben könnte, blieb mir jahrelang unklar, bis ich eines Tages im Werk Joseph Conrads den entscheidenden Wink fand. In einer Passage, wo von dem waghalsigen Abenteuer des Seefahrers die Rede ist, für den Gewinn und Verlust immer ganz nahe beisammen liegen, bemerkt der Dichter, so gesehen sei die Seefahrt »ein törichtes Spiel«, bei dem der Mensch mehr, als er gewinne, verliere – aber die See, so fügt er hinzu, gewinnt immer; sie »gewinnt jeden Wurf.«[4]

Eben das muß es sein, was gemeint ist[5]. Der Mensch hat einmal Glück und dann wieder Unglück; aber das Schicksal selbst kommt in beiden Fällen ans Ziel. Das Glücksrad dreht sich, und die es dreht und allemal ihren Gewinn dabei hat, ist die Göttin, Fortuna. Diese Gottheit verliert nicht, wenn der, der Glück hat, gewinnt; denn sie gewinnt mit ihm, oder besser noch: er siegt in ihr. Im irdischen Raum ist immer des einen Niederlage eines andern Triumph, aber in jedem Triumphe, wer ihn auch feiert, triumphiert am meisten die Göttin. Wer, wie wir sagen, »Glück hat«, hat ja die Göttin, freilich nur darum, weil sie ihm zugeneigt ist, und nur solange, wie sie es ist. Sobald sie will, verläßt sie ihn wieder.

Dürers berühmter Kupferstich »Das große Glück« zeigt die Göttin, wie sie, auf ihrem Symbol, der Kugel, stehend, in unberechenbarer Laune dahinrollt. Das heißt, für die einzelnen Menschen gibt es Unglück und Glück, aber das Glück selber, die Göttin, bleibt immer in ihrem Wesen; sie ist mit dem Glück aller Menschen identisch. So trägt Fortuna in den *Carmina burana* den Titel: *Imperatrix Mundi,* Herrscherin der Welt. Als solche wird sie verehrt.

An dieser Stelle bringt sich nun der Kairos ins Spiel, den wir einen Sohn der Glücksgöttin nennen könnten, ähnlich wie Amor

ein Sohn der Liebesgöttin ist. Zwar hat man ihn für den jüngsten Zeus-Sohn erklärt, aber nur aus dem Grund, weil Zeus seit alters den Beinamen Kairios, der Gunstreiche, trug. Jedoch seinem Wesen nach gehört der Kairos unbedingt auf die Seite der Glücksgottheit.
Zunächst ein paar Worte zu seiner Erscheinung.

Die Gestalt des Kairos

Da das griechische Wort *kairós* maskulin ist, konnte der Begriff, als er in nachklassischer Zeit personifiziert wurde, nicht anders als männlich gedacht werden. Neben Tyche, das Glück, tritt der Kairos als Gott des rechten Moments. Aber das geschieht relativ spät, und so kommt es, daß erst Lysipp um 270 v. Chr. den verbindlichen Darstellungstyp dieses Gottes schuf, oder – vielleicht sollte man sagen: erfand – einen nackten Jüngling mit geflügelten Füßen und einem mächtigen Haarschopf, der aber einseitig nur die vordere Hälfte des Kopfes bedeckt. Das heißt, was vorn überreichlich ist, wird hinten vermißt; der Hinterkopf ist kahl, man muß ihn rasiert denken.

Diese Darstellung trifft die Sache aufs beste; denn in der Tat gehört es zur Eigenart der guten Gelegenheit, daß sie überraschend, flüchtig und schnell ist. Darum muß auch der Mensch, wenn er sie nicht versäumen will, wachsam sein und sie schnell entschlossen ergreifen. Wenn sie ankommt, unerwartet und flink auf geflügelten Füßen, muß er bereit sein, sein Glück sofort entgegenzunehmen. Gelegenheiten »ergreift« man, wie auch unsere Redewendung noch sagt, und man »faßt sie beim Schopf«; eben das ist die Absicht der Darstellung. Zögert man auch nur um einen Moment zu lange, so ist es zu spät. Nur solange die Gelegenheit auf uns zukommt, ist sie zu fassen, nämlich bei ihrem Haarschopf, eine Sekunde später ist sie vorbei, und wir haben, im wörtlichen Sinne, nur noch das »Nachsehen« – wir sehen hinter dem verpaßten Augenblick her, der uns als Kehrseite den kahlen, fast häßlichen Hinterkopf weist.

Eine ähnliche Form der Vorstellung vom schwer zu fassenden und gänzlich unzuverlässigen Glück findet sich schon bei einem der ältesten griechischen Schriftsteller. Der Dichter Simonides im 6. Jahrhundert v. Chr. gibt folgenden Rat:

Glaube, der du ein Mensch bist, nie, du wissest, was der morgige Tag bringt, noch, siehst du einen im Glück, wie lang er darin sein wird; denn so schnell ist selbst nicht das Fortschwirren der flügelbreitenden Fliege wie der Wechsel (des Glücks)... (Fr. 20, O. Werner).

Simonides spricht hier nicht vom Kairos, nur vom Glück. Aber wesentlich für das Glück ist eben die Unsicherheit. Darum ist es wichtig für den, der es haben will, nüchtern und wachsam zu sein und es, wenn es kommen sollte, nicht zu verpassen. Vergleiche wie dieser mit der Fliege haben die Vorstellung von einem Gott der guten Gelegenheit ausgebildet und in die Richtung gedrängt, die sie schlußendlich zeigt, so daß der ikonographische Typus, der am Ende dieser Entwicklung steht, nichts Erstaunliches hat. Ja, er besaß ein solches Maß an Überzeugungskraft, daß er während Jahrhunderten gültig blieb und weit über die Antike hinaus, im Grunde bis auf unsere Tage, fortgewirkt hat; denn wenn er, wie schon bemerkt, sogar zu der deutschen Redewendung »die Gelegenheit beim Schopfe fassen« geführt hat, dann ist dieser Umstand wichtig, weil er beweist, wie tief der Gedanke auch noch in unserer Einbildungskraft, erst recht in der Bildung unserer Märchen verankert sein muß.

Dennoch ist die Freude an dem Bildnis des Kairos nicht ungemischt, der Eindruck ist zwiespältig. Einerseits imponiert die nicht zu leugnende, überaus wichtige Tatsache, die das Bild ausdrückt, nämlich daß die Gelegenheit flüchtig und rasch vorbeigehend ist, daß die sekundenschnelle Bereitschaft über vieles, oft über das Lebensglück eines Menschen, nicht selten sogar über sein Leben, entscheidet. Anderseits ist der göttliche Jüngling, so wie er dargestellt ist, doch weit entfernt, ein legitimer Träger dieser Wahrheit zu sein. Die Darstellung ist gekünstelt und nicht ohne Lächerlichkeit; einen halb geschorenen Kopf bieten griechische Götter sonst nicht[6]. So stellt Cook bei der Behandlung des Themas die Frage: »Wie kam Lysipp, der Schöpfer von Athletenkörpern, dazu, eine so sonderbare allegorische Figur zu entwerfen?«[7] In der Tat haben wir es hier mit einer Allegorie, nicht einem Symbol, des rechten Momentes zu tun. Doch mag die Zwiespältigkeit der

Darstellung wohl auch zusammenhängen mit der Zweideutigkeit des passenden Augenblicks selbst. Die gute Gelegenheit kann sowohl gut als auch schlecht – hilfreich als auch ins Unheil führend, also ver-führerisch sein. Es gibt den günstigen Moment auch für Verbrechen – wir kennen das Wort »Gelegenheitsdiebstahl« – und für allerlei verwerfliche Zwecke. Offenbar genoß der Kairos Verehrung nicht nur, um ein Wort Goethes zu gebrauchen, als die »gottgewählte Stunde« (Pandora 1047), sondern auch als möglicher Bundesgenosse für die Durchsetzung heimlicher, sogar finsterer Absichten[8]. Im übrigen mag er auch ein Schutzpatron für sehr kindische Anliegen sein. Bekannt ist das scherzhaft erfundene Stoßgebet dessen, der in Gesellschaft speist und die wohlanständige Zurückhaltung der Tischgenossen nicht zu durchbrechen wagt, um sich einfach auf die besten Brocken zu stürzen, der aber seine ganze Konzentration darauf richtet, sie dennoch auf seinen Teller zu bringen:

Bescheidenheit, Bescheidenheit, verlaß mich nicht bei Tische,
und gib, daß ich zur rechten Zeit das beste Stück erwische.

Diese rechte Zeit – das ist der Kairos, und in Wahrheit wird nur er hier angerufen, nicht die Bescheidenheit, die ja nur Schein ist, Atrappe. So gesehen, ist der Kairos ein Nothelfer der Lebensgier, gleichgültig ob ein Mensch sein Auge nur auf das größte Stück der Geburtstagstorte geworfen hat oder auf den Riesenanteil am »Kuchen des Lebens«. Demnach könnte man behaupten, der Kairos sei die passende Gottheit für alle möglichen Leichtfüße, Schelme und Schurken, zum Beispiel für jene Art Menschen, für die man den Namen Devisen-Playboy erfand, also für hemmungslose Börsenspekulanten, für die die Gelegenheit oft ja wirklich telegraphenblitzschnell kommt und vorbeirennt. Auf jeden Fall müssen wir zugeben, daß der Kairos, der günstige Augenblick, sehr verschieden aussehen kann. Darüber belehrt uns auch eine Äußerung Philons, jenes jüdisch-griechischen Philosophen in Alexandrien, der um die Zeitenwende gelebt hat. Seine Bemerkung bezieht sich auf eine Stelle im 5. Buch Mosis. Dort steht: »Da aber Jesurun fett ward, ward er übermütig. Er ist fett und dick und stark geworden und hat den Gott fahren lassen, der ihn gemacht hat« (32, 15). Philon interpretiert: er ließ den wahren Gott fahren und wählte sich einen andern, nämlich den Kairos: »Wirklich denken

die Menschen nicht mehr an den Ewigen, wenn ihnen dank dem Kairos das Leben aufblüht. Sie halten dann den Kairos für den Gott.«[9] Mit dieser Bemerkung, einem kräftigen Seitenhieb, hat Philon wohl genau den Punkt angesprochen, der die Erhebung des *kairós* zur Gottheit, seine späte Aufnahme in das Pantheon, zu erklären vermag. Die günstige Stunde ist ein Geschenk; dieses dankbar anzunehmen, es zu nutzen, ist gut. Aber es selbst, das Geschenk, zum Gott zu erheben, anstatt nach dem Geber zu fragen, gleichgültig wie man diesen nun nennen will: Schicksal, Glück, Vorsehung oder Gott, ist ein Fehlschluß, der folgenreich sein muß; denn sofern man hier überhaupt an göttliches Tun denken will, kann es wirklich nicht im Augenblick selbst liegen, nur bei dem, der diesen Augenblick schickt. Dann wäre der Kairos nur ein Götterbote, wie Hermes, dem er in mehreren Hinsichten gleicht.
Um nun auf das Märchen zu kommen, muß ich folgende Unterscheidungen nennen, die sich als wichtig erwiesen haben oder aus dem bisher Gesagten ergeben.
1. Es gibt zwei Arten von Gelegenheit, die eine, die wirklich glückbringend ist, und sodann die, die das Verderben eines Menschen einleitet. Die Gelegenheit kann dem Menschen die höchste Möglichkeit seines Lebens eröffnen, sie kann ihn aber auch von seinem Lebensweg weglocken, also ihn verlocken, selber sein Unglück zu wählen, und zwar voll Überzeugung, das Beste und Klügste zu tun, ohne Zögern, als sei sie eine Schicksalsgunst, die um keinen Preis versäumt werden dürfe, bei der man also eiligst zugreifen muß. Nichts ist so verheißungsvoll wie das Verderben.
2. Die Gelegenheiten kommen auf verschiedene Weise. Die eine kommt unvermutet, überraschend, sie ist unvorhersehbar und ganz und gar einmalig. Man denke an den Wanderer in der Sage, der sich verirrt hat und in der Wildnis auf den Zugang zu einer uralten Schatzkammer stößt. Andere Gelegenheiten dagegen melden sich an. Man weiß, daß sie nahe sind, kennt nur nicht die Stunde, in der sie eintreffen werden. So kann man das lang Ersehnte verschlafen. Wer das vermeiden will, muß wachen und warten. Wir kennen die klugen und törichten Jungfrauen und wissen, wie wichtig es ist, die rechte Stunde nicht zu verfehlen. Bereitsein ist alles.
3. Die Gelegenheit kann aus verschiedenen Gründen versäumt werden. Manche Gelegenheiten sind so unauffällig gekleidet, daß

man sie, wenn man nicht sehr gute Augen hat und nicht achtsam ist, »glatt übersieht«. Mancher hat sein Glück schon in Händen und weiß nichts davon; er läßt es gleichgültig fallen und begreift – vielleicht später, vielleicht aber auch niemals, was er versäumt hat. Vielleicht versäumt jeder sein bestes Glück, weil er beharrlich von einem anderen träumt, und ahnt nicht, daß seine größte Chance dahin ist. Andere Gelegenheiten werden zwar gleich erkannt, aber dann fehlt der Mut, sie entschlossen zu nutzen. Manchen schon hat das Erscheinen des geflügelten Kairos nicht selber beflügelt, sondern gelähmt, er war dem Moment der Entscheidung nicht gewachsen. Er griff nicht zu; er traute sich nicht.

Mit diesen Zügen ist der Begriff des *kairós* bei weitem nicht ausgeschöpft[10]. Aber die Punkte, die ich genannt habe, mögen hier genügen; sie alle haben mit dem Märchen zu tun. Ich greife die wichtigsten und bezeichnendsten Fälle, die wir im Märchen finden, heraus und beginne mit dem letzten der genannten Probleme.

Verkannte oder verpaßte Momente

Jeder weiß, daß Gelegenheiten nicht nur nicht immer genutzt werden, sondern daß viele unbeachtet – ja, unbemerkt, ohne als solche erkannt zu werden, »vorbeigehen«. Das ist eine Menschheitserfahrung; demnach sprechen auch die Märchen davon. Unter den vielen, die ich als Kind gelesen habe, war eines, das besonders eindrucksvoll hinwies auf diese Tatsache. Ich weiß die Quelle nicht mehr, ich habe es nie wiedergefunden. Sicher ist nur, daß es kein Volksmärchen war; denn es begann mit einer Reflexion – mit der Feststellung, alle Menschen hätten einmal im Leben, nur wisse niemand wann, einen Wunsch frei. Und falls sie einen guten Wunsch bereit hätten und im richtigen Augenblick aussprächen, gehe er auf das Schönste in Erfüllung und begründe ihr Glück. Aber die meisten verpaßten ganz ahnungslos diesen entscheidenden Augenblick – wie jener Mann, der durch die Stadt ging und plötzlich eine Droschke mit der Nummer Eins an sich vorbeifahren sah. Kaum war sie weg, kam, kaum zu g'auben, eine Droschke mit der Nummer Elf. Da dachte der Mann: jetzt müßte noch die Nummer Einhundertelf kommen. Und weil das Unglück es wollte, daß gerade dies der große Augenblick seiner

Wunschfreiheit war, erschien unverzüglich eine Droschke mit der gewünschten Nummer, fuhr an ihm vorbei, und mit ihr flog oder huschte die Glückssekunde vorüber. Die Lebenschance war unerkannt vorübergegangen, demnach verloren.

Ähnliches erzählen uns zahlreiche Märchen, zum Beispiel die vom Typ der »drei Wünsche«; und was sie lehren, ist dies: die Menschen begreifen nur selten, was ihr Glück ist, obwohl sie doch ständig auf der Jagd danach sind. Oft glauben sie, sie hätten nie eine richtige Chance gehabt. Aber gibt man sie ihnen, läßt man ihnen drei Wünsche frei, dann wünschen sie unbedacht: schäbig und neidisch und boshaft oder so dumm, daß ein Wunsch den andern vernichtet. Sie wünschen sich im wahrsten Sinne ihr Unglück an den Hals, wie jener König Midas, dem Dionysos einen Wunsch freigab, und der sich wünschte, alles, was er berühre, möge zu Gold werden – eine Fähigkeit, die ihm aber nur drei Stunden lang Freude machte, nämlich bis man ihm die erste Mahlzeit servierte[11]. Dasselbe lehrt uns das Märchen »Der Arme und der Reiche« (KHM 87). Wir lachen über die Dummheit, mit der der Kaufmann seine drei Wünsche tut, aber dabei lachen wir womöglich uns selbst aus; denn wer hätte wohl das Herz voll wahrhaft kluger Wünsche, wenn plötzlich der Kairos – hier in Gestalt des »lieben Gottes« – käme und sie ihm freigäbe?

Nehmen wir als erste Lehre der Märchen zur Kenntnis, daß für die meisten Menschen ihre Lebenschance nur darum nicht existiert, weil sie gar nicht bemerkt wurde.

Aber wirklich dürfte es oft sehr, sehr schwer sein, den rechten Moment zu gewahren. Verführerische Gelegenheiten melden sich gemeinhin laut und unüberhörbar; aber die wahre Schicksalsgunst liebt es, sich zu maskieren, ähnlich wie der »liebe Gott« im vorgenannten Märchen es tut. Jedenfalls dürfen wir uns nicht wundern, daß Menschen in dieser Probe versagen, und wir werden es oft schon als bewundernswert ansehen müssen, wenn einer gerade noch soeben, bevor es zu spät ist, begreift und wenigstens etwas von der schon so gut wie verlorenen Chance rettet oder übrigbehält. Wie jener altrömische König, von dem die Sage erzählt, vor dem eine alte, niemandem bekannte Frau erschien und neun Orakelbücher zum Kauf anbot, aber zu einem unmäßig hohen Preis. Der

König hielt die Alte für schwachsinnig und lächelte nur. Da warf sie drei der neun Bücher ins Feuer und verlangte für die restlichen den vollen Preis, wie zuvor. Dies fand der König noch mehr zum Lachen. Da warf sie abermals drei Bücher ins Feuer und »stellte nochmals ganz ruhig« – man möchte vermuten: mit kalter Gleichgültigkeit – »dieselbe Frage, ob er die letzten drei Bücher nicht doch noch um den genannten Preis kaufen wolle.« Jetzt wird Tarquinius ernst, sein Geist nachdenklich. Er beginnt zu ahnen, daß eine so ruhige Sicherheit ihren Grund haben müsse, und so zahlt er für die letzten drei Bücher den Preis, für den er gerade zuvor hätte alle neun haben können[12].

Wir können sagen, dieser König begriff, bevor es völlig zu spät war. So nahm er wenigstens den Rest der einzigartigen Gelegenheit wahr, ein höheres Wissen für die Regierung seines Staats zu erwerben. Jeder weiß, welch große und ernste Bedeutung die sibyllinischen Bücher für den römischen Staat hatten. Aber was sagt die Gründungssage dieses größten Reiches in der Geschichte Europas? Sie lehrt uns, daß das Staatsbewußtsein der Römer davon ausging, den Staat nur auf einem Drittel seiner denkbaren Zukunft begründet zu haben. Die Chance, so lehrt diese Sage, sei zu zwei Dritteln verpaßt worden; auf dem letzten Drittel aber ruht die Größe Roms.

Hier haben wir ein in seiner Selbstkritik erregend waches und strenges Staatsbewußtsein – tiefer und wahrer als jenes hohle Eigenlob, mit dem die meisten Nationen sich selber bedenken. Noch heute möchte man jenes versunkene Reich um eine solche Gründungssage beneiden! Würden doch jeder Mensch und jeder Staat nur wenigstens ein Dritteil der Möglichkeiten, die sie haben, ergreifen und nutzen![13]

Es ist noch von anderen Fällen zu sprechen, in denen die große Gelegenheit in einer Gewandung daherkommt, die sie unkenntlich macht. Zum Beispiel stellt der entscheidende Augenblick sich manchmal dar als ein Unheil, dem man ausweichen möchte. Aber wer dies nicht tut, wer standhält, dem verwandelt die trübe Stunde sich alsbald ins Gute und bringt lebenslangen Gewinn. Wir denken an jenes arme Mädchen, welches genötigt wurde, in den Brunnen zu springen, nur um eine entfallene Spule zu holen. Sie tut es, obwohl sie entlaufen könnte; aber die Tat sieht wahrhaftig mehr nach Verzweiflung als nach guter Gelegenheit aus. Jedoch aus dem Mut erwächst Zukunft, das Mädchen entfaltet Schritt für Schritt die Chance, die seine Lage enthält, und am Ende kehrt von der guten Frau Holle eine reich beschenkte und glückverwandelte Goldmarie heim.

Zur verkannten Gelegenheit gehört aber auch der Versuch zu ertrotzen, was zur falschen Zeit nicht erreicht werden kann. Das Dornengestrüpp um Dornröschens Schloß verschlingt alle Abenteurer, die gewaltsam eindringen wollen: »Die Dornen, als hätten sie Hände, hielten fest zusammen, und die Jünglinge ... konnten sich nicht wieder losmachen und starben eines kläglichen Todes.« Aber der rechte Prinz kommt – das versteht sich von selbst – zur richtigen Zeit, nämlich just in dem Augenblick, als der Fluch der bösen Fee sich erschöpft hat. Die hundert Jahre sind um, und nun muß der Wahrspruch der zwölften Fee seine Wirkung entfalten. Das heißt, Dornröschen wird jetzt erwachen, notfalls auch ungeküßt. Aber schon kommt der »Retter«, und zwar, wofern man der Marie Hassenpflug in Kassel trauen will, auf die Minute genau. Wäre er nur ein wenig früher gekommen, hätten die Dornen auch an ihm ihr Werk tun müssen. Aber als er sich unter dem Schutz des Kairos gerade im richtigen Augenblick der Dornenhecke nähert, waren es plötzlich »lauter große schöne Blumen, die taten sich von selbst auseinander ... und hinter ihm taten sie sich wieder als eine Hecke zusammen« (KHM 50). Insofern fällt, in schönster Koinzidenz, der Kuß des Prinzen mit dem Erwachen der Prinzessin zusammen, und wir dürfen die Regie bewundern, die den Anschein erweckt, als könne man verzauberte Prinzessinnen wachküssen, während tatsächlich nur der Kairos es ist, der beide Vorgänge miteinander verknüpft und zu einem harmonischen, reizend-sentimentalen Schlußakt vereint.

Aber warum steht nur dieser Königsohn unter dem Schutz des Kairos, warum die anderen nicht? Er ist zwar, genau wie diese andern, bereit, sein Leben zu wagen, »um das schöne Dornröschen zu sehen«, aber im übrigen hören wir nichts von einer wie auch immer gearteten Leistung oder Tüchtigkeit unseres Prinzen; er scheint nicht besser als die anderen vor ihm. In der Tat, das einzige, was ihn auszeichnet, ist dies: die Dornen öffnen sich ihm. Er hat das Glück, das den anderen fehlte. Aber das Märchen kann nicht gewollt haben, daß er einfach ein Glückspilz ist, ein Zufallserwählter ohne Verdienste, der die Prinzessin nur darum, weil Fortuna ihm hold ist, gewinnt. Kein Leser hat das Märchen je so verstanden. Schließlich handelt es sich bei Dornröschen – das bedenke man wohl! – um ein Königskind, das von zwölf Feen mit Schönheit und allen irdischen Tugenden überhäuft worden ist. Darum müssen wir den einzigen Schluß zu Hilfe holen, der hier greift: der Kairos im höchsten Sinne des Wortes kann bloß einem wahrhaft Großen zuteil werden. Und weil nur ein Held des einzigartigen Augenblicks würdig ist, weil nur für ihn in der Gefahr das Rettende wächst, ist die Märchenerzählerin, ohne daß sie weiterer Beweise bedürfte, ganz sicher, daß unser Prinz die herrlichste aller Prinzessinnen weitaus am meisten verdient.

Also nichts von Zufall in der Dornröschengeschichte! Und, wie ich glaube, auch nichts von Zufall in den meisten anderen Märchen[14]. Dagegen in verwandten Gattungen spielt Zufall eine erhebliche Rolle. Zum Beispiel in der Sage kommt es nicht selten vor, daß einer den Kairos eines andern vertreibt. Der günstige Augenblick wird manchmal dadurch verpaßt, daß ein Helfer, der benötigt wird, ausfällt oder nicht begreift, was er tun müßte. Dafür gibt es viele Beispiele; eines, dessen Beleg ich verloren habe, will ich erzählen. Ein Wanderer ruht sich zur Vesperzeit an einem Dorfbrunnen aus, wo ein uraltes Mütterlein sitzt. Die alte Frau nießt, und der Mann sagt freundlich: Helf dir Gott! Nochmals nießt die Frau, und wiederum sagt der Mann gutmütig: Helf dir Gott! Aber als sie zum dritten Mal nießen muß, ärgert er sich und ruft ihr ein unflätiges Wort zu. Da sagt die Alte: »Hättest du mir nochmals einen Segenswunsch gegönnt, so wäre ich erlöst worden. Aber jetzt muß ich hundert Jahre warten, ehe ich mich wieder hierhersetzen darf, um zu warten, ob mich ein guter Mensch mit dreifach frommem Wunsche erlöst.«

In einer Fabel des Phaidros (5. Buch, Nr. 8) heißt es vom Kairos, er nähere sich »beschwingten Laufes auf Schermessers Schneide«[15]. Die letzte Geschichte kann uns lehren, was mit diesem Hinweis gemeint ist. Eine falsche Reaktion, sogar ein geringes Fehlverhalten

anderer, genügt, um das »Eintreten« einer lang erwarteten Stunde zu stören; der kleinste Irrtum kann den »Lauf« der Dinge verändern, so daß die Richtung, die das Ereignis im Begriff war zu nehmen, abge-»fälscht« wird.
Alles, was geschieht, »steht auf Messers Schneide«, wie wir auch heute noch sagen. Aber es gibt noch eine zweite Gefahr – nämlich daß die Gelegenheit selber zweideutig ist. Die Gelegenheiten, die ich bisher nannte, können ergriffen oder verfehlt werden. Aber wir kennen auch Gelegenheiten, die man richtig oder falsch nehmen kann. Was gemeint ist, kennen wir alle: oft bietet sich eine Gelegenheit an, die in zweifacher Weise zu nutzen ist – zum Guten wie auch zum Bösen. Hier hat man die Wahl, so als hätte der Kairos einen Doppelgänger, und man müsse herausfinden, welcher von beiden der richtige ist. Aber oft sieht man nur den einen, und dann wohl meistens den falschen.

Zeit und Unzeit
Viele Märchen berichten vom Blick in die verbotene Kammer. Wer den Schlüssel in die Hände bekommt, hat eine Gelegenheit, und zwar von besonderer Art. Er kann gar nicht anders, als sie zu nutzen: nur fragt sich, in welcher Form er das tut. Denn diese Gelegenheit geht nach zwei Seiten. Vom Lustprinzip aus gesehen, besteht sie darin, das Gebot insgeheim, und ohne daß Strafe drohte, verletzen zu können. Aber mit reifen Augen betrachtet, handelt es sich um die erste große Gelegenheit, das Gebot aus freien Stücken anzuerkennen, es sich innerlich anzueignen – ja, es sich selber zu geben. Die Umstände enthalten die Aufforderung, freiwillig und ohne daß Kontrolle stattfände, gehorsam zu sein. Also es geht um die Stunde der Reifung. Bisher wurde Gehorsam geübt, aber wirklich nur »geübt«, denn das Kind war stets unter Aufsicht. Nun aber scheint es fähig, das Haus zu verwalten, fähig also, auch ohne Aufsicht das Rechte zu tun. Man denke an das Marienkind (KHM 2): erstmals hat es Gelegenheit, das Vertrauen zu rechtfertigen, das die Jungfrau Maria ihm schenkt. Natürlich packt es diese Gelegenheit entschlossen beim Schopfe – aber nur um sie in die gewünschte Richtung zu zerren. Der Sinn der Gelegenheit wird verkannt und verfälscht; äußerste Un-Gelegenheiten sind die zwingende Folge.

Unter diesem Gesichtspunkt lese man das oft sehr sentimental verstandene Märchen vom treuen Johannes (KHM 6), jenem Diener, der glaubte, die Forderungen des rechten Augenblicks seien weniger wichtig als die seines unerwachsenen Herrn. Der junge König weiß noch nichts von der Bedeutung des rechten Moments; er will verfrüht, also zu unrechter Zeit, in die wichtigste Kammer. Daß er das erreicht, ist mindestens zur Hälfte die Schuld des – vielleicht von den Brüdern Grimm so genannten? – »treuen« Johannes. Aber weiterhin kommt es noch schlimmer. Dieser allzu getreue Johannes beginnt alsbald, seinem Herrn zuliebe mit dem Kairos zu spielen – ja, mehr noch: er sucht selber Kairos zu spielen, in dessen Rolle zu schlüpfen. Er fängt an, das Schicksal zu korrigieren, wie sein König es wünscht, hilft ihm nicht nur, die Prinzessin vom goldenen Dache kennenzulernen, sondern gleich auch zu rauben. Er denkt nicht daran, auf die richtige Stunde zu warten, auf den Kairos, der diesmal nämlich in Gestalt des Amor kommen müßte, um die Liebe der Prinzessin zum jungen König zu wecken. Dabei wäre, wie sich bald zeigt, dieser Augenblick ganz nahe gewesen.

Aber Herr wie Diener sind ungeduldig, und diese Ungeduld rächt sich. Wir kennen die Folgen: Johannes muß nun selbst eine Schule durchmachen, und zwar eine schwere: er muß die richtige und reife Treue erlernen. Er muß die Gefahren, die er für das junge Paar heraufbeschwor, allein und selbständig abwehren, und das kann nur dadurch geschehen, daß er die rechte Sekunde jedesmal haargenau abpaßt und blitzschnell das Nötige tut. Jetzt erst beginnt er, den Kairos zu beachten! Trotzdem bedarf es noch großer Umwege, bis für den Herrn und den Diener, die beide das Glück zwingen wollten, die rechte Stunde kommt, in der es ihnen zuteil wird.

Die rechte Stunde, das heißt genauer: der richtige Zeitpunkt. Mit diesem Ausdruck verbindet sich eine besondere Vorstellung. Sie lautet, die Zeit für etwas reife heran, und endlich sei sie dann da. Das ist der Kairos, und so kennt ihn – natürlich nur als Begriff, nicht als Gott – auch die Bibel. Wenn wir im Neuen Testament auf die Wendung stoßen, die Zeit sei »erfüllt« (z.B. Mk 1,15), spricht der griechische Text vom *kairós*. Und wenn Jesus bei Joh. 7,8 von sich sagt: »Meine Zeit ist noch nicht gekommen«, dann heißt es wörtlich: Mein *kairós* ist noch nicht voll geworden, nicht erfüllt. Im

Deutschen drücken wir uns nicht unähnlich aus. Wir sagen zum Beispiel, die Zeit sei »gediehen« bis zu dem und dem Punkt. Vom Gedeihen der Zeit zu sprechen, ist schön. Aber diese Wendung – der Gedanke, die Zeit sei herangewachsen, herangereift – schließt die Vorstellung ein, daß bei erreichter Reife eine Frucht da ist, die gepflückt werden kann. Diese Frucht ist der richtige Augenblick. Aber nun wäre zu fragen: welcher Augenblick sollte etwa unrichtig sein?! *Carpe diem!* Welchen Tag soll man nicht pflücken?! Jeder Augenblick ist richtig, nur ist nicht jeder zum Feiern richtig, zum Triumph, zur Sorglosigkeit, sondern viele taugen nur zur Arbeit, zu besserer Einsicht, zum Warten; denn auch das Warten hat Wert. Nur wenige sehen das ein, aber die Goldmarie weiß es. Wenn sie das fertig gebackene Brot aus dem Ofen rettet oder den Apfelbaum von der Last der reifen Äpfel befreit, dann steht sie als Dienerin des rechten, gewachsenen, gültigen Augenblicks vor uns – und insofern als Herrin: sie meistert das Leben!

Im dritten Kapitel des Prediger Salomo (Vers 1–8) heißt es nach dem Text der Septuaginta, der *kairós* herrsche »über alles Geschehen unter dem Himmel.« Und dann folgt eine litaneiartige Aufzählung, in der immer, wenn ich Zeit sage, im Griechischen das Wort *kairós* steht:

Zeit, geboren zu werden, und Zeit zu sterben,
Zeit zu pflanzen und Zeit, das Gepflanzte auszureißen,
Zeit zum Töten und Zeit zum Heilen,
Zeit einzureißen und Zeit aufzubauen,
Zeit zum Weinen und Zeit zum Lachen,
Zeit zu klagen und Zeit zum Tanzen,
Zeit, Steine zu werfen, und Zeit, Steine zusammenzutragen,
Zeit zur Umarmung und Zeit, Umarmung zu meiden,
Zeit zum Suchen und Zeit zum Verlieren...

Also sogar das Verlieren gehört zum Kairos. Und in der Tat ist im Märchen vom Froschkönig das Verlieren ja der wahrhaft glückliche, das Glück auslösende Moment, der nicht entbehrt werden kann: die gute Gelegenheit zur Erlösung des lang verzauberten Prinzen. Aber ich bringe die »Kairos-Litanei« noch zu Ende:

Zeit zu beschützen und Zeit zum Verjagen,
Zeit zum Zerreißen und Zeit zum Nähen,

Zeit zu schweigen und Zeit zu reden,
Zeit zur Liebe und Zeit zum Haß,
Zeit des Krieges und Zeit des Friedens.

Da dies alles Kairos ist, so muß die Folgerung lauten, daß der richtige Augenblick jederzeit ist. Allerdings ist er richtig nur für ein jeweils anderes Vorhaben. Das heißt, wenn die Zeit zum Zerstreuen gekommen it, ist die zum Sammeln nicht da, aber diese bereitet sich im Zerstreuen ja vor, ihre Stunde nähert sich schon. Und wenn die Zeit zum Handeln nicht da ist, ist um so gewisser, daß es Zeit ist zu warten, und diese Zeit ist nicht unvollständig, etwa weil noch so und so viele Stunden oder Tage und Wochen fehlen, bis das Handeln beginnen kann, sondern sie ist eben voll von Warten, voller Erwartung.

Mit anderen Worten, die Zeit ist jederzeit voll, Zeit kann nicht anders als voll sein, sie ist immer voll für das, was geschieht, für das was jetzt an der Zeit ist. Zeit ist immer erfüllt, nur die Menschen sind es nicht immer; aber die Märchen zeigen uns Menschen, die immerfort, ohne jemals herauszufallen, in ihrem Kairos stehen.

Jetzt erst kommt das Reden vom rechten Augenblick in die ganze Weite seiner Bedeutung. Die Geduld, mit der die Märchenhelden unsägliche Zeitproben aushalten: jahrelanges Schweigen, ein Leben in Verfolgung und Drangsal, nicht enden wollende Wanderung, auf blutigen Füßen, bis ans Ende der Welt – dies alles gehört zum Kairos, denn auch diese Zeit ist erfüllt, und die glückliche Lösung am Ende wäre nicht möglich, wenn die Wartezeit vorher nicht wäre, wenn die Zeit statt mit Erwartung mit Schicksalshader und Murren erfüllt wäre. Aber wenn die Zeit des Wartens vorbei, wenn die Suchwanderung ans Ende gekommen und der große, glückliche Augenblick des Wiederfindens erreicht ist, dann geht die Zeit zu Ende. Mit der Hochzeit, der Hoch-Zeit, endet im Märchen die Zeit – sie schlägt um in die reine Dauer. Wir wissen, wenn die beiden, die sich lieben, und die der Kairos am Ende vereint hat, nicht gestorben sind, dann leben sie noch heute und immer. Und wir wissen auch, auf welche Weise sie leben: sie sitzen auf ihrem Thron und besitzen die Zeit, die andere unentwegt suchen. Ja, sie haben diese Zeit als einen Raum ohne Grenzen, demnach als einen Reichtum – oder noch besser: als ein Reich-tum im denkbar höchsten Verstand, ein Reich vollendeter Herrschaft[16]. In der Tat liegt hier ein wesentlicher Aspekt jenes Königtums, von dem die Märchen erzählen.

Absage an den Kairos

Das menschliche Leben vollzieht sich im Spannungsfeld zweier Arten von Zeit – der Zeit, die erfüllt ist, und der, die verrinnt, die Sekunde um Sekunde vergeht und immer nichtiger wird, weil sie ein tropfenweises Auslaufen des Stundenglases bedeutet. In beiden Zeiten spielt der Kairos seine Rolle: das eine Mal als das Tor zu jenem unvergleichlich wünschbaren Zustand, in welchem der Zeitstrom majestätisch breit und ruhevoll wird und, wie ins Meer, ins Bleibende einmündet; das andere Mal als der nicht enden wollende Wechsel von Täuschung und Enttäuschung und abermaliger Täuschung. Die meisten Menschen wissen durchaus (und sei es auch nur, während sie Märchen lesen) vom Reichtum der Zeit. Doch wissen sie sich diesen Reichtum nicht zu verschaffen, weil sie das eine Glück und das andere, immer wenn es darauf ankäme, nicht auseinander zu halten vermögen. Was sollen sie tun, da sie nicht Helden nach Märchenart sind, nicht jenen lauteren, unbestechlichen Blick haben, den es braucht, um den wahren Kairos zu erkennen, da sie aber auch keine Narren sind, die ihr Verderben anbeten, die auf jede Gelegenheit hereinzufallen bereit sind?

Auf diese Frage gibt es verschiedene Antworten. Doch im entscheidenden Punkte sagen sie alle dasselbe. Für den idealen Menschen, wie das Märchen ihn schildert, kommt die rechte Gelegenheit nicht irgendwann, sondern ist immerdar. Alle andern aber mögen sich hüten! Die berühmte Maxime »Diese Gelegenheit darf man keinesfalls vorbeigehen lassen!« ist das Motto, unter dem die Menschen sich so gut wie jedes Unglück ins Haus holen[17]. Darum sollte niemand naiv auf den günstigen, alles ins Lot bringenden Augenblick warten. Im Gegenteil, so lautet der Rat, der normale Mensch tue gut daran, nicht von glücklichen Gelegenheiten zu träumen, nicht zu rechnen mit ihnen, nicht auf ihr Kommen zu warten, sondern auf ständiger Hut zu sein vor den Verführungskräften des Unglücks, das bei der Ankunft immer froh und glückstrahlend aussieht und sein wahres Wesen erst hinterher zeigt.

Schließlich lockt die Werbung auch für schäbigste Ziele gern mit der Anpreisung, es handle sich um »die beste Gelegenheit, die Sie je hattten! Greifen Sie zu, bevor es zu spät ist!«

Diese Art der Verlockung ist uralt; allen Zeiten war sie vertraut. Sogar wenn Platons Unterweltsmärchen berichtet, wie die Seelen sich vor der Geburt ihr Lebenslos wählen, scheint sie im Spiel[18]. Jedenfalls ergreifen die meisten Seelen nach Platon ihr Leben ähnlich leichtsinnig und unbedacht wie Reisende, die ihren Urlaubsort nach einem Prospektphoto wählen. Bald nachher sind sie enttäuscht und sehen die traurige Wahrheit. So ergeht es ihnen wie Mephistopheles, als er sich in der Klassischen Walpurgisnacht gütlich tun will. Die Lamien locken ihn:

> Versuch es doch! sind unsrer viele,
> Greif zu! Und hast du Glück im Spiele,
> Erhasche dir das beste Los.

Aber als er die Schönste gepackt hat, entpuppt sie sich als dürrer Besen, und die Lamien höhnen:

> Verdienst du's besser? dünk es nicht (V. 7760 ff).

So kommt es zur skeptischen Lebenshaltung, zur Abkehr vom Glauben an den Kairos, von jeder Erwartung an ihn und seinen schwer bezwinglichen Zauber. Dieser Skepsis spricht neuestens auch ein den Märchenbildern vielfältig aufgeschlossener Dichter, Christoph Meckel, das Wort. Natürlich richtet sich seine Warnung nicht an die Großen unter den Menschen, erst recht ist sie nicht für Märchenhelden bestimmt, wohl aber für die unzählig vielen, die naiv genug sind, an ein »märchenhaftes« Glück im realen Leben zu glauben. Dennoch kleidet er seine Warnung auch selbst in die Form eines Märchens, zwar eines Kunstmärchens, aber offenbar teilt es eine Moral mit, die viele bekannte Märchen enthalten, nur eben nicht ausdrücklich aussprechen[19]:

> Schlief ich, da nachts vorm Haus
> anhielt ein Wagen;
> sprang der Kutscher heraus:
> »Unglück läßt fragen
> wenn du was nötig hast
> sollst du's ihm sagen,

Unglück wär gern dein Gast
und Wegbereiter,
kommt wenn du Zeit für ihn hast,
Unglück muß weiter –«

Sagte ich: »Freund, ich schlief
er wirds wohl wissen,
hab, da ich nicht nach ihm rief
nichts zu vermissen,
hab ja kein Paradies
je zu verbüßen
und käm das Glückstier, dies
trät ich mit Füßen
unter die Erde tief –«
Lachte der Kutscher und rief:
»Unglück läßt grüßen!«

Heinz Rölleke

ZEITEN UND ZAHLEN IN GRIMMS MÄRCHEN

Das Thema »Zeit im Märchen« soll hier in zweifach eingeschränkter Hinsicht behandelt werden, nämlich in der Konzentration ausschließlich auf Grimms Märchen und in der Berücksichtigung nur solcher Zeitangaben, die zugleich mit präzisen Zahlenangaben aufwarten.

Gott hat alles nach Maß, Zahl und Gewicht geordnet, sagt das Alte Testament im Liber Sapientiae (XI. 21) von der Schöpfung; Urchristentum, Mittelalter, Barockzeit, ja einige Kulturen bis in die Gegenwart hinein glaubten und glauben fest daran: Zahlen, Zahlenproportionen und Zahlensymbole sind von Gott gesetzt, sind immer genau, sind nicht für Irrtümer anfällig. »Wande numerus niht entriuget« – denn die Zahl ist das, was nie trügt, heißt es mittelhochdeutsch.

So kann man hoffen, in der bekanntlich realitätsfernen Märchenwelt ehestens bei Zahlenangaben Stützpfeiler für Datierung und Deutung der in Rede stehenden Texte zu finden. Und tatsächlich scheinen gerade Grimms Märchen diese Meinung auf den ersten Blick zu bestätigen. Versuchen wir, gleichsam zum Aufwärmen, einige Fingerübungen zum Thema Zahl. In KHM 7 »Der gute Handel« steht die sehr präzise und aufschlußreiche Angabe: Er »zählte sieben Taler ab, immer vierundzwanzig Groschen auf einen.« Der Reichstaler galt von 1550 bis 1610 und von 1630 bis 1650 genau 24 Neugroschen. In KHM 110 »Der Jude im Dorn« heißt es: »Steck dir einen Groschen ins Maul, daß du sechs Heller wert bist« – stimmt genau allerdings hauptsächlich für das preußische Münzwesen seit etwa 1750. 1 Groschen=3 Pfennig=6 Heller.

In KHM 131 rühmt sich das schöne Katrinelje eines Brautschatzes von 14 Pfennig, hat aber leider auch 3 1/2 Groschen Schulden – das sind hessische Verhältnisse, wo der Groschen seinerzeit 4 Pfennige galt: 4 mal 3,5 macht exakt 14. Katrinelje hat also nichts mit in die Ehe zu bringen.

Man hat noch nie versucht, solche Angaben zu Datierung und Lokalisierung Grimmscher Märchenfassungen heranzuziehen. Hier wären unschwer Hilfen angeboten. Neben gesamtdeutschen Relationen stehen spezifisch preußische oder spezifisch hessische; neben Währungsverhältnissen des 17. stehen solche des späten 18. Jahrhunderts. Dies zur Probe.

Es fällt auf, daß solche exakten Münz- und Gewichtangaben ausschließlich in Grimmschen Texten mit schwankhaftem Charakter begegnen, nicht aber in spezifischen Märchen stehen.

Diese Frage nach der Gattungszugehörigkeit eines Grimmschen Textes oder seiner Quelle ist also im Blick zu halten, wenn man im an sich eindeutigen Zahlenfeld nicht schließlich doch in die Irre geraten will.

In KHM 183 verspricht der Riese dem Schneider einen Lohn von 365 Tagen jährlich und einen Tag mehr, wenn's ein Schaltjahr ist – die heitere Übergenauigkeit dieses Nonsens verweist wiederum ebenso auf den Schwankbereich wie das intendierte Wortspiel »Tage« statt »Taler.«

Damit sind wir bei den Zeitangaben. Zumindest der Märchenschwank vermag also subtil etwa zwischen normalem Jahr und Schaltjahr zu unterscheiden – wer hätte das gedacht?

Nichts dabei gedacht hat sich jedenfalls die bisherige Märchenforschung, wie denn überhaupt die Aussagen der Interpreten zu Märchenzahlen und -zeiträumen so divergierend wie vage sind.

3 Beispiele:
Karl Justus Obenauer spricht über die Zahl 5 in Mörikes »Märchen von der schönen Lau«: »Die Zahl 5 entspricht dem behaglichen Erzählton des Dichters, ohne daß ein tieferer Sinn in dieser Wahl gesucht werden müßte«.[1]

Muß nicht, kann aber. 5 ist nach Plutarch die Hochzeits- und/oder Erotikzahl als Verbindung zwischen dem weiblichen (erste gerade Zahl: 2) und dem männlichen (erste ungerade Zahl: 3) Prinzip. Bei der Lau geht es bekanntlich ums Hochzeitmachen und Kinderkriegen, wie etwa auch in »Figaros Hochzeit«, der Oper, die mit der Zahl 5 beginnt,[2] oder wie in Goethes »Wahlverwandtschaften«, wo eine Probe-Ehe auf 5 Jahre diskutiert wird. – Dieser Deutungs (oder besser: Nichtdeutungs)-Ansatz Obenauers ist also eindeutig zu flach.

Ortrud Stumpfe[3] sieht ihrem Ansatz entsprechend in allen von ihr angeführten Märchenzahlen Symbole: »Die 7 wird in den Märchen nur ab und zu einmal zur Erläuterung gebraucht« – ich finde sie allerdings allein bei Grimm weit über 100mal, also durchschnittlich in jedem zweiten Märchen. Weiter: 7 symbolisiere in den »Sieben Raben« die »erdverstrickten Fragekräfte im Menschen.« Das mag sein, aber man hüte sich vor Verallgemeinerungen. Übrigens ist dieser durchaus christlich überformte Text (man denke an das Motiv der Nottaufe zu Beginn) ja wohl auch im Rahmen der religiösen Bedeutung der 7 zu sehen, und diese verweist gerade nicht auf »Erdverstricktes«, sondern auf Erlösung und Vollendung durch Verbindung der irdischen 4 mit der göttlichen 3. Die 14 interpretiert Ortrud Stumpfe im Blick auf den Eintritt in die Pubertät mit 14 Jahren: »Die Überschwemmung mit vitalen Instinkten, mit den kreisenden Blutskräften, die den jungen Parzival und den Eisenhans-Schüler zum roten Ritter machen.«

Lassen wir's dahingestellt sein, ob Wolfram sich Parzival als Vierzehnjährigen imaginiert hat, als dieser die Mutter verläßt und den roten Ither tötet – im Text steht jedenfalls nichts davon; hinsichtlich des Jungen im »Eisenhans« ist die Angabe »14jährig« auf jeden Fall irrig und willkürlich. Bei Grimm heißt es nämlich in KHM 136: »Der König hatte einen Sohn von 8 Jahren.«

Rudolf Meyer hat da in seiner anthroposophischen Deutung schon genauer hingesehen, aber er kommt zu ähnlichen Ergebnissen wie Ortrud Stumpfe: »Er ist acht Jahre alt. In diesem Alter tritt die Eisenwirkung im Blute zunächst ... hervor ... Denn alle Eisenstrahlung innerhalb der Menschennatur macht aktiv, aber zugleich auch ungebärdig.«[4] Rudolf Geiger hat sich noch 1982 dieser Interpretation vorbehaltlos angeschlossen.[5]

Was aber wird hier überhaupt interpretiert? »Der Eisenhans« begegnet bei Grimm erst in der 6. KHM-Auflage von 1850. Zuvor hieß die Geschichte des gleichen Typus »De wilde Mann«, und in dieser ist vom Alter des Prinzen überhaupt keine Rede. Den »Eisenhans« aber übernahm Wilhelm Grimm aus Friedmund von Arnims »Märchen« von 1844 – in dieser Quelle lesen wir jedoch: »Nun hatte der König einen Prinz, der war 6 Jahre alt.«[6]

Also was wollen und was können wir interpretieren? Der schlichtweg falschen Hypothese, der Junge sei 14 Jahre, darf man nicht folgen; wenn die »Eisenwirkung im Blute« wirklich mit 8 Jahren eintritt, wie Meyer und Geiger ausführen, dann wäre lediglich Wilhelm Grimms Wissen um dieses Faktum zu konstatieren, der zwar den Titel seines Märchens von Arnim übernommen, dessen Altersangabe aber dann gemäß diesem auf Eisernes abzielenden Namenstitels und gemäß anthroposophischer Vorstellung »richtiggestellt« hätte – nämlich von 6 auf 8 Jahre. Die relativ ältere Tradition dieses Textes spricht indes eindeutig von einem 6jährigen Jungen – und da Stumpfe, Meyer, Geiger auf die Bedeutung der Zahl im Märchen allgemein und nicht bei Wilhelm Grimm im besonderen rekurrieren, müßten sie und müßten wir beim »Eisenhans« von der 6 als Altersangabe ausgehen.

Während in diesem Fall Wilhelm Grimm seine Quelle bewußt – warum auch immer – geändert hat, ist Wilhelm Hauff in seinem Märchen »Zwerg Nase« mit dem Problem entschieden genialer (oder besser: schludriger) umgegangen. Dies Beispiel also als Warnung. Eingangs heißt es nämlich bei Hauff, der Junge sei für sein »Alter von 8 Jahren schon ziemlich groß« – als er nach 7 Jahren Dienst bei der Hexe zurückkehrt (er selbst meint ja, er habe nur ein Stündchen verträumt), sagt ihm sein leibhaftiger Vater, er habe seinen Sohn vor 7 Jahren verloren und der müßte jetzt ein »Bursche von 20 Jahren sein.« Bei solcher Zahlenverwirrung sind den Interpretationsansätzen keine Grenzen gesetzt. War der Junge damals wirklich 8 und ist er jetzt 15? Oder war er damals 13 und ist jetzt wirklich 20? Kann der Vater sich nicht erinnern? Hat Hauff nicht aufgepaßt? Wenn ja, welche Zahl war ihm neben der eindeutigen und märchengerechten 7-Jahres-Frist wichtiger, die 8 am Anfang oder die 20 in der Mitte der Erzählung, die so gar nicht zusammenstimmen?

Fragen über Fragen auf einem scheinbar eindeutigen Feld und zugleich methodische Vorüberlegungen oder auch Bedenken. Sie ergeben sich aus dem bisherigen Umgang der Märchendeuter mit den Zahlen. Auch der jüngste, scheinbar positivistisch nüchterne Versuch von Bernd Lorenz[7] bedeutet da keinen Fortschritt. Lorenz handelt von der 12 und der 300 im Märchen. Für letztere Zahl wird er bei Grimm nur einmal fündig: in der Kinderlegende Nr. 2 »Die zwölf Apostel« ist von einem 300jährigen Schlaf die Rede. Daraus schließt Lorenz: »die vorherrschende Bedeutung der 300 im Märchen ist die Zeitangabe.« Da sind wir beim Thema und müssen das prüfen. Im KHM 134 »Die sechs Diener« gibt es 300 Ochsen, 300 Faß Wein, 300 Malter Holz. Zeitangaben? In KHM 7 »Der gute Handel« ist von 300 Talern oder Stockschlägen die Rede. Sonst kommt 300 bei Grimm nicht vor.

Als Zeitangabe begegnet die 300 bei Grimm also nur in der christlich bestimmten Legende, nicht aber in den Märchentexten – und bei letzteren ist diese Zahl eindeutig dem Schwankbereich zugeordnet, und zwar in der Bedeutung der nicht ganz maßlosen Übertreibung.

Insgesamt finden sich nebenbei bemerkt genau 37 verschiedene Zahlen in Grimms Märchen: 32 im Bereich zwischen 1 und 100, 6 darüber (nämlich 150, 200, 300, 365/6, 600 und 1000 oder ein Vielfaches davon).

Diese Überlegungen und Informationen verdeutlichen: es ist methodisch unseriös, mit vorgefaßten oder vorschnell verallgemeinernden Deutungen an die Märchen-Zahlen heranzugehen (etwa 7 sei Erdverstricktes oder 300 sei vorherrschend Zeitangabe). Hier muß jeder Beleg einzeln nach seiner Herkunft, seiner Varianz und vor allem nach seiner Gattungszugehörigkeit befragt werden. Die Berufung der 12 ist in der Legende christlich bestimmt; die 12 als mitternächtliche Stunde hat in der Gespenstergeschichte und in der Sage eine ganz andere Bedeutung als im genuinen Zaubermärchen: in ersteren Gattungen bedeutet sie »Geisterstunde«, im Märchen allenfalls Beginn oder Ende einer genau umgrenzten zeitlichen Frist.

Schauen wir uns nun sämtliche Grimmschen Märchen hinsichtlich des Themas Zahl und Zeit an, so fällt auf, daß hier im Hunderterbereich ausschließlich folgende Ziffern begegnen: 1 bis 12, 14, 15, 16, 18, 20, 24, 40. Bei dieser auffallenden Vorliebe für gerade Zahlen fehlen 13, 17, 19, 21 bis 23 sowie ab 24 alle bis auf die 40. Ich stelle das hier nur fest und lasse offen, ob sich darin alte Traditionen, Vorstellungen einzelner Märchenerzähler oder Einsichten der Brüder Grimm spiegeln: bestimmte Zahlen spielen jedenfalls bei Zeitangaben absolut keine Rolle.

Die Frage, was es mit den kleineren Märchenzahlen auf sich hat, kann hier nur gestreift werden. Fristen von 3 Tagen oder Jahren sind fast ebenso häufig wie das stereotype »beim 3. Mal«. Dies entspricht der Vorliebe des Grimmschen Märchens für Dreigliedrigkeit mit Achtergewicht. 3 als ›numerus perfectus‹ zeigt das Ende einer Prüfung, das Bestehen einer Wartezeit, die Vollendung, die Erwähltheit des Dritten an, kann darüber hinaus auch schlichtweg »immer« oder »alles« (im Sinn des Übergangs eines alten Trials zum Plural) bedeuten. Aschenputtel, das 3mal täglich zum Grab geht, geht sinngemäß immer dorthin, wenn es kann. Die Königin, die im Rumpelstilzchen jeweils drei Namen rät, bietet sinngemäß alle Heiligennamen (nach denen der Drei Könige), alle Übernamen, alle geläufigen Kurznamenformen an – sonst wäre die Raterei ja ziemlich sinnlos.

Die 3 als perfekte oder als Gipfelzahl (wozu eben auch die Menge der dritten und jüngsten Söhne oder Töchter zu stellen ist) dominiert die Vorstellungen der Märchenerzähler so sehr, daß sogar Verstöße gegen die Logik in Kauf genommen werden: im KHM 16 heilt die Schlange ihre in 3 Stücke gehauene Artgenossin durch Auflegen von 3 Blättern auf die Trennwunden, obwohl deren nur 2 vorhanden sein können. In KHM 135 findet die Entwandlung der Ente unmärchenhaft bei deren viertem Escheinen statt, bloß um zuvor die stereotype Formulierung »am dritten Abend« einbringen zu können.

Statistisch und ihrer Bedeutung nach rangiert die 7 an zweiter Stelle. Hier gibt es hinsichtlich der Zeitbestimmung zahlreiche Fristen von 7 Jahren (Stummheit des Mädchens in »Die 12 Brüder«; Wanderungen im »Mädchen ohne Hände«; Teufelsdienste in den Bärenhäutergeschichten KHM 100, 101, usw.).

Um die Übersicht abzukürzen und wenigstens einige Aspekte etwas eingehender behandeln zu können, konzentriere ich mich jetzt auf einige rarere Zahlen und stelle ihre Zeitfunktionen kurz vor. Die 6 begegnet als Uhrzeit, als Frist von Wochen, Monaten und Jahren; die 8 findet sich in der stehenden Wendung »in 8 Tagen«, was jeweils eine Woche bedeutet (vgl. im Fischer-Märchen von Runge: »in acht oder veertein Dag«, d. h. in einer oder in zwei Wochen); zweimal stehen 8 Jahre als Altersangaben; genau so verhält es sich mit der 9: neben der Uhrzeit (in KHM 131) gibt es viermal Fristen von 9 Tagen und einmal eine entsprechende Altersangabe. Die 10 ist eine sozusagen »moderne« Zahl: ihr sind bezeichnenderweise nie Tage, sondern nur Stunden und einmal sogar Minuten (KHM 71) zugeordnet; die durchaus moderne Zählung nach Minuten, die ja nicht durch den märchengerechten Glockenschlag angezeigt werden können, gibt es sonst bezeichenderweise nur noch einmal – in dem einem Roman des frühen 18. Jahrhunderts entnommenen Text »Der gläserne Sarg«.

Die 11 ist neben der 12 die beliebteste Uhrzeitzahl (immer als Stunde vor Mitternacht).

14tägige Fristen sind eher in modern überformten Texten anzutreffen (Nr. 19, 71, 80, 93); 14 ist daneben Altersangabe.
Ausschließlich als Altersangaben werden die Zahlen 14, 15, 16, 18 und 20 eingesetzt.

Die sonst in der abendländischen Tradition so bedeutsamen 40 Tage werden lediglich in dem von Grimms wieder eliminierten Text »Der Räuber und seine Söhne« als Zeitspanne einer Wüstenwanderung geboten.

Bei den Hundertern gibt es neben den 100 Jahren des Dornröschenschlafs die Wendungen »100, 200 oder 300 Stunden von hier«, die bezeichnenderweise in Märchentexten desselben Beiträgers stehen. Runges Formulierung im »Machandelboom«: »dat is all tweedusend Jahre her« ist in diesem Feld die unmärchenhafte Ausnahme.

Zusammenfassend: als Uhrzeitangaben (die immer durch den Schlag einer Turmuhr eingeführt werden, nie aber als Ablesen vom Zifferblatt) gibt es die 12 als Mitternachtsstunde und die ihr vorausgehende 11. Lediglich in einem einzigen (dem plattdeutsch von den Haxthausens aufgezeichneten) Text »De beiden Küningeskinner« ist öfter von Fristen zwischen neun Uhr abends und morgens um sechs sowie nachmittags um drei die Rede. Uhrzeiten sind also immer auf die 12 bezogen: als die ihr vorangehende Stunde oder als 3/4, 1/2 oder 1/4 dieser Zielzahl.

Längere Fristen von Prüfungs-, Such- oder Wartezeiten sind meist als Tage oder Jahre an die 3 oder 7 geknüpft; 6 ist den Jahres-, 9 eindeutig den Tagesfristen zugeordnet. Stunden- oder Wochenfristen (wozu auch die genannten 14 Tage zählen) sind stets modernen Überformungen zu verdanken.

Schauen wir uns als Beispiel die 9-Tagesfrist an. Joringel findet genau nach 9 Tagen die erlösende rote Blume; der König verlangt vom Schneider (»Die beiden Wanderer«), er solle ihm nach 9 Tagen einen Schwiegersohn verschaffen, sonst koste es ihn das Leben; 9 Tage sucht die Königstochter den aus dem »Eisenofen« entwandelten Königssohn.

Die drei in dieser Hinsicht genau übereinstimmenden Märchen sind unterschiedlichster Provenienz: »Jorinde und Joringel« ist ein von Jung-Stilling aufgezeichnetes und zweifellos ein künstlerisch stark überformtes Märchen, »Die beiden Wanderer« und »Der Eisenofen« gehen auf Erzählungen eines Studenten in Berlin und der Dorothea Viehmann zurück. Alle behandeln die Ziffer indes im gleichen Sinn: 9 ist die Zahl, unter deren Aura Lösung einer existenziellen Aufgabe – oder allgemeiner: Erlösung – geschieht. Als solche kann man sie ohne weiteres als gesteigerten ›numerus perfectus‹ (3×3) auffassen, als Potenzierung der beliebtesten Märchenfristzahl. Vielleicht steckt aber mehr dahinter. Die germanische Mythologie kennt die neun Nächte, die Odin am Baum hängt, um Weisheit zu lernen; das Neue Testament spricht von Christi Erlösungstod in der 9. Stunde, und ganz allgemein ist das menschliche Leben existenziell mit den 9 Monaten der Schwangerschaft verknüpft. Joringel erlangt im Sinn des germanischen Mythos Traumweisheit, er erlöst in christlichem Sinn seine Braut und die andern Opfer des Bösen, und er kann nach 9 Tagen sein erfülltes Menschenleben an der Seite Jorindes beginnen. Was von diesen Aspekten der genuinen Märchentradition, was dem Schriftsteller Jung-Stilling zuzuschreiben ist, lasse ich dahingestellt sein.

Ganz im letzteren Sinn ist jedenfalls die Zahlenfreude in Philipp Otto Runges Überarbeitung des Fischer-Märchens zu sehen. Zwar spannt Runge seine Märchenwiedergabe zwischen den Formeln »Et wa mal eens« und »noch hüüt up dissen Dag«, dann aber entfaltet er ein kunstvolles Crescendo der immer hastigeren Wünsche, dem die genau kalkulierte Zeitstruktur entspricht: nach 14 Tagen in der Hütte, nach einer Nacht im Schloß vergehen zwischen Königs- und Kaiserwürde nur noch eine kurze Weile, bis zur Papstwürde ein Augenblick; diese währt retardierend wieder eine Nacht, ehe der Sonnenaufgang den verhängnisvollen letzten Wunsch anregt: fast dramentechnisch eingesetzte Zeitspannen – sie wird man sonst im Volksmärchen nicht suchen; aber Runge war bekanntlich *das* große Vorbild für Wilhelm Grimms Märchenauffassung und -ausgestaltung.

Kehren wir zu den präzisen Zahlenangaben in den KHM zurück und betrachten wir nach den Uhrzeiten und den Fristen die Altersangaben des Märchenpersonals.

Jungen sind in Grimms Märchen ausschließlich 8, 9, 14 oder 16 Jahre alt; Mädchen 3, 12, 14 und vor allem 15. Die drei Hänse (»Hans mein Igel«, »Der Eisenhans« und »Der starke Hans«) beginnen übereinstimmend mit 8 bzw. 9 Jahren ihre Märchenabenteuer, sind sozusagen ausgewachsen. Im KHM 113 ist dem König prophezeit, sein Sohn werde mit 16 Jahren sterben – es ist dies die Verdopplung des für Märchenabenteuer tauglichen männlichen Alters und eine moderne, romanhafte, zu mehr Realismus tendierende Aufschwellung.

Rapunzel ist 12 Jahre, als die Hexe das Mädchen vertragsgemäß abholt. Nach karolingischem Recht wird der Mensch mit 12 Jahren strafmündig (nach burgundischem Recht mit 14 – das Alter, in dem das »Marienkind« straffällig wird; nach englischem Recht mit 15 – das ist das Prüfungsalter Dornröschens und ihrer gleichaltrigen Kolleginnen).

Auffälliger zum Abholen des 12jährigen Rapunzel durch die Hexe stimmen zwei Hexenberichte des Prätorius[8] aus den Jahren 1550 und 1578: die Hexe berichtet, ihre Mutter habe sie, »als sie 12 Jahre gewesen, einem Teufel übergeben (...): Siehe, hier die Tochter, die ich Euch versprochen.« An anderer Stelle heißt es, Mädchen werden mit 12 Jahren mannbar und könnten ab diesem Alter eben auch in die Gewalt von Hexen oder Teufeln fallen.

Das ist übrigens auch Grimms Meinung, die in ihrer Edition des »Armen Heinrich« im Text der Handschrift A folgen, der das Mädchen bei seiner Heirat 8 Jahre alt sein läßt, während sie in ihrer Nacherzählung im Märchenton mit der Handschrift B ein Alter von 12 Jahren ansetzen.[9] Rapunzel befindet sich also bei ihrem Abenteuer mit der Hexe und bei ihrer Verbindung mit dem Königssohn, was ihr Alter von genau 12 Jahren betrifft, in bester hochmittelalterlicher Gesellschaft.

Ob 12, 14 oder 15: erkennbar stehen alle Märchenmädchen dieses Alters in ihrer Reifezeit, an deren Ende sie zu Hochzeit und Märchenglück befähigt sind. Ja, in der Tat, was Altersangaben in Grimms Märchen betrifft, so folgen sie in der Regel alten Rechts- oder Glaubensvorstellungen, und sie sind darüber hinaus sozusagen erfahrungsgesättigt, indem sie die Reifezeit (vor allem der Mädchen) als entscheidenden Zeitpunkt für die Richtung eines Lebenslaufs ansehen.

Altersangaben können wir mit gebotener Vorsicht als *realistisch* bezeichnen. Fristangaben sind dagegen in der Regel eher *symbolisch* oder auch topisch: hinsichtlich der 3er- oder 7er- Fristen für sich sprechend, hinsichtlich etwa der 9 Tage, wie aufgezeigt.

Daneben (oder besser: überwiegend) aber begegnet die echte Märchenzeit (oder nochmals besser: Zeitlosigkeit) mir ihrem »Es war einmal« und ihrem »so leben sie noch heute«, mit ihrem »zur Sommerszeit« oder »mitten im Winter«, ihren alten Fristangaben »den ganzen Tag«, »die ganze Nacht«, »von Morgen bis Abend«, »Tag und Nacht«, ihrem mit dem Zeitbegriff frei schaltenden, diesen der Phantasie des Hörers anheimstellenden »über eine Zeit«, »nach langen Jahren«, »und als sie lange, lange gegangen war«.

Werden in diesen erkennbar noch nicht von Uhrzeigern und Kalendern zerhackten Zeitläuften trotzdem einmal Zahlen berufen, so tut sich darin erst recht der reine Märchenbereich auf: die 100 Jahre des Dornröschenschlafs, die im Handumdrehen vergehen, die 3 Jahre, die den Trommler wie 3 Tage dünken, oder die 7 Jahre im Berg der Wichtelmänner, die dem Mädchen ebenfalls wie 3 Tage vorkommen (KHM 39). Hier verdämmern auch die scheinbar so präzisen Zahlen zu geheimnisvollen Schemen oder ahnungsvollen Klängen. Und das wohl ist die älteste und märchengerechteste Schicht, in die wir bei unserer Fragestellung gelangen.

Krzysztof Bak

DIE ZEITMODALITÄTEN IM MÄRCHEN VON DER INSEL DER GLÜCKSELIGKEIT

Max Lüthi, der wohl am nachdrücklichsten die Wesenszüge und Formelemente des europäischen Volksmärchens herauszuarbeiten versucht hat, ist der Auffassung, daß das Märchen auf zeitliche Tiefengliederung gänzlich verzichte. Seiner flächenhaften Struktur fehle die Dimension der Zeit, es gäbe keinen Zeitablauf, kein Zeitverrinnen. Auch wenn Zeitbestimmungen, etwa die Adverbien, in vielen Texten vorhanden seien, so hätten sie doch keine zeitliche Bedeutung, keine ontologische Realität; sie sollen nach Lüthi nichts mehr als die Handlung ausschmücken, die aber eigentlich außer der Zeit verlaufe.[1]
Einige Märchenforscher, unter ihnen Sebastiano Lo Nigro[2], halten indessen das Modell Lüthis für zu abstrakt, um für alle Märchen

gelten zu können. Im nachstehenden möchte ich aufzeigen, daß auch die von Lüthi so hervorgehobene Zeitlosigkeit nicht für alle Märchen Gültigkeit hat. Ich wähle dazu das Märchen von der Insel der Glückseligkeit (AT 470B), das in weiten Teilen Europas und darüberhinaus im Orient, in China und Japan belegt ist.[3] Es kommt in zahlreichen Varianten und Nebenformen vor; ich selbst habe es oftmals in den östlichen und südlichen Wojwodschaften Polens gehört. In Schweden ist es in zahlreichen der sogenannten Schillingsdrucke erschienen, populären »Groschenheftchen«, die im 18. und 19. Jahrhundert in unzähligen Auflagen gedruckt und mit immer neuen Einzelheiten ergänzt worden sind. Einen solchen Druck von 1810 hat auch der schwedische Romantiker Pär Daniel Amadeus Atterbom (1790 bis 1855) für sein gleichnamiges Märchenspiel »Lycksalighetens Ö« (2 Bände Upsala 1824 bis 1827, deutsch Leipzig 1831 bis 1833) benutzt.[4] Er entspricht weitgehend der französischen Fassung, welche die Gräfin Aulnoy bereits 1690 in ihren Roman »Histoire d'Hypolite, comte de Douglas« eingeflochten hat.

In diesem Märchen verirrt sich ein junger König während der Jagd und gerät in einen dunklen undurchdringlichen Wald. Nach langem Umherreiten in der Einöde gerät er in eine wundersame Höhle, in der die Windmutter mit ihren Söhnen haust. Als der Westwind von der Insel der Glückseligen und ihrer lieblichen Prinzessin erzählt, wird er sogleich von Liebe zu ihr erfaßt und beschließt, sie aufzusuchen. Das ist aber nur auf den Flügeln des Westwindes und mit Hilfe eines unsichtbarmachenden Mantels möglich. Nach langem Flug über Länder und Meere, Städte und Wälder gelangt er dorthin, wird im Schloß der schönen Prinzessin erkannt, gewinnt ihr Herz und heiratet sie. Und da sie aus der Quelle der ewigen Jugend tranken, die inmitten der Insel entsprang, blieben sie immer jung. Die Zeit scheint still zu stehen, und der junge Fürst glaubt, drei Tage oder doch höchstens drei Monate auf der Insel zu sein. Seine Frau aber erklärt, daß in seinem fernen Reich inzwischen dreihundert Jahre verstrichen sind. Da packt ihn unwiderstehliches Verlangen, in jene Welt zurückzukehren und ruhmreiche Taten zu vollbringen. Während er früher tausend Jahre für einen Monat gehalten hätte, hielt er jetzt jeden Tag für ein Jahr. Aus Mitgefühl läßt sie ihn ziehen und gibt ihm ein Pferd und den Rat, niemals abzusteigen, ehe er zuhause angelangt sei. Unterwegs findet er einen gebrechlichen Greis unter einem Karren liegen, steigt ab, um ihm aufzuhelfen. Das aber war *die Zeit,* die einen ganzen Karren voller Flügel in den dreihundert Jahren abgewetzt hatte, um ihn einzuholen. Nun erwürgte sie ihn.[5]

Schon die knappe Inhaltsangabe läßt deutlich werden, daß dieses Märchen zwei unterschiedliche Zeitmodalitäten kennt und thematisiert: die Zeit in der Heimat des Helden und die Zeit auf der Insel der Glückseligkeit. Die hiesige Zeit, die nichts anderes als die profane Vergänglichkeit ausdrückt, mag unberücksichtigt bleiben – die Zeit auf der Insel der Prinzessin entspricht dem übrigen Szenarium dieser Insel. Es erweist sich nämlich, daß es aus infernalischen Elementen besteht.

In den meisten Mythologien wird der Sitz der Toten als eine einsame Insel dargestellt. So spielt in den chinesischen Jenseitsvorstellungen die Insel P'ong-lai eine zentrale Rolle. Als Kaiser Wu Ti fragte, wo er nach seinem Tode wohnen werde, antwortete man: »Sie werden die Seligen der Insel P'ong-lai sehen können, die in der Mitte der Meere ist.«[6]

In unserem Märchen liegt die Insel der Glückseligkeit im Westen, und nur der Westwind kann sie erreichen. In den meisten Kulturkreisen ist der Westen mit Vorstellungen vom Totenreich verbunden (vgl. Mot E 481.6.2). So heißt es im exegetischen Text von Lactantius: »Wie das Licht zum Osten gehört, im Licht aber der Grund des Lebens liegt, so gehört zum Westen die Finsternis, in der Finsternis ist aber Tod und Untergang.«[7] Nach altgriechischer Vorstellung dachte man sich die Inseln der Seligen im Westen jenseits der Säulen des Herakles, und noch im deutschen Volksglauben werden die Seelen der Verstorbenen nach dem im Westen liegenden »Engelland« gefahren.

Auf der Insel der Glückseligkeit sprudelt eine wunderbare Quelle, und jeder, der aus ihr getrunken hat, wird sein früheres Leben vergessen. Nach den Aussagen der Religionswissenschaftler haben die aquatischen Motive, so auch die Quelle, einen infernalischen Aspekt und sind im Jenseits vieler Völker zu finden. Das berühmteste Beispiel ist natürlich die Hölle der Orphiker, wo zwei Quellen –

Lethe und Mnemosyne – fließen.[8] Auch im Volksglauben werden manche anscheinend grundlose Brunnen der Hölle gleichgesetzt, und im Märchen »Frau Holle« (AT 480) gelangt man durch den Brunnen in die untere, die jenseitige Welt.

In unserem Märchen wird erzählt, daß auf einer öden Sandbank in der Nähe der Insel ein Ungeheuer wohnt, das alle mitleidlos tötet, die sich der Insel der Prinzessin auch nur nähern. Auch dieses Motiv betont den infernalischen Aspekt. Der Religionsforscher Albrecht Dieterich hat nachgewiesen, daß die Ungeheuer von den Geistern oder Göttern der Unterwelt abstammen. Sie wohnen in der Hölle, sind als Wächter des Weges ins Jenseits dargestellt oder auf andere Weise mit der Unterwelt verbunden.[9] In unserem Märchen wird das Ungeheuer als ein Tier beschrieben, das »teilweise an den Hund, teilweise an die Schlange und teilweise an den Affen erinnert.« Nach Alfred Jeremias ist der Affe ein infernalisches Tier, nach altchristlicher Tradition wird er dem Teufel gleichgesetzt. In Babylon, in Rom und im gesamten mittelalterlichen Europa wird er als Repräsentant der Hölle betrachtet.[10] Noch enger sind Schlangen und Hunde mit dem Jenseits verbunden. Bei den griechischen Tragikern sind die Erinnyen sowohl Schlangen als auch Hunde; die Monstren Typhon und Echidra sind Eltern der Hydra, des Hesperidendrachen und der Gorgo, ebenso der Hunde Kerberos, Orthos und Skylla. In den Schriften des Hieronymus Augustinus werden die Hunde als Verwandte des Teufels verstanden. Im mittelalterlichen Europa nehmen Hunde an allen größeren Hinrichtungen teil – sie gelten dann als Vertreter des Teufels, die die Seelen der Verbrecher in die Hölle hinabführen sollen. In den Märchen haben manchmal »Löwen« die Stelle der die Jenseitsschlösser oder – brunnen bewachenden Hüter übernommen – nur wer sie besiegt oder zu besänftigen vermag, kann in das Zentrum vordringen.[11]

In einer schwedischen Variante unseres Märchens, 1824 gedruckt, gerät der junge König in ein Wäldchen, in dem Palmen, Zypressen und Pappeln wachsen. Der Totenreichcharakter der Insel könnte besser kaum ausgedrückt werden, denn Pappeln und Zypressen sind in vielen Mythologien mit den Todesgöttern verbunden. So überschatten in griechischen und römischen Jenseitsvorstellungen Zypressen die Quelle der Vergessenheit, während Pappeln

Mnemosyne behüten und Persephone geweiht sind. In Ägypten gelten die Palmen als Symbole der Todesgötter, während sie in christlichen Exegesen den Tod als Triumph der Seele über den Körper darstellen. »Die Palme ist das Symbol jenes Sieges, den der Geist mit dem Fleische zu bestehen hatte«, schreibt Origines.[12]

Würde man die archetypische Analyse fortsetzen, was hier nicht durchgeführt werden kann, dann würde sich zeigen, daß die Herrscherin der Insel der Glückseligkeit einen besonderen Typus der weiblichen Gottheiten repräsentiert, nämlich die Große chthonische Mutter in ihrem aggressiven und verführerischen Aspekt; sie ist in dieser Doppelfunktion eng mit dem Totenreich verknüpft. Dafür spricht auch, daß Medeia die Geister des Hades heranwinken kann und daß Kirke sowohl Tochter der Sonne ist, aber auch Beziehungen zu Tod und Unterwelt hat[13]. Und Morgane, Schwester von König Artus, ist zauberkundig und versteht die Sprache der Geister; übrigens wird auch der todwunde König Artus auf die Insel Avallon gebracht, wo seine Schwester herrscht.[14]

Diese zahlreichen Hinweise, die hier nicht weiter ausgeführt oder vermehrt werden konnten (was leicht möglich sein würde), lassen deutlich erkennen, daß unser Märchen von einer Jenseitsreise berichtet – genauer: vom *descensus ad inferos,* dem Abstieg in die Unterwelt. Dieses Thema ist weitverbeitet, nicht nur in den Mythen fast aller Kulturkreise, sondern auch in vielen mittelalterlichen Legenden und Heldengeschichten. Nach Henri Jeanmaire haben alle diese Erzählungen und Berichte Initiationscharakter. Lebend in die Unterwelt hinabzusteigen, sich den Wesen und Herrschern der Unterwelt entgegenzustellen, das bedeutet nicht weniger als: eine Initiationsprüfung auf sich zu nehmen, um eine höhere Seinsweise zu erreichen.[15]

Damit erklärt sich nun auch die Verschiedenartigkeit der Zeit in unserem Märchen. In allen Religionen hat das Jenseits eine ganz andere Zeitmodalität als die profane Diesseitswelt. Schon auf einer der ältesten babylonischen Tafeln kann man lesen: »Dort ist jeder Augenblick einem Äon gleich.« Und im tibetanischen Totenbuch ist geschrieben, daß die Toten »ewige Gegenwart« und »unverwüstliche Dauer« genießen. In vielen gnostischen Schriften des Hellenismus, so in der Mithrasliturgie, wird dargestellt, wie die

Herrschaft des Gottes Zeit, des Äons oder des Chronos, im Reich der Toten aufgehoben wird.[16] Unser Märchen verdeutlicht demnach nichts anderes als den Unterschied zwischen der profanen Vergänglichkeit und der sakralen Zeit, die von ewiger Dauer, Unveränderlichkeit und Wiederholbarkeit ist.

Mircea Eliade hat die Hypothese aufgestellt, daß alle Märchen durch die Entsakralisierung initiatorischer Mythen und Sagen entstanden seien.[17] Sollte sie sich als richtig erweisen, dann liegt nahe anzunehmen, daß ursprünglich alle großen Märchen die Heterogenität der Zeit einbegreifen, denn das in ihnen erzählte Geschehen überschreitet das bloße Hier und legt größeres Gewicht auf die Begebnisse in einem jenseitigen (bzw. geistigen) Dort. Das läßt sich in manchen Märchen noch immer in Einzelzügen erkennen. Durch den Entsakralisierungsprozeß wird aber die Übergangsstruktur immer undeutlicher, während die profane und die sakrale Sphäre allmählich zu einer märchenhaften *Märchenwelt* zusammenschmelzen. Dieser Prozeß führt dazu, daß sich auch die Zeitmodalitäten der profanen und der sakralen Sphäre verwischen und zu einer märchenhaften Zeitlosigkeit verschwimmen.

Diese Annahme schließt die Theorie Lüthis nicht aus. Meiner Auffassung nach beschreibt Lüthis Zeitmodell verhältnismäßig späte Märchenschöpfungen, die durch den Entsakralisierungsprozeß der weit ursprünglicheren Übergangsmythen, -sagen und -märchen entstanden sind.

Heino Gehrts

FLUCHT UND VERWEILEN

Es erscheint wohl manchem fast als ein Widerspruch, wenn von der Rolle der Zeit im Märchen gesprochen wird, da doch die Stimmung, in die uns das Märchen versetzt, geradezu uns einzuwiegen scheint in ein zeitloses Erleben. Schon mit der Formel *Es war einmal* werden wir, mag man meinen, nicht in eine vergangene Zeit versetzt, sondern weit hinaus aus aller Zeit.

Und doch treffen diese Überlegungen nicht zu. Denn was wir in diesen Sätzen als Zeitlosigkeit bezeichnen, ist nur die Abwesenheit derjenigen Zeit, *des* Zeiterlebens, in das uns die Beschaffenheit unserer Epoche hineinzwingt. Die Art, wie *wir* die Zeit erleben, ist nicht etwa die Zeit überhaupt, sondern eine verarmte Zeit. Im Bilde ließe sich sagen, daß die Zeit, in der ältere Menschengeschlechter lebten, einer Insel glich im blauen Meere der Ewigkeit, während wir auf einem Felsenriff im Eismeer gescheitert scheinen. Vielerlei Not unserer Epoche steht ohne Zweifel im Zusammenhang damit, daß unser Zeiterleben seit langem in bitterste Armut geraten ist.

Zeit füllt sich nicht aus der Zukunft, sondern wahre Erfüllung gedeiht für die Gegenwart aus ihrer Vergangenheit. Auch in dieser Beziehung haben die letzten zweihundert Jahre überall schwere Zerstörungen angerichtet. Die vergangenheitsträchtigen Landschaften und Verfassungen erlagen einem allgemeinen Verfall, und mit ihm versiegten, im einzelnen oftmals unbemerkt, mancherlei Lebensquellen, die durch das Unterbewußtsein wie im Alltagsablauf Geschehen und Erleben mit Sinn versorgt hatten. Es setzte sich ein ganz anderes Zeitbewußtsein durch, was in den zwanziger Jahren unter anderem in dem damals überall zitierten amerikanischen Slogan *Time is Money* zum Ausdruck kam. Ich erwähne dies nur im Vorübergehen, weil es für manchen vielleicht ein weit abliegender Gedanke ist, daß unser modernes Zeitbewußtsein absolut ungeeignet ist, um von dort aus das eigentliche Wesen der Zeit, die erlebte Zeit anderer Kulturen und auch nur ihre Zeitmessungen sinngemäß in den Blick zu bekommen.

Sage, Märchen und Legende sind voll von rätselhaften Zeiterlebnissen, Zeitverschiebungen, in denen Menschen für eine Weile aus dem gemeinen Zeitverlauf ausscheiden und in befremdlicher Weise wieder dahin gelangen und erfahren, daß ihre Zeit anders verlaufen ist als die der Zurückgebliebenen. In einer ergreifenden südamerikanischen Geschichte wird ein junger Mann, Sohn eines Estanzieros, in der Nacht aufgerufen, zu Pferde an der Verfolgung etwelcher Übeltäter teilzunehmen. Er verliert sich im Dunkel vom Trupp der Verfolger, überschreitet einen Fluß, trifft aber dort am Morgen auf den Führer des Unternehmens. Der nimmt ihn mit in die Stadt, zu deren Patriziern er gehört, er lädt ihn auf eine Weile zu sich ein, Monate vergehen, es kommt zur Hochzeit mit der Haustochter und zu vielen Ehejahren. Schließlich möchte der Mann, nun gealtert, seine Geschwister noch einmal besuchen. Er wird an den Fluß geführt, setzt über, findet sich schnell zurecht, langt bei der wohlbekannten Estanzia seines Vaters an – und findet diesen und die Geschwister so, wie er sie verlassen hat, *gestern abend,* wie die Hausinsassen behaupten. Er selbst aber hat ein Leben hinter sich gebracht, ein ganzes Lebensschicksal erfahren.[1]

In solchen Erzählungen ist die von der Hauptperson erlebte Zeit lang und überlang; aus einer tiefen Vergangenheit kommend, tritt sie in die von allen anderen erlebte kurze Weile wieder ein. In einem noch bekannteren Erzähltyp geschieht das Umgekehrte: da kehrt die Hauptperson in eine Zeit zurück, die gegenüber der Zeit ihres Austritts weit fortgeschritten ist. Eine Legende dieser Art wird seit Jahrhunderten erzählt; sie ist unter dem Titel »Der Mönch und das Vöglein« bekannt. Der Mönch hat sich für eine kurze Weile von einem singenden Vogel in den Wald hinaus locken lassen, findet aber nach der Rückkehr das Kloster, die Brüder, den Abt verändert: dreihundert Jahre sind vergangen, seit er verschwand.[2]

Derlei Geschichten sind immer wieder in aller Welt erzählt worden, ein Zeichen dafür, daß Zeit nicht als jenes gradlinig-eindeutige Etwas aufgefaßt worden ist und werden muß, als die unsere Zivilisation sie uns vorspiegelt. Dazu sei ausdrücklich vermerkt, daß auch die sogenannten Naturwissenschaften dergleichen Erlebnisse nicht etwa zu »erklären« vermögen. Sie haben es mit der Berechnung materieller Geschehnisse zu tun, nicht aber mit den metaphysischen Zeitschranken und -durchgängen lebender Menschen. Das Wunder der Zeit ist ein Teilaspekt unserer menschlichen Existenz, und deren rätselhafte Dunkelheit läßt sich nicht erhellen durch physikalische Rechenkunststücke. Eher wird durch sie, indem wir uns zurechtzufinden suchen, der Nebel noch verdichtet.

Wir wenden uns von diesem Vorspiel aus legenden- und sagenhaften Zeitwundern nun dem eigentlich märchenhaften Gezeitenspiel zu.

Es sind vornehmlich zwei Märchentypen, in denen Bemerkenswertes in Bezug auf das Zeiterleben vorkommt. Einzuschalten ist hier, daß man, wenn man Märchentypisches zum Gegenstand machen will, dabei nicht auf einzelnen Fassungen fußen darf. Die einzelne Fassung ist ein zufälliger Vertreter der Gruppe, die einen Typus ausmacht. Alle Einzelvarianten erzählen dasselbe Geschehen – mit Abweichungen im Wortlaut, im Bildgebrauch, manchmal mit versehentlichen Auslassungen oder willkürlichen Ausschmückungen, – aber es sind doch alles Zeugenaussagen zu ein und derselben Ereignisfolge – bis hin zu den Aussagen, die durch Erinnerungsmängel oder Ausflicken mit fremden Bruchstücken verfälscht und darum zu verwerfen sind. – Die Märchentypen, von denen es beim Zauber- oder Wundermärchen einige hundert gibt, sind vor knapp achtzig Jahren in Antti Aarnes Typenverzeichnis zusammengefaßt und mit Nummern versehen worden. Wir haben es hier nur mit zwei Typen zu tun, mit AT 313 und 304.

Ich beginne mit dem Typus 313, weil an ihm auch einmal das hohe Altertum des Handlungstyps nachzuweisen ist[3]. Der Ablauf der Ereignisse ist der folgende. Ein Knabe ist, oft schon seit frühester Jugend, einem dämonischen Wesen verpfändet und gelangt als Heranreifender in dessen Bereich. Der Dämon ist todesgefährlich, und der Bursche käme nicht wieder heim, wenn es ihm nicht gelungen wäre, gegen das Heiratsversprechen die Tochter des Dämons als Helferin zu gewinnen. Die Krise im dämonischen Bereich spielt sich schließlich an drei aufeinanderfolgenden Tagen ab, an denen dem Helfer Aufgaben auferlegt werden, die an einem Tage unmöglich zu vollbringen sind. Ein ganzer Berg ist abzutragen, ein ganzer Wald ist abzuholzen und in Klafter zu legen, ein ganzer See auszuschöpfen und die Fische geordnet auf der Wiese auszubreiten, ein hohes Schloß zu erbauen. Das Unmöglichste ist gerade das, was in typischer Weise Zeit fordert, *seine* Zeit verlangt, nämlich das Urbarmachen eines Feldes, das Bestellen, Reifen, Abernten, das Mahlen des Kornes und Verbacken, alles an einem Tage, in einer Nacht, so daß der Bursche dem Dämon am Morgen das frische Brot präsentieren kann.

Zunächst einmal verzweifelt der junge Mann über jeder dieser Aufgaben; doch bringt gewöhnlich um Mittag die Tochter des Dämons ihm seine Mahlzeit, redet ihm zu, erst einmal zu essen und dann zu schlafen. Doch während er schläft, vollbringt sie den notwendigen Zauber, und zwar stets mit Hilfe anderer Wesen, mit Elementargeistern oder auch Toten – und wenn abends der Dämon kommt, findet er das Werk vollbracht. Meistens läßt er dem Helden dann auch die Wahl unter seinen Töchtern, aber nach der Hochzeit bedroht er erst recht das Paar mit seiner Todesmacht, und die zwei machen sich in der Nacht auf die Flucht. Obwohl die junge Frau einen Anwesenheitszauber hinterläßt, oft sprechenden Speichel, werden sie schließlich doch verfolgt und entgehen den Verfolgern nur durch einen Fluchtzauber.

Der Typus 313 ist der eine der beiden Typen mit dem Motiv einer durch Zauber bewältigten Flucht, einer *magischen Flucht*. Der andere trägt die Nummer 314, hat einen ähnlichen Eingang, nimmt aber einen anderen Verlauf.[4] Auch hier gerät der Bursche in die Gewalt eines mit jähem Tode drohenden, zaubrischen Wesens. Der Helfer ist in dieser Zone jedoch kein menschengestaltiges Wesen, sondern ein Pferd. Dessen Pflege ist dem Knaben anbefohlen, doch ist sie widernatürlich; er muß das Tier mit Kot, mit Steinen, mit Aas füttern, auch etwa es verprügeln, und die Wende tritt erst ein, wenn das Pferd zu sprechen beginnt und ihm zur Flucht rät. Entscheidend ist, daß der Held aus jenem Bereich nicht nur das Pferd und die magischen Mittel zur Flucht mitnimmt, sondern dort auch ein verwandeltes, erhöhtes Wesen gewinnt, das sich zumeist in einem goldenen Haarschopf darstellt, dessen eigentliche Macht aber in dem wunderbaren Rosse besteht. Diese innere Macht muß der Bursche zunächst verborgen halten; doch wird er von der Königstochter, deren Vater er dient, erraten und gewinnt sie dann durch wunderbare Leistungen.

In unserem Zusammenhang ist nur die Flucht von Bedeutung. Dem eben bezeichneten herrlichen Leben als goldhaariger Sieger flieht der Bursche entgegen vor einem Wesen, das ihn mit Vernichtung bedroht. Er entgeht ihr, indem er den Dämon durch Hindernisse aufhält, die er durch sehr einfache Dinge hervorbringt, die er hinter sich wirft: aus Kamm, Bürste, Striegel, Beutel, Stein, Dornrute, Wasserguß, Lappen werden Dickichte, Berge, Gewässer, die zu einem Zeitgewinn verhelfen. Der Raum ist also gepolt nach höchstem

Leben und elendem Tode, und zwischen diesen Gegensätzen legt sich die Zeit ins Mittel. Es ist ein initiatisches Geschehen, eine Einweihung in das Leben, gepaart mit einer höchst eigenartigen »Entstehung« der Zeit durch die Fluchtbewegung zwischen den Polen. Doch liegt das Zeitmotiv in diesem Typus nur in den Bildern am Tage und wird selten unvermittelt vom Erzähler ausgesprochen. In einer baskischen Fassung sagt die Stute zu dem Knaben, freilich bevor sie sich auf die Flucht machen, es seien nicht sechs Monate bei seinem dämonischen Herrn vergangen, wie er wähnt, sondern sechs Jahre[5]. Sinngemäßer erklärt das Fluchtpferd in einer niederösterreichischen Fassung dem Burschen nach dem endgültigen Entkommen: »Du bist nun einen Tag geritten und hast während dieser Zeit zehn Jahre deines Lebens zurückgelegt.«[6]

In unserem Typus aber wird das Entkommen nicht bewerkstelligt durch rasende Eile und Hindernisse mit Zeitgewinn, sondern durch Anhalten und Verwandeln – die sogenannte Verwandlungsflucht. Die junge Frau verwandelt sich und ihren Mann in Gebilde polaren Sinnes: Dornbusch und Rose, Baum und singender Vogel, Reisfeld und rufende Wachtel, Weiher und schwimmende Ente. Oftmals ist in europäischen Fassungen das letzte Bild ein Heiligtum, eine Kirche, Kapelle oder ein Heiligenbild, und der männliche Partner erscheint dann als Priester, als Mönch oder Beter. Da es sich nicht um ein christliches Märchen handelt, so finden wir im türkischen Märchen stattdessen Zentralsymbole, zumeist den von der Schlange umwundenen Baum mit den Varianten Brunnen und Schlange, Drache und Rose.

Dieses Verwandlungsbild ist undurchschaubar für den Dämon. Der Verfolger kehrt um, und erst in seinem Domizil wird ihm klar, daß, worauf er gestoßen ist, die Flüchtigen waren, und erst dann unternimmt er die Verfolgung aufs neue. Meist kommt ihm nicht selbst die Einsicht in das Geschaute, sondern eine zweite Person, etwa sein Weib, stößt ihn darauf.

Das Verwandlungsbild hat man mit dem griechischen Worte Temenos benannt und gedeutet. Mit ihm wurde ein ausgesonderter, besonders geweihter Bezirk bezeichnet. Darin liegt zweierlei Gehalt: nach innen bezogen, die Weihe oder Heiligkeit, nach außen gewandt, gegen Wildnis oder profane Bereiche, das Abweisende, den Inhalt Beschirmende. In unserem Märchen weist das Verwandlungsgebilde zurück den bedrohlichen Dämon des Todes.

Wir verstehen diesen Gehalt noch deutlicher, wenn wir uns tiefer in den Sinn der dargebotenen Bilder versenken. Die wenigen Worte, durch die sie erscheinen, zaubern jeweils eine lyrische Stimmung herbei, so daß sie wirken wie ein Gedicht. In der Tat haben sie die allernächste Verwandtschaft zu dem kürzesten Gedicht der Welt, dem Haiku. – Einige Beispiele[7]:

Wind in der Kiefer –
ganz hingegeben lauscht ihm
der alte Teichfrosch.

Das kleine Fohlen
streckt doch sein samtenes Maul
aus Blüten hervor.

Die Nachtigall ist,
wenn in der Kiefer sie schlägt,
Stimme des Baumes.

Wie in diesen Haiku, wie Drache und Rose, Baum und Schlange – sind auch in allen anderen Verwandlungsfiguren die Partner Polaritäten; sie bilden miteinander ein Ganzes, sie sind das Ganze, Bilder des Kosmos. In ihnen spricht sich ein kosmisches Lebensgefühl aus. Am Menschen selbst wird es erlebt in jenen Figuren, in denen auch eine menschliche Gestalt der Partner ist: Bauer und Saatfeld, Garten und Gärtner, Teich und Fischer, Schaf und Hirte, Beter und Bild.

Zu dem kosmischen gehört ein zeitbetonter Aspekt. Die Hindernisse der Hindernisflucht sind lautlos. Doch in den Figuren der Verwandlungsflucht spielen oftmals Geräusche eine Rolle. Die visuelle Magie tritt dann zurück und wird wesentlich ergänzt durch die akustische: ein Beter murmelt im Gleichmaß sein Gebet, ein Vogel singt, stößt unablässig den gleichen Ruf aus, im niederdeutschen Märchen die Ente unaufhörlich park, park! Es äußert sich darin der besondere Zeitcharakter des Erlebnisses. Bei der Hindernisflucht, in ihrer unaufhaltsamen Transversalbewegung herrscht fast bis zur Ausschließlichkeit das Raumerleben; es mangelt ja grad an der Zeit, Zeit muß durch das Hindernis gewonnen werden. Aber in der Verwandlungsflucht ist nichts so im Überfluß da wie die Zeit; darum kann man sogar anhalten, um dem Tod zu entgehen. Die Zeit selber hält inne; es sind eben die einförmigen Töne, in denen dieser Stillstand zum Ausdruck kommt.

Im dem schwebenden, dem bleibenden, dem einsilbig wiederholten Ton oder Laut offenbart sich ein besonderes Zeiterleben. Bei Jean Paul, anläßlich eines anhaltenden Orgeltones, findet sich der Satz: »Ein summender Ton strömte fort, wie wenn er hinter den Flügeln der Zeit nachginge, er trug alle meine Erinnerungen und Hoffnungen, und in seinen Wellen schwamm mein schlagendes Herz.«[8] Wir nennen einen solchen stillestehenden Augenblick den ewigen; wer seiner inne wird, erlebt die irdische Ewigkeit in ihrer Fülle.

Das Geheimnis der Zeit wird bisweilen von den Verwandlungsfiguren selbst auch ausgesprochen: sie steigern die verstrichene Zeitspanne ins Unglaubliche. Im Rahmen der Handlung könnte es so scheinen, als täten sie das, um den Dämon zu täuschen. Doch mit den völlig unmöglichen Zeitangaben finden sie sogar Glauben bei ihm. Dies leuchtet nach dem früher Gesagten ein; sie betrügen ihn nicht mit bloßen Worten, sondern verhängen ihm den Todesblick mit dem zaubrischen Schleier der Ewigkeit: das Temenos ist all und jeder Zeitspanne mächtig, bleibt unberührt von der Zeitflucht.

Im litauischen Märchen kniet der Jüngling als Beter vor dem in den Kruzifixus verwandelten Mädchen – das Pferd ist das Kreuz – und bescheidet die Teufelsboten, die Flüchtigen seien vor fünf Jahren vorübergekommen. Im zweiten Bilde steht er als Schütz vor dem Weizenfeld mit dem Sperling, und da sind es schon zehn Jahre, seit das Paar vorüberkam. In einem Zigeunermärchen beruft sich der Bauer vor dem reifen Felde noch eindrucksvoller auf die Zeit, da er den Weizen säete, da seien die Verfolgten vorübergekommen. Der Mönch des zweiten Bildes bringt das Paar zusammen mit der Zeit, da er den Bau der Kirche begann, und uralt erscheint sie den Verfolgern. Ein anderes Zigeunermärchen läßt im Ansatz überlanger Fristen die Zeit überhaupt wesenlos werden, denn da sagt der Pope zu der älteren Unterweltstochter als Verfolgerin: »Nein, Mädchen, ich habe niemand hier gesehen, ich bin an die hundert Jahre alt geworden, und auch die Kirche hat diese Zeit über niemand hier vorübergehen sehen.« Übertrumpft wird all dies von einem wolhynischen Märchen, wo ein altes Weib – sie – am Brunnen steht und mit dem Eimer – ihm – Wasser schöpft. Auf die Frage nach den Flüchtigen erwidert sie: »Ich bin schon alt geworden und habe noch keine Menschen nie gesehen, nur heute das erste Mal sehe ich euch!«[9]

Wollten wir noch fragen, wie das Mädchen die Zuflucht einer solchen Verwandlung verwirklicht, so dürften wir sagen, daß in jenem Bereiche die Magie des Eros das im Bilde verwobene Paar mit Ewigkeit umhülle, ein Mandala erotischer Vollendung, das in der ihr eigenen Zone noch in ihrer Macht steht. Wir haben damit die Besprechung des Zeitmotivs im wesentlichen abgeschlossen, fragen aber nun nach dem Gesamtrahmen, in dem die seltsamen Zeiterlebnisse stehen und nach der Datierung dieses Märchens.

Wir gehen dazu aus von der eigentümlichen Schwierigkeit, die eintritt, wenn die Grenze herüber, zur Heimwelt des Jungmannes überschritten werden soll. Die gemeinsame Bewegung stockt, der Mann geht allein nach Haus, das Mädchen bleibt stehen – am Stadttor, auf einer Brücke, am Seestrand – zumeist mit der Begründung, sie solle feierlich eingeholt werden. In einigen Fassungen ist das rituelle Symbol dieser Schwelle eine Steinplatte, ein breiter Stein, ein roter Sandstein, wie es in Norddeutschland heißt.[10] Dann vergißt der junge Mann auch noch die Braut auf dem Brautstein – trotz ihrer Warnung, sich nicht berühren zu lassen, sich vor jeder Speise zu hüten. Aber derlei ist in der Welt des Heimkehrenden unvermeidlich, der Hund stürzt ihm freudig entgegen und beleckt ihn, die Mutter küßt ihn, wenn er schläft, ein Pfefferkorn gerät ihm zwischen die Lippen. Es bedarf eines langwierigen Manövers seitens des Mädchens, um sich wieder in Erinnerung zu bringen. Am Ende aber gibt es Wiedererkennung und Hochzeit.

Aus allem Gesagten geht der Sinnzusammenhang hervor. Der Dämon ist der Gott des Todes, der Herr der Unterwelt. In diese Welt gelangt der Heranwachsende durch Entrückung. Das Erlebnis insgesamt ist zugleich seine Initiation, seine Jünglingsweihe. Und weil es die Unterwelt ist, ein Geisterreich, in das er entrückt ist und in dem er jene Aufgaben erfüllen muß, können sie dort auch in der Zeit der Geister, im Nu vollendet werden – freilich nicht durch den Hiesigen, sondern durch die Unterweltstochter, die dort heimisch ist. In einer siebenbürgischen Fassung, in spanischen Fassungen heißt sie geradezu Teufelstochter, und es ist zum Erstaunen, daß im europäischen Märchen sich ein Königssohn mit der Tochter des Teufels vermählen und sie als Königin auf den Thron bringen konnte.[11] Für die Geistin ist der Übergang in die hiesige Welt, die Verkörperung freilich nicht so ohne weiteres zu vollziehen: deswegen bleibt sie zunächst auf der steinernen Stufe zu dieser Welt stehen, vermutlich ehedem auf dem steinernen Ahnengrabe des Prinzen[12].

Daß der Jüngling alles vergißt, die Unterweltstochter, deren dämonischen Herrn, die unmöglichen Aufgaben, die Hilfe der Unterweltstochter, das Verlöbnis mit ihr und die Fluchthilfe, all dies bezeichnet klar den Übergang aus einer anderen Welt in die der Körper, aus der Welt der Entrückung mit ihrem fremden Zeiterleben in die hiesige Welt, aus dem einen in den anderen Bewußtseinszustand. Damit ist die Ursache für die vorübergehende Störung im Verhältnis der beiden Partner völlig klargestellt. Es ist aber höchst merkwürdig, daß es zu dem Märchen mythische und sagenhafte Parallelen gibt, in denen die Störung weit weniger sinnvoll begründet wird als im Märchen – oder aber in einer jeweils eigenen Art, während doch im allgemeinen Ablauf der Ereignisse weitgehende Übereinstimmung herrscht.

Aus dem alten Hellas sei hier nur an die Sagen von Jason und Medea und von Theseus und Ariadne erinnert. Medeas Vater, Aietes, der König von Kolchis, der immer schon als eine Art Unterweltskönig aufgefaßt worden ist, stellt dem Jason todesgefährliche Aufgaben, über die der Held nur mit Medeas Hilfe Herr wird – gegen das Heiratsversprechen. Die Ehe endet aber in einer Katastrophe. Theseus kommt nach dem Kampf mit dem Minotauros im unteridischen kretischen Labyrinth nur mit Hilfe der Tochter des Königs Minos wieder ans Licht, also durch Ariadne, mit der er ein Heiratsversprechen getauscht hat. Daß Theseus auf der Heimfahrt Ariadne verläßt, weil Dionysos ihn dazu veranlaßt, nach einer Sagenfassung sogar, weil er sie, durch des Gottes Einwirkung, völlig vergißt, ist bekannt.

Erwähnt sei auch eine indische Sage, die vor 2.000 bis 2.500 Jahren aufgezeichnet wurde. Sie erzählt von der Einweihung eines Göttersprößlings bei den Unterweltsdämonen in ein Auferstehungsritual, und sie gelingt nur deswegen, weil die Tochter des Unterweltspriesters dem Initianden hilft. Auch hier kommt es, obwohl das Mädchen die Ehe wünscht, nicht zur Vermählung, wobei das eigentliche Hindernis trotz der von dem Mann vorgebrachten Vernunftgründe, im Dunkeln bleibt.[13]

In den Sagen tritt also, bei sehr märchennaher Handlung, ebenfalls eine Störung im Verhältnis des Paares ein. Im indischen Epos wie in den hellenischen Sagen haben sich undurchsichtige Erwägungen der Autoren gegen Liebe und Verlöbnis, gegen den ursprünglichen Sinn des Geschehens durchgesetzt. Für die Datierung des Märchens ergibt sich daraus jedoch der wichtige Schluß, daß es älter ist als die angeführten Sagen des griechischen und des indischen Altertums, da es allein den der Gesamthandlung entsprechenden sinnvollen Abschluß bewahrt hat. Der Märchentypus AT 313 bietet uns demnach ausnahmsweise einmal die Möglichkeit, einem Märchen ein Alter von über 2.000 Jahren zuzuschreiben.

Dagegen vermag ich den anderen Typus – AT 304, dem wir uns nun zuwenden, nicht zu datieren. Dafür bietet er etwas ganz Eigenartiges dar: eine Reihe von Fassungen läßt das die Zeit zeitigende Wesen in Menschengestalt auftreten. Die betreffenden Fassungen konzentrieren sich im Balkangebiet, doch gibt es auch eine schleswig-holsteinische und eine weißafrikanische, eine kabylische Fassung[14]. Der Ursprungsort, die Mutterkultur dieses Märchens wäre also noch aufzufinden. Antti Aarne hat den Typus nach der Grimmschen Fassung benannt: Der gelernte Jäger – ein sinnloser, völlig zufälliger Titel. Ich gebe dem Typus die Überschrift: Das Nachtwachenabenteuer.

Die Handlung setzt des öfteren ein mit der Wanderung einer kürzlich verwitweten Frau und ihrer drei heranwachsenden Söhne, die Verwandte aufsuchen wollen. Eines Abends nächtigt man am Fuße eines Waldgebirges, entzündet ein Feuer, und die Söhne übernehmen die Nachtwache. Um Mitternacht schläft der Jüngste bei seiner Wache ein und findet, als er erwacht, das Feuer erloschen. Er macht sich auf, um einen Brand zu suchen. In der Nähe stößt er auf ein Jagdhaus, und dort hängt an einem Baum eine Büchse. Er entdeckt, daß man, ohne nachzuladen, mit ihr lautlose, unfehlbare Schüsse abgeben kann. Er nimmt sie mit, als er nun weiterläuft, um Feuer zu finden. An einer Wegegabel stößt er auf ein altes Weib, das Garn von einem schwarzen Knäuel abwindet und auf einem anderen, schneeweißen, aufrollt. Er erfährt, daß sie die Nacht abwickelt und den Tag aufsammelt, und fesselt sie trotz ihrer Proteste, um Zeit zur Feuersuche zu gewinnen.

Er trifft nun auf ein Nachtfeuer, an dem drei Riesen sitzen, und wird ihr Gast, als sie merken, daß er eine treffsichere Büchse besitzt. Sie versuchen allnächtlich, in eine Burg einzudringen, wo alles schläft bis auf ein einziges Hündlein. Immer werden sie von diesem bemerkt, es weckt dann die Burgwächter, und der Überfall der Riesen mißlingt.

Nun soll der Bursche das Hündlein erschießen, denn dann können sie in die Burg eindringen. Er geht auf den Plan ein, tötet den Hund, gelangt als erster in die Burg, findet dort alles schlafend, in verschiedenen Gemächern den König, die Königin, endlich die Königstochter, um die es den Riesen geht. Aus Mitleid mit ihr tötet er die nacheinander zu einem Loche hereinkriechenden Riesen, geht noch einmal, tief verliebt, zur Königstochter zurück, und liegt ihr bei. Er nimmt einige Wahrzeichen von ihr, Haarsträhne, Ring und Schühlein, und macht sich davon. Im Burggraben erschlägt er noch einen Lindwurm, rennt zum Riesenfeuer, reißt einen Brand heraus, entfesselt die scheltende Zeit-Alte, hängt die Büchse an ihren Ort, entfacht das Lagerfeuer und weckt den zunächst wachhabenden Bruder. Am Morgen ziehen sie weiter; für die übrige Familie hat sich in der Nacht nichts begeben. Wahrlich! Die Zeit lag ja in Banden.

Aber auf der Königsburg ist alles verändert: die riesischen Bedränger sind tot, der an der Quelle lauernde Lindwurm liegt erschlagen, und nach einiger Zeit stellt sich heraus, daß die Königstochter schwanger ist. Sie gebiert einen Knaben, den Thronerben, und es geht nun darum, dessen Vater herauszufinden. Aufrufe nützen nichts, der König läßt ein Wirtshaus an der Straße erbauen, wo jeder frei beköstigt wird, der vor der Wirtsfrau, die eben die Königstochter ist, die Ereignisse seines Lebens erzählt. Ein Schild über der Tür lädt dazu ein. Doch ein ganzes Jahr vergeht, ohne daß der Riesentöter sich einstellt. Schließlich kommt doch auch jene Mutterfamilie dort vorüber. Die Burschen lesen das Schild und drängen trotz des Sträubens der Mutter hinein. Sie werden gut bewirtet, und dann geht es ans Erzählen. Die Mutter, die älteren Söhne haben kaum etwas zu berichten; es kommt nur heraus, daß sie vor knapp zwei Jahren schon einmal die Gegend gestreift haben. Die Wirtsfrau horcht auf. Der Jüngste bringt dann zögernd seine Enthüllungen vor, oftmals unterbrochen von der Mutter und den älteren Brüdern, die das Gesagte, da sie von nichts wissen, für Lügen halten müssen. Doch die junge Frau erkennt in seinen Reden die seit langem erhofften Eröffnungen. Auch legt der Erzähler die Wahrzeichen vor, und es findet nun die Hochzeit mit dem so sehnlich erwarteten Freier statt.

Ich halte dieses Märchen, sofern es gut und vollständig erzählt wird, für eines der schönsten. Verfälscht worden ist es leider oftmals in der Szene auf der Burg, wo dann der Beischlaf ausgelassen wurde, sogar noch bei Karl Haiding in seiner Sammlung »Österreichs Märchenschatz«. Das liegt einerseits an der irrigen Vorstellung, daß Märchen Kindermärchen seien, andererseits daran, daß jene Forschergeneration einschließlich ihrer nicht dünn gesäeten Nachtreterschaft die Märchen für ein farbenfrohes Gefasel ohne tiefere Bedeutung hielt und hält. Deswegen wagte man auch ohne Bedenken, aus einer Handlung das nicht zusagende Kernstück herauszuschneiden. Vielleicht ist wegen der Blindheit für den Sinn auch schon von den Erzählern gelegentlich das eigentümliche Zeitigungsmotiv vergessen worden. Anscheinend ist dies Motiv einzigartig, und wenn es in der Tat nur in diesem Märchentypus vorkommt, dann muß es auch von hoher Bedeutung für das Geschehen grad in diesem Märchen sein.

Ich möchte aber die Deutung zunächst an einem anderen Punkte aufnehmen. Es wird oft geschildert, daß die Burg voller Kriegsvolk ist, auch daß innerhalb der Mauer allerlei Wachtmannschaften liegen – aber sie alle schlafen. Auch König und Königin schlafen, und die Tochter wacht selbst im Beilager nicht auf. Die Burg mit all ihren Schläferscharen ist nur durch das winzige Hündlein gegen die Sinnenwelt hin offen, und dies ist so, obwohl des öfteren gesagt wird, daß die Riesen in dieser Nacht nicht den ersten Versuch machen, die Besatzung zu überwältigen.

Für die Sinnlosigkeitsvertreter gibt es da nichts zu fragen; die Märchenphantasten haben es halt so erzählt. Das Schlafmotiv kommt aber auch in anderen Märchentypen vor, so z. B. in dem vom Goldvogel erster Art (AT 550). Dort soll der Held den goldgefiederten Vogel stehlen, – nichts leichter als das, denn alle Bewacher schlafen. Aber er verstößt gegen eine Bedingung, und da weckt sie der Vogel selbst. Nun soll der Prinz, um vom Diebestode freizukommen, das Zauberpferd stehlen. Nichts leichter als das, denn seine Wächter schlafen alle. Doch er verstößt gegen eine Bedingung, und schon hat er die Bewacher auf dem Halse und die Drohung des Diebestodes dazu. Nun soll er die allerschönste Königstochter rauben, deren Wächter auch alle schlafen, und jetzt endlich ist er durch Schaden klug geworden, und die Entführung gelingt. Fest schläft auch im Goldvogelmärchen zweiter Art (AT 551), das auch »Wasser des Lebens« heißt, die Königstochter, auch sie wacht vom Beischlaf nicht auf, der auch hier zum Typus gehört.

Es gibt Fassungen des Goldvogeltyps, in denen die Zahl der zu durchschreitenden bewachten Tore vervielfacht ist, aber nicht einer der Wächter ist wirklich wach. Warum wurde das so erzählt, welche Vorstellung versteckt sich dahinter? – Wir gehen sicher nicht fehl, meine ich, mit der Annahme, daß hier etwas Ähnliches gemeint ist wie mit dem schlafenden Heer im Berge, dem Rotbart im Kyffhäuser, dem Alten Kaiser im Untersberg, dem Karlequintes im Odenberg. Auch Märchenerzähler haben diese Verwandtschaft verspürt.

In einer hessischen Fassung des Lebenswassers gibt es einen Berg Muntserrat, der auf- und zuklappt und der zu gewissen Stunden das Schloß freigibt, in dem die Brunnen der Schönheit, des Lebens, des Todes springen – eben »dahinein sei König Karlequintes verwünscht.«[15] Jene Schlafenden alle aber bedeuten eine abgeschiedene Potenz zu wirken. Am gemeinen Zeitverlaufe haben sie nicht teil. In ihn einzutreten vermöchten sie nur an ihrem vorbestimmten Tage, und sie würden mit ihrem Eintritt zugleich der Heillosigkeit der entlichteten Zeit das Ende bereiten. Nach diesem Zeitpunkt, nach ihrem Kairos fragen sie, wenn einer von draußen bei ihnen einkehrt: »Ist es noch nicht Tag? – Ist's Zeit? – Welche Zeit ist's auf der Welt? — Fliegen die Raben noch um den Berg?«[16] – Stets bleibt die erwünschte Antwort aus, der Schlummer hüllt die Bergwesen wiederum ein, und auch der Lebende, ist er nicht achtsam, wird von ihm überfallen und entrinnt ihm erst wieder, wenn ein Cyclus der Totenzeit über ihn hingegangen ist, sieben oder gar hundert Jahre.

Gewiß sind die Märchenschläfer nicht den Totenheeren in den Sagenbergen unmittelbar zu vergleichen, aber der Sinn ihres Schlafes gewiß. Es ist ein tiefgreifender Unterschied zwischen den religiösen und den rituellen Kulturen, daß in den religiösen der vereinzelte Mensch nach der Erlösung durch den Jenseitigen schreit, daß aber in den alten Kulturen die Jenseitigen harren auf den Wiedereintritt in das Leben, und der ihnen das Tor dazu öffnet, ist ein Lebendiger, Diesseitiger. Noch in den späten Ortssagen sind es die Weißen Jungfrauen und andere ähnliche Wesen, die auf die Erlösung durch den mutvollen Diesseitigen warten. Die eigentlich erlösende Handlung in unserem Märchen ist aber die Zeugung mit der schlafenden Königsjungfrau. Damit erlöst er sie, die Burg und das Land. In überfremdeter spätzeitlicher Form wird eben dies auch im Dornröschen-Märchen erzählt: der Kuß erlöst die Schöne und ihre ganze, vor hundert Jahren in den Schlaf versunkene Welt. Die vollständigere Fassung von Perrault enthält auch die Zeugung und die Geburt eines Kinderpaares mit den Namen Morgenröte und Tag, worin ein älterer Zusammenhang sich andeuten mag.

Fragen wir nun, wenn wir den Schlaf begriffen haben, nach dem Hündchen, das nicht schläft, so begreifen wir, daß jene schlafende innere Zone des Landes – wir könnten auch, eingedenk der Kaiserberge, sagen: die schlafende Seele des Landes – in das leibhaft lebende, wache Land ringsumher doch einen schmalen Blitz durch die fast geschlossenen Wimpern offen hält. Dieses Hündchen wehrt den Unberufenen, den Seelenräubern, aber den wahrhaft Weckenden, den durch Heilige Hochzeit Weckenden widersteht es nicht. Nur der Zeugerische ist es, der die schlafende Seele, ihre schlafende Welt zu wecken vermag, er findet den Zugang.

Das Hündchen und das Loch in der Mauer, das durch seinen Tod frei wird, bezeichnen den räumlichen Zugang – oder, anders gesagt, gehören zur Raumesseite der Symbolik. Was aber zumal hier in Frage steht, ist der zeitliche Zugang. In der Sage von den Kaiserbergen ist der räumliche Zutritt nicht entscheidend; an besonderen Tagen steht er immerhin offen, aber dann fragen die Halberwachten immer noch nach der Zeit, nach dem einen rechten Zeitpunkt, nach dem Kairos. Nicht im alltäglichen Zeitenstrom öffnen sich Berg oder Burg, sondern in dem ausgezeichneten Augenblick, dem Ewigkeits-Nu, in dem die lebende Kraft einzuströmen vermag. Darum fesselt der Held unseres Märchens die Zeit, darum vermag er es; er vermag es um des inneren Sinnes willen. Jenes Innehalten der Zeit bezeichnet aber auch den Augenblick der Zeugung, alles wahre Zeugen geschieht in der ewigen Tiefe, nicht an der Oberfläche des Zeitenstromes. Darum schläft der jüngste Sohn bei der Seele des Landes, während die Zeit gefesselt ist.

Ein einzelnes tiefsinniges Bestandstück der Zeitsymbolik ist noch zu erwähnen, ein höchst bedenkenswertes, weil wir mit ihm, wenn unsere Deutung zutrifft, aus der Welt der Märchengebilde unmittelbar in die Welt kultischer Symbolik gelangen. Während die Zeit der Fesselung unterliegt und der Held mit der Seelenbraut den künftigen König zeugt, liegt das Feuer erloschen da, und alles, was der Jungmann unternimmt, ist ursprünglich darauf gerichtet, das Feuer wieder aufflammen zu lassen. Auch wenn wir berücksichtigen, daß in vielen Fassungen die Fesselung der Zeit fehlt, haben wir doch immer noch in dem erloschenen Feuer das Bild einer Zwischenzeit, die reglos dem erneuten Aufflammen des Brandes entgegenharrt.

Kultische Löschungen des Feuers, um es in heiliger Weise durch Feuerbohren neu zu erzeugen, gibt es in aller Welt; wir brauchen dabei nicht einmal an den germanischen Brauch des Notfeuers zu erinnern.[17] Auch durften bisweilen Feuer, die durch Nachlässigkeit erloschen waren, nur auf weihevolle Weise wieder entzündet werden.

Bedenken wir ferner, daß die Teile des Feuerbohrers und das Bohren selbst sexualsymbolisch aufgefaßt wurden, dann haben wir in unserem Märchen die Gleichzeitigkeit von brandloser Feuerstelle und Zeugungsgeschehen für um so bedeutsamer anzusehen. Allerdings befinden wir uns mit dieser Deutung auf unsicherem Boden. Was wir über den Schlaf, das Hündchen und die Erlösung der Jenseitigen gesagt haben und über die Zeitlosigkeit für den Zeugungsaugenblick, das dürfte zum Bestande der absichtsvoll gestalteten Märchenhandlung gehören – wegen mancher Parallelen in der Märchenwelt selber. Ob das erloschene Feuer *auch* kultsymbolisch zu deuten ist, scheint mir weniger gewiß. Trotzdem sollte man bei der Märchendeutung auch solche, noch ungewiß scheinenden Züge nicht aus den Augen verlieren.

Wolfdietrich Siegmund

VERZAUBERT ZWISCHEN ZEIT UND ZIEL: DER MENSCH

Gerne und immer schon reden wir darüber, was alles die Volksmärchen uns aus den alten Zeiten überliefern, und ebenso darüber, wie sie das tun. Aber verdrängen wir nicht unter viel historischem Eifer allzu bedenkenlos unsere Unwissenheit über die eigene Zeitlichkeit? Dabei ist doch unsere Zeitlichkeit die Grundbedingung jeder Überlieferung! Zeitlichkeit indessen besagt: erst durch den Menschen selbst bricht die Zeit hervor. Denn nicht eher als das Sein ist auch die Zeit. Zugleich mit dem Dasein, und weil der Mensch in allem Vorher und Nachher dauernd er selbst bleibt, erscheint das reißende Vorüber und Nacheinander, entspringt die Zeit.

Uns Märchenfreunden sind Erzählzeit und erzählte Zeit wohlvertraut. Und dennoch: was die Zeitei gentlich ausmacht, ist durchaus umstritten. Jedenfalls ist das meiste, was wir über sie sagen, dem Raum abgeguckt und eher eine räumliche als eine zeitliche Vorstellung. Sogar die gelehrtesten Studien über die Zeit, von Aristoteles bis Husserl, kranken daran, daß sie die Zeit wie einen räumlichen Gegenstand, zum Beispiel als Fluß, oder wie die Anschauungsform eines Gegenstandes untersuchen. Dabei kommen am Ende immer wieder zwei unvereinbare Grundbegriffe heraus: einerseits die physikalische Zeit, andererseits die gelebte Zeit.

Die physikalische, die meßbare, die äußere Zeit ist eine richtungslose Linie im vierdimensional gedachten Weltzusammenhang. Sie ist umkehrbar, ohne Vergangenheit, Gegenwart oder Zukunft.

Die andere, die allbekannteste, die gelebte Zeit dagegen fließt in einer Richtung aus der Zukunft über die Gegenwart in die Vergangenheit und läßt sich nicht umkehren.

Aufgefallen ist mir auch noch eine andere Unstimmigkeit: wieso stammen die unterschiedlichen Vokabeln »Zeit« und »Ziel« beide aus ein und derselben Wortwurzel, nämlich aus indogermanisch *dā(i)* = teilen, zerschneiden[1]? Folglich heißt Zeit: das Abgeteilte, das Abgeschnittene. Und Ziel dann wohl eher: das Zugeteilte, in dem Sichentscheiden und Verwirklichung mitanklingen. Ich möchte hier der Frage nachgehen, wie Zeit und Ziel auch heute noch zusammenhängen. Außerdem will ich sowohl die physikalische Zeit wie die gelebte Zeit und noch dazu eine dritte, nämlich Heideggers ursprüngliche Zeit, mit Hilfe des Märchens vom Fundevogel (KHM 51) erläutern. Dabei wird unsere eigene Zeitgestalt unter dem Bild von Flucht und Rettung hervortreten.

Im Märchen vom Fundevogel raubt ein großer Vogel ein Kind aus dem Schoß der Mutter und setzt es hoch hinauf auf einen Baum. Ein Förster findet das schreiende Kind, holt es herunter, nimmt diesen wahren Fundevogel mit nach Hause und gibt ihn seiner Tochter Lenchen zum Spielgefährten. Eines Tages aber wird das Haus zu einem unheimlichen Ort, zum Haus des Bösen und des Todes. »Verläßt du mich nicht, so verlaß ich dich auch nicht«, sagt die hilfreich-zauberkundige Tochter des Hauses und fordert den Herzensfreund zur äußersten Entschlossenheit heraus. Durch Angst, Verfolgung und tödliche Verwandlungen hindurch retten sich Fundevogel und Lenchen zu guter Letzt über das Wasser hinweg, jene Grenze zwischen dem Reich der Toten und dem der Lebendigen.

Zwar gibt es Volksmärchen, die sehr viel direkter nach der Zeit fragen, etwa: Die Lebenszeit (AT 828), Kaiser und Abt (AT 922) und weitere mehr. Jedoch in der magischen Flucht des Fundevogel tritt die Zeit einfach beiläufig und also desto allgemeiner, natürlicher, geradezu von sich selbst her zutage. Die »magische Flucht« (AT

313) finden wir als Baustein auch in anderen Märchentypen. Beispiele dafür sind: Rapunzel (AT 310), Goldener (AT 314), Der Zauberer und sein Schüler (AT 325), Däumling (AT 327), Schwanenmädchen (AT 400), Drei Zitronen (AT 408), Der goldene Vogel (AT 550), Jason und Medea (altgriechisch), Isanagi und Isanami (altjapanisch), Çringabhuja und Rûpaçikha (altindisch)[2]. Die vor dem teuflischen Verfolger Fliehenden gewinnen rettende Zeit entweder durch Hintersichwerfen von kleinen Dingen, die zu großen Hindernissen werden (Hindernisflucht), oder durch eigene Verwandlungen in irreführende, ekstatische, leblos-lebendige Zeitgestalten, beispielsweise in Kirche und Priester, in Teich und Ente, in Dornstrauch und Rose und in mancherlei andere Zweigestalt (Verwandlungsflucht, wie die des Fundevogel).

Die klassische Physik hatte den Begriff der »absoluten Zeit« (Newton) entwickelt: einheitlich für das ganze Weltall, und ewig sollte sie fortlaufen, gleichmäßig, geradlinig und nichtumkehrbar. Fest glaubte man an die Gleichzeitigkeit der Weltereignisse. Der sogenannte Entropie-Satz begründete sogar, warum die Zeit nur in einer Richtung verlaufen könne. Denn nach ihm strebt jede abgeschlossene Ordnung der Natur, auch das Universum, unumkehrbar auf die größtmögliche Unordnung, den sogenannten Wärmetod, hin.

Die moderne Physik dagegen arbeitet mit einem anderen Zeitbegriff. Wie die Quantentheorie herausfand, fließt die Zeit nicht gleichmäßig dahin, sondern rückt in kleinsten Abschnitten von 10^{-25} sec weiter. Noch erstaunlicher ist allerdings, was Einstein mit seiner Relativitätstheorie zuerst mathematisch berechnete und was die Astronomie später praktisch bewies: in einem sehr schnell bewegten System gilt ein anderes Zeitmaß als das des außenstehenden Beobachters[3]. Wenn zum Beispiel an unserer Erde eine andere Erde vorbeisausen würde, könnten wir feststellen, daß Uhren dort drüben langsamer gehen als hier auf Erden. Bei Lichtgeschwindigkeit würden sie dort drüben sogar stillstehen, bei noch größerer Geschwindigkeit rückwärts laufen. Tatsächlich würden in gleichem Maße die Menschen dort auf der anderen Erde langsamer als wir alt werden. Mit Hilfe der sogenannten Zeitmaschine, einer Rakete mit über Lichtgeschwindigkeit, könnten wir das Leben auf unserer

Erde sogar beliebig zurückspulen, um zum Beispiel Kolumbus damals auf seiner Fahrt nach Amerika zu begleiten. Freilich werden wir so hohe Geschwindigkeiten nie erreichen können, weil bei Lichtgeschwindigkeit die beteiligte Masse unendlich groß wird und der Beschleunigung eine unüberwindbare Grenze setzt. Gleichviel, die moderne Physik wiederholt, was die alten Volksmärchen schon immer meinten: ihr Menschen, verlaßt euch nicht zu schnell auf eure Sinne, und seid vorsichtig mit euren Interpretationen!

Die Formeln der Physik sind naturgemäß abstrakt. Anschaulich dagegen sind die wunderlichen Sonderfälle des Zeitablaufs in unseren Träumen, in den »Jenseitsreisen« der Schamanen und in unseren Volksmärchen. Zum Beispiel verläuft die Zeit, wenn der Märchenheld sie im Jenseits verbringt, für ihn schneller oder langsamer als die gewöhnliche Zeit hier im Diesseits. Je nach Sinn der Geschichte steht die Zeit im Jenseits fast still, oder der Held altert dort vorschnell, oder er wird bei seiner Rückkehr auf der Stelle zu Staub. Mithin gelingt ihm entweder der Wiederanschluß an seine Diesseitszeit, oder er scheitert an ihr. 19 einschlägige Texte und viele wertvolle Hinweise zum Motiv der Jenseitszeit in der Volkserzählung hat Felix Karlinger in seinem neuesten Buch »Zauberschlaf und Entrückung«, Wien 1986, vorgelegt.

Märchen mit dem Leitmotiv des Aufenthalts im Jenseits sind: Die Reise zu Gott (AT 460 A), Die drei goldenen Haare (AT 461), Geh ich weiß nicht wohin (AT 465 A), Die Jenseitsfahrt (AT 465 C), Freunde im Leben und im Tod (AT 470), Das Land, wo man niemals stirbt (AT 470 B), Die Jenseitsbrücke (AT 471), Mönch und Vöglein (AT 471 A), Siebenschläfer (AT 766). Zu nennen sind hier fernerhin die Märchen, in denen der Held mit Sonne, Teufel oder Herrgott verschwägert ist (AT 552), und viele Zauberschlaf-Märchen. Am bekanntesten ist da wohl Dornröschen (AT 410). Das Wechseln zwischen Diesseitszeit und Jenseitszeit in Märchen, Sagen und Legenden hat wahrscheinlich mehrfachen Sinn.

Die Entrückung aus der gewöhnlichen Zeit scheint mir der Ekstase der Mystiker ähnlich zu sein. Die Entrückung gibt dem Helden Gelegenheit, sich zu erforschen, sich zu wandeln, zu reifen, vorauszulaufen in seine erfüllte Zeit und als Wissender und Geläuterter zurückzukehren, um Gottes Allmacht zu bezeugen.

Geringfügige Verlangsamung oder Beschleunigung im Märchentext erkennen wir als Hinweis auf jenseitiges Geschehen erst dann, wenn wir besonders darauf achten. Zuerst nenne ich ein Beispiel für Verlangsamung. Das Märchen vom Fundevogel beginnt flott und zügig im Präteritum. Da ging ein Förster in den Wald und fand auf der Spitze eines Baumes ein schreiendes Kind. Jetzt jedoch, verzögernd, bedächtig und in halber Beleuchtung, heißt es weiter plötzlich im Plusquamperfekt: »Es war aber die Mutter mit dem Kinde unter dem Baum eingeschlafen, und ein Raubvogel hatte ... es auf den hohen Baum gesetzt.« Nach dieser zeitweiligen, offenbar jenseitigen, Episode wechselt der Erzähler zurück ins Präteritum und ins offensichtlich schnellere Diesseits: »Der Förster stieg hinauf, holte das Kind herunter und dachte...«

Das Gegenbeispiel, nämlich eine flüchtige Zeitbeschleunigung, können wir in demselben Märchen an dem Augenblick der Zauberverwandlung entdecken. Da schaltet der Erzähler vom verweilenden Präteritum unvermittelt zu wörtlicher Rede im blitzartigen Präsens um und ohne weiteres zurück ins geruhsamere Präteritum: »Sprach Lenchen: ›werde zum Teich und ich die Ente drauf.‹ Die Köchin aber kam herzu, und als sie den Teich sahe, legte sie sich drüber hin und wollte ihn aussaufen.« Das »werde zum Teich und ich die Ente drauf« ist ein Zauberspruch. Derartige Zaubersprüche und alle Märchenreime haben die Volkserzähler in alter Zeit noch gesungen. Solche Sprüche und Verse waren ursprünglich geistliche Beschwörungen und als solche allein schon eindringlich-zauberschnelle Jenseitsgeschehnisse.

Wenn die erzählte Zeit, zumal gegen den Höhepunkt der Geschichte, eiliger wird, wird auch der Erzähler hastiger. Diese endzeitliche Beschleunigung zeigen ebenfalls manche theologischen Texte: »alle werden wir umgewandelt werden. Und zwar in einem Nu, in einem Augenblick, beim Schall der letzten Posaune« (I. Kor. 15.51, 52), oder an anderer Stelle: »Denn der Teufel ist zu euch hinabgestiegen mit grimmem Zorn, weil er weiß, daß er nur noch kurze Zeit hat« (Offb. 12.12).

Die aufregendste Formel der Relativitätstheorie lautet: $E=mc^2$. Sie berechnet mit Hilfe der Lichtgeschwindigkeit, also wiederum mit Hilfe der Zeit, wie aus einer winzigen Masse eine gewaltige

Energie entfesselt werden kann. Die Atomwaffen haben die beklemmende Voraussage Albert Einsteins bestätigt. Auf Anhieb fällt mir dazu der Kraftzauber mancher Volksmärchen ein, zum Beispiel: Der Teufel im Sack (AT 330) oder: Der Dämon aus der Flasche (AT 331). Gleichfalls vermittels der Lichtgeschwindigkeit bewies Einstein: die Ursache des Umlaufs der Gestirne ist keineswegs die Schwerkraft, sondern die Krümmung des Weltraums. Nach seinen Formeln werden wir eines Tages schwerelos über die Erde hinschweben und werden Raketen entwickeln, die sich ohne unser Zutun von der Erde abstoßen. Mit solchen Überlegungen will ich nicht etwa wie ein Rationalist feststellen: die Wundermärchen haben also doch recht! Meines Erachtens geht es in den Märchen gar nicht um das Wunder als Tatsache, sondern vielmehr darum, daß jedes Wunder ein Zeichen ist über uns hinaus. Wie dem auch sei, besonders die moderne Physik und die Märchenkunde kommen sich bei einigen Zeiträtseln überaus nahe. Vom Menschen und seinen zahlreichen Zeitgestalten finden wir in der Physik allerdings keine Spur.

Außerhalb der Physik jedoch wird die Zeit ohne weiteres als lebendige Gestalt verstanden: als Fluß, Erlebnisstrom, Naturzeit, Geschichtlichkeit, biologische Zeit, als Sorge, Entschlossenheit, Angst, Freiheit, Tod, Hoffnung und als vieles andere mehr. In solchen Zeitgestalten erfahren wir die Zeit niemals für sich allein, sondern immer schon mit den Dingen im Raum verbunden. Ohne diese Verbindung bleibt von der Zeit nichts übrig als reine Meßformeln. Die gelebte Zeit aber ist sehr viel mehr: sie trägt uns mit sich, oder sie geht über uns hinweg.

Der Zeitbegriff der klassischen Philosophie war ein merkwürdiges Gebilde aus natürlichem Zeitverständnis mit künstlichen Weglassungen und Vereinfachungen. Man stellte sich die Zeit als dahinströmendes Lokalisationsgerüst von Ereignissen vor und als Meßbehälter für das eigene Dahinfließen. Nach Augustinus ist die vergangene Gegenwart nichts weiter als eine gegenwärtige Erinnerung an die Vergangenheit. Ebenso erklärte er die zukünftige Gegenwart als bloße gegenwärtige Erwartung der Zukunft. An die vergessene Vergangenheit und an die unerwartete Zukunft dachte man überhaupt nicht. Ebensowenig kümmerte man sich um die nachträglichen Erinnerungsänderungen durch Gegenwartserlebnisse und durch Zukunftserwartungen.

Die alten Völker brauchten nicht derartige Gedankengebäude. Israel zum Beispiel kannte nur die »erfüllte Zeit«. Jedes Geschehen hatte seine Stunde: Geborenwerden und Sterben, Pflanzen und Ausreißen, Weinen und Lachen, Suchen und Verlieren, alles hatte seine Zeit (Pred. 3.1). Die mythische Zeit des Altertums war ein Kreislauf von überschaubaren Freuden, freilich auch von wiederkehrenden Schrecken. Erst die Neuzeit, besonders die christliche, hat mit der Lehre vom linearen Fortschritt der Geschichte die mythische Zeitvorstellung verdrängt. Immerhin schimmert unter der fließenden Oberfläche eines Märchentextes gelegentlich durchaus noch die alte Kreislaufzeit in Form wiederkehrender Episoden durch. Solche Wiederholungen finden wir auch im Märchen vom Fundevogel. Dreimal rennen die Kinder los und dreimal bleiben sie wieder stehen. In gleicher Weise schließen sich zwei größere Kreise: die Hexe ertrinkt und wollte doch Fundevogel ins kochende Wasser werfen; und Fundevogel kehrt zurück in das Haus, aus dem er gerade entflohen war. Selbstverständlich kann, wer das mag, aus der Fundevogelgeschichte auch kosmische Zeitkreisläufe herausdeuten.

Viele Menschen, auch Psychotherapeuten, meinen, die Ursachen für die Gegenwart lägen vorwiegend in der Vergangenheit. Lebendige Gestalten jedoch formen sich eher nach den Regeln der Zukunft. Diese Ausrichtung auf das Ziel hin nennt Aristoteles die Entelechie; Laotse spricht vom Tao, vom Weg. Weiter sagt Aristoteles: »Es kann unmöglich Zeit ohne Seele geben.« Zeit und Seele, Weg und Ziel verschmolz die sogenannte Lebensphilosophie der Jahrhundertwende zum Begriffe der »gelebten Zeit«[4].

Die gelebte Zeit ist vor allem Werdezeit, Vorwärtszeit, schöpferische Kraft, Dauer, die uns in die Zukunft zieht. Fügen wir uns in das allgemeine Werden ein, sozusagen wir im Gleichlauf mit unserer Zeit, dann werden wir nach vorne getragen und können umso leichter dem Zwang der Materie und des Raumes entrinnen. Im Gleichlauf ihrer Entschlossenheit: »verläßt du mich nicht, so verlasse ich dich auch nicht«, gelang Lenchen und Fundevogel die Flucht aus dem Hexenhaus. Selbst die Flüchtigkeit der Flucht wird dann zur Reifezeit und am Ende zur erfüllten Zeit. Das

Märchen vom Fundevogel gibt im wesentlichen den Ablauf eines einzigen Tages wieder. Aber ein Tageslauf ist schon so gut wie das Modell des Lebenslaufes. Wie wir den einen Tag verbringen, das ist bereits die Vorform unserer ganzen Lebensgeschichte. Einerseits Zeit (Augenblick, Ereignis) und andererseits Ziel (Dauer, Charakter) verbinden sich miteinander zu den Zeitgestalten des Märchenhelden, und das will heißen: eines jeden Menschen.

Des Menschen Zeitgestalten sind bemerkenswerterweise nicht im Gleichgewicht. Die Zukunft nämlich ist uns in der Regel viel wichtiger als die Vergangenheit; wir leben eben auf die Zukunft hin. Von der verflossenen Zeit jedoch befreien wir uns desto leichter, je mehr wir sie verklären und je geschickter wir Verdruß und Dankesschuld verdrängen. Und dennoch: was wir ehemals versäumten, was uns mißlang, was unerledigt liegen blieb, treibt uns in tiefer Seele rastlos vorwärts. Daher wiegt unsere vermeintlich goldene Vergangenheit in Wirklichkeit nicht selten schwer und drückend. Hingegen ist die Zukunft frei und offen für neue Möglichkeiten.

Was endlich sind denn nun des Menschen Zeitgestalten? Für den Blick zurück heißen sie: Erinnerung, Reue, Schuld; blicken wir nach vorn, dann lautet ihre Reihe: Tätigsein, Begehren, Entschlossenheit zum sittlich Guten. Viele andere Zeitgestalten sind nur Abwandlungen von diesen sechs. So weisen Gedächtnis, Erfahrung, Gewohnheit, Gewissen und Verdrängung zurück auf die Vergangenheit. Indessen zielen Sehnsucht, Sorge, Angst und Hoffnung in die Zukunft. Hier erweist sich jetzt, wie Zeit und Ziel ursprünglich sprachlich noch zusammenhängen: Zeit steht mehr für das Abgeteilte, das vergeht; Ziel meint schon eher das Zugeteilte, das da kommt.

Der Begriff »gelebte Zeit« will fernerhin andeuten: nicht in der Geburt, sondern im Sterben zeitigt sich der Mensch; erst dann ist er der ganze, der einmalige, der eigentliche Mensch geworden. Mit dem Untergang des Unhelden weisen die Volksmärchen auf den Tod hin. Sie vermeiden dabei jeden billigen Trost, sind im Gegenteil ganz einfach tapfre Zeit- und Zielgeschichten. Darum ist die Aufmerksamkeit des Helden nicht auf die Vergangenheit gerichtet, sondern vorwärts in die Zukunft. Er scheint aus der Vergangenheit nichts lernen zu wollen; unbewußt und traumverloren läßt er sich vom Ziel her leiten. Seine Vergangenheit hat sich zu einer Kraft zusammengeballt, die ihn antreibt, alles Gewesene nur immer zu überholen. Sein Dahineilen gilt dem Ziel voraus in der Ferne; seine Heldenzeit wird im dereinst erfüllten Augenblick dann enden.

Übrigens: Augenblick und Ereignis = Eräugnis sind der Sprache nach ja fast dasselbe. Von einem *erfüllten* Augenblick sprechen wir, wenn bei einem unvermuteten, außergewöhnlichen Ereignis unsere Zeitwahrnehmung aussetzt. Das kann sogar gelegentlich schon mal beim Hör-erzählen eines Märchens erfolgen. Denn die Erzählzeit ist eine Art kreisende Traumzeit. Wir umkreisen das Nichtmitteilbare, bis plötzlich die Geschichte ihre Augen aufschlägt und uns anblickt. In diesem Augenblick der Inspiration verschmelzen Vergangenes und Zukünftiges miteinander; die Umwelt versinkt, und wir fühlen uns eins mit der erzählten Welt. Wir spüren die ebenso auflösende wie bewahrende Kraft des Kairos, des richtigen Augenblicks.

Aber auch die erzählte Zeit kennt den überwältigenden Augenblick, die Sprengung der Zeitachse, den Blitz der Erkenntnis. In den Volksmärchen zeigt er sich als Augenblick des Wunders, der Vision, des Todes, der Liebe auf den ersten Blick, als versteinernder Hexenblick, als tödlicher Blick zurück, als endloser Augenblick der Selbstbespiegelung, als Blick der 100 Augen oder gar als der Blick des einen Auges, das alles sieht. Derartige Zeitrisse sind die Augenblicke der Verwandlung von Lenchen und Fundevogel, wie sie da stehen in fast mystischer Ekstase vor dem Blick des Bösen: als Rose, als Krone, als Wasservogel.

Daß die gelebte Zeit schrumpfen oder sich ausdehnen kann, haben uns in Einzelfällen beinahe-tödlich Verunglückte berichtet. In der Katastrophe erkennt der Mensch zunächst in Zeitlupe überscharf die Situation. Dann reißt plötzlich der Außenkontakt ab und schlägt um in den Euthanasie-Effekt: der Verunglückende sieht seinen Lebensfilm in höchster Beschleunigung ablaufen[5].

Andeutungsweise erleben wir Zeitverlangsamung und Zeitbeschleunigung auch in unserem Alltag. Eine Zeit scheint uns überaus lang und langsam, wenn wir in ihr sehr viel erleben und alles behalten; ebenfalls gedehnt und verlangsamt erscheint uns die Zeit, in der wir wenig erleben, jedoch sehr viel erwarten. Umgekehrt empfinden wir die Zeit als kurzweilig, wenn wir in ihr zwar vielerlei erleben, aber wenig behalten; gleichfalls zusammengeschrumpft scheint uns die Zeit, in der wir zwar wenig erleben, aber auch gar nichts erwarten.

Das Paradebeispiel für Zeitabweichungen im Märchen ist die Geschichte vom Mönch mit dem Vöglein (AT 471 A). Der erlebte im Jenseits nur immer das eine: den betörenden Gesang. Nach der Rückkehr ins Diesseits kommt es ihm vor, als sei er nur wenige Minuten drüben gewesen. Als er erkennt, daß er immerhin 300 Jahre in der anderen Welt war, zerfällt er augenblicklich zu Staub und Asche. Was bedeutet sein rasantes Nachholen der Zeit? Sollten ihm vielleicht als Lohn für seine Gottsuche die Schmerzen des langsamen Altwerdens erspart bleiben? Oder ist sein jäher Tod die Strafe für das Zweifeln an Gottes Ewigkeit? Oder treffen Lohn und Strafe zusammen?

Vielleicht deutet jemand das noch wieder ganz anders. Einmal mehr wird mir hier bewußt: die Volksmärchen selbst sind klar und durchsichtig; demgegenüber sind unsere Märcheninterpretationen, auch die zum Thema Zeit, unzuverlässig und ungewiß.

Möglichst gründlich danach zu fragen, wie Mensch und Zeit sich zueinander verhalten, ist besonders in meinem Beruf, der Psychiatrie, üblich und unerläßlich. Denn Zeit und Seele können wie Fundevogel und Lenchen eins ohne das andere nicht sein. Demgemäß ist seelisches Kranksein zugleich ein Gestörtsein im Zeiterleben[6].

Ob allerdings unsere inneren Zeitgeber schneller oder langsamer laufen, hängt schon in gesunden Tagen von vielerlei Einflüssen ab, unter anderem von: Temperatur, Gewicht, Sauerstoffmangel, Tageszeit, Mondphase, Isolation, Lust oder Unlust. Einem 50-Jährigen verläuft die Zeit viermal so schnell wie einem 10-Jährigen; unter Opium ist eine Nacht wie 1000 Jahre. Die heute verbreitete Unsitte, den Zeitablauf künstlich zu verändern, etwa durch Schlafmittel, Weckmittel oder Hormone, führt in der Regel zu seelischen Störungen. Ein grauenhaftes Beispiel war Hitler[7]. Sein pathologisches Zeiterleben verführte ihn, eine 1000-jährige Weltzeit in seine kleine Ich-Zeit hineinpressen zu wollen. Diese wahnsinnige Verkennung von Zeit und Ziel, von Vergänglichkeit und Anspruch auf Dauer, steuerte geradewegs in den entsetzlichen Zusammenbruch.

In der Neurose unterwandert die unerledigte Vergangenheit die Gegenwart und bremst sie bis zum Stillstand. Die auf diese Weise absolut gewordene Gegenwart erstickt die Zukunft. Der Neurotiker gerät in den Zeitkreislauf unaufhörlicher Wiederholungen. Das, was ihm seinerzeit widerfahren ist, wird von Jahr zu Jahr immer mehr zur bloß trügerischen Erinnerung an die Erinnerung der Erinnerung der erinnerten Erfahrung, und so immer weiter. Das Kreuz mit dem Neurotiker ist ursprünglich nicht, daß er verdrängt und sich nicht erinnert, sondern umgekehrt: daß er nicht vergessen kann.

Grundverschieden zur Neurose verläuft der schizophrene Prozeß. Er löst die Ich-hier-jetzt-Einheit auf. Der Schizophrene erlebt die Zeit als erstarrt, aufgesplittert, ausgeweitet oder verkrümmt, ungefähr so: »Die Zeit kommt von der Sonne. Man könnte fünf Jahre lang stehenbleiben in einem dunklen Zimmer, dann gäbe es keine Vergangenheit...«

Wiederum anders begegnet dem Melancholiker die Zeit. Er stemmt sich gegen das Weitermüssen im Zeitstrom. Gehemmt, bedrückt, mühselig und gequält ächzt er und stöhnt: »Die Uhr läuft leer, alles steht still, die Zeit ist verloren. Der Abend kommt nicht. Ob es überhaupt eine Zukunft gibt...«

Der Maniker dagegen überstürzt sich. Er glänzt als »Eroberer der Zeit« und drängt, treibt, hetzt hinter seinen fliehenden Gedanken her immer schneller vorwärts: »Die Zeit rennt ins Frühjahr, und wenn es Herbst ist, ist es schon wieder Frühjahr...«

Noch einmal ganz anders erlebt der Gehirnkranke die Zeit. Je nach Sitz der Störung erleidet er eine Beschleunigung oder Verlangsamung des Zeiterlebens. Aber vor allem Gedächtnis, Erinnerungsvermögen und Zukunftsplanung sind schwer gestört. Epileptiker schildern gelegentlich, wie in der Aura vor dem Anfall die Zeit schlechterdings aussetzt: »Alles ist nur noch Gegenwart, alles ist reine Dauer...«

Wenn wir von krankhaften Zeitstörungen hören, müssen wir genau nachfragen, was der Kranke wirklich meint. Wenn seine innere Uhr davonläuft, erscheint ihm die Außenwelt verlangsamt. Und was ihn in der Krankheit als Zeitlupentempo lange, endlos gequält hat, scheint ihm nach der Genesung im Rückblick natürlich überaus kurz gewesen zu sein. Am Rande sei vermerkt: jedem Gewebe, jedem Organ, jedem Menschen ist schon bei der Geburt bestimmt, wann seine jeweilige Zeit abgelaufen sein wird. Selbst alle sogenannten Verjüngungsmittel helfen nur dem, der daran glaubt.

Im ganzen gesehen ist die psychiatrische Zeit sowohl mit der physikalischen als auch mit der gelebten Zeit widerspruchslos vereinbar. Woher denn nur kommt der im dritten und im vierten Absatz eingangs herausgestellte Gegensatz zwischen der physikalischen und der gelebten Zeit?
Martin Heidegger wies 1927 nach, warum sich physikalische und gelebte Zeit widersprechen[8]. Die eine wie die andere hat man aus der umfassenderen, der ursprünglichen Zeit herausgeholt und bei der physikalischen dies und das, bei der gelebten jedoch wieder anderes schlicht weggelassen. So kam man zu zwei ganz unterschiedlichen, ja widersinnig scheinenden Zeitresten, nämlich hier der physikalischen, dort der gelebten Zeit. Die Entdeckung der vollen, der ursprünglichen Zeit hat die Psychiatrie um die Daseinsanalyse bereichert[9]. Auch Märchenkundler sollten Heideggers Zeitbefunden Beachtung schenken und sie sich zunutze machen. Dann würden die einen nicht mehr so leicht von der angeblichen Zeitlosigkeit der Märchen schwärmen, andere sie nicht alleweil ausschließlich zu historisieren versuchen und wieder andere Eiferer sie lediglich zur Zeitschelte herabmindern.

Mir ist beim Märchenerzählen im Psychiatrischen Krankenhaus jedenfalls klargeworden: jene ursprüngliche Zeit ist gerade in den Volksmärchen besonders wirksam, versöhnlich und heilsam. Freilich können wir die ursprüngliche Zeit hinter den landläufig-räumlichen Vorstellungen von Zeit nicht kurzerhand greifen. Denn die Zeit als solche ist nicht vor-handen, sondern sie zeitigt sich. Wo aber läßt sie sich, wenn wir sie schon nicht wie einen Gegenstand greifen können, wenigstens von sich selbst her entdecken? Wo sonst, wenn nicht in unserem eigenen Sein.

»Sein und Zeit sind gleichursprünglich«, sagt Heidegger, und weiter: »Das Sein des Daseins ist ein Sein zum Tode.« Weiß Gott, wie Fundevogel sind wir geraubt, gefunden und herabgeholt in dieses »Sein zum Tode«. Erst im Tod wird unser Leben voll und ganz und unser eigen, ureigentlich das unsere. Doch vom Tod und vom Eigentlich-sein drehen wir uns gerne weg. Lieber wenden wir uns der Alltäglichkeit zu, dem Gerede, der Neugier, der Zweideutigkeit. Die Folge davon ist Lebensangst. Nicht Furcht ist da gemeint, etwa die vordergründige Furcht vor der Bosheit der Welt, sondern die eigentliche Angst. Angst wovor? Vor dem Eigentlich- und Ganz-sein-sollen, Angst vor dem Vorlaufen in das Ende unserer Lebenszeit. Und Angst worum? Angst um dieses unbedingte, um dieses eigentliche Selbst-sein. Das was uns da bedroht, ist uns ganz nah und dennoch nirgends. Unser eigenes Heim wird uns unheimlich, unser Haus zum Hexenhaus. Wie Fundevogel fliehen wir, nicht vor der Welt fliehen wir, sondern gerade zu ihr hin. In der Sorge sind wir ohnehin schon immer uns selbst vorweg bei den Dingen und bei den Mitmenschen. Jedoch erst die Angst erschließt uns die Welt von Grund auf.

Der angstvollen Flucht des Fundevogel zur Welt hin entspricht genau zeitgleich das angstbereite Vorlaufen der Hexe, der Köchin, in ihren eigenen Tod. Fundevogel bewirkt mit seinem viermaligen entschlossenen Zauberwort: »nun und nimmermehr (werde ich dich verlassen)« die vollkommene Umkehr der Märchenhandlung von seiner Flucht vor dem Tod zum Vorlaufen der Hexe in den Tod.

Die Hexe gilt gemeinhin als arglistig funkelnde, mächtige Menschenjägerin. Aber ist sie wirklich entweder so sadistisch oder so dumm, daß sie ihren Mordplan ganz ohne Not den Menschenkindern ausplaudert? Nein: die Köchin, gelegentlich liebevoll alte Sanne genannt, ist eben nicht nur die böse Hexe, sondern zugleich die weise Frau. Warum denn, wenn nicht aus verstörter Haßliebe, verrät sie Lenchen und damit dem Fundevogel ihr Vorhaben und gibt den beiden eine, auch wenn wir sagen müssen: teuflische, Gnadenfrist? Wurde ihr dann nicht selbst noch »grausam angst«? Legte sie sich nicht selbst über den Teich hin, als wollte sie sagen: »Nun ertränkt mich doch endlich!«? Wer sich nicht von vornherein durch vorgefaßte Deutungen den Blick verstellt, der sieht in der Hexe nicht immer gleich nur die verschlingende Mutter oder den »Kastrationsschreck«, sondern vielleicht auch mal die angstbereite Zeitlichkeit, den Tod, die Unheimlichkeit des Alltags, das Gewissen, die Gnadenlosigkeit einer verfehlten Welt, aber auch die »glückliche Schuld«, ja das Dasein selbst, das hinter uns herkommt.

In vielen Volksmärchen, zumal in denen vom Drachentöter, übrigens rituell auch im spanischen Stierkampf, ist die Kehrtwende von der Flucht vor dem Tod zum Vorlaufen in den Tod die magische Formel unserer Zeitlichkeit. Wenn wir nur wie Fundevogel entschlossen genug sind, können wir wie er in gleicher Weise unsere eigene Verzauberung zwischen Zeit und Ziel durchbrechen. Wer nämlich nicht mehr sinnlos flüchtet vor dem Tod, wer angstbereit und tapfer innehält, ja ruhig hinläuft auf das Ende, der wird im Hexenwerk des Lebens niemals scheitern, sondern letztlich siegen. In unseren Volksmärchen sind der Held, der zunächst noch vor dem Tod flüchtet, und der Unheld, der in den Tod vorläuft, eben nicht bloß schwarz und weiß überzeichnete primitive Feinde. Sie beide in einem, das sind wir doch selbst, wir selbst in unserer eigentlichen und ganzen Zeitgestalt.

Das Vorlaufen in unsere je eigene Vollendung, in den Tod, das ist das Eigentliche unsrer Zukunft. Ausdrücklich hat die Zukunft daher in jedem Dasein Vorrang. Dabei ist das, was wir gewesen sind, nicht einfachso vergangen. Denn die Gewesenheit war immer schon auf Zukunft hin gerichtet. Insofern kommt mit der Zukunft auch die Gewesenheit auf uns zurück. Dieser gewesen-seienden Zukunft entsteigt zugleich die Gegenwart. Wer alleweil und jedes Mal die Zeit nur analytisch aufteilt in Zukunft, Gegenwart, Vergangenheit und noch dazu das Hauptgewicht legt auf die Gegenwart, verfehlt das Wesentliche unsrer Zeitlichkeit. Heidegger ist darum zuzustimmen, wenn er dem Sinne nach sagt: die eigentliche Zukunft ist das Vorlaufen, die uneigentliche Zukunft ist das bloße Gewärtigen; die eigentliche Vergangenheit ist die Wiederholung des Gewesenen, die uneigentliche Vergangenheit ist das Vergessen; die eigentliche Gegenwart ist der erfüllte Augenblick, die uneigentliche Gegenwart ist das Gegenwärtigen im flachen Hier und Jetzt. Der Begriff der ursprünglichen Zeit meint also die rauschhafte Einheit von gewesender und gegenwärtigender Zukunft, mit dem Schwergewicht auf der Zukunft.

Ähnlich ursprünglich wie die Zeit bei Heidegger erscheint die Zeit im Märchen. Wer Märchen mit dem Herzen hört, der erkennt hinter ihrer vermeintlichen Zeitlosigkeit in Wirklichkeit die Zeitenfülle, die natürliche Einheit, die mitreißende Ganzheit unserer Zeitlichkeit. Die Zeitform des Es-war-einmal zielt ja nicht ab auf längst Verstaubtes und Vergangenes. Die gleiche Hellhörigkeit ist angebracht, wenn wir den dreifachen Sinn des mythischen Erzählens bedenken: »Es war nicht nur einmal, es ist auch heute wieder, und es wird immer wieder sein.« Dabei maßt sich der Erzähler nicht etwa an, Volksmärchen als »zeitlos-ewige Wahrheiten« zu verkünden; ebensowenig will er durch sie konservativ oder gar reaktionär behaupten: »Was schon so lange war, das muß allzeit so bleiben!« Im Gegenteil, indem er uns erzählt, was einst gewesen ist, erklärt er uns die Gegenwart und erfüllt sie, und er erschafft jetzt neu, was dereinst auf uns zukommt. Den Weg, die Richtung und das Ziel zu finden, das freilich ist dann unsre Sache.

Einer der Unterschiede zwischen Volksmärchen und Volkssage zeigt sich in ihrer Zeitgestalt für das, was wir Gewissen nennen. Das tritt beim Märchenhelden als Schuldigkeit, als Aufgabe hervor, jedoch beim Sagenhelden oft als Schuld, als Frevel. Die Sagen weisen ausdrücklich zurück auf die Vergangenheit, auf die Ursachen von Glück und mehr noch Unglück. Sie stehen der Psychoanalyse nahe und fordern auf, sich zu erinnern, zu bedauern, verborgene Schuld zu suchen. Die Volksmärchen hingegen laden eher ein zum Vorwärtsschreiten in die Zukunft. Sie sind der Daseinsanalyse innerlich verwandt. Der Märchenheld zieht in die Welt, um seine Arbeit zu verrichten, um Wünsche zu erfüllen und seine Schuldigkeit durch Taten einzulösen.

Schuldigkeit und Schuld sind folgenschwere Zeitgestalten für unser eignes Tun und Lassen. »Schuld« und »Schuldigkeit« bezeichnen zwei sehr unterschiedliche Belange. Schuld steigt uns nach aus der Vergangenheit, Schuldigkeit ruft uns hingegen in die Zukunft. Schuld haben wir vor allem wiedergutzumachen und, wo das nicht möglich ist, sie in Reue still zu tragen bis an unser Ende. Schuld laut »bewältigen« zu wollen, ist neben dem Vergessen der andre schnöde

Weg, sie zu verdrängen: sie abzuschütteln; und die beflissene »Trauerarbeit« entartet oft, wie die Erfahrung lehrt, zu aufgeblasenem Getue. Schuld, die nicht wiedergutzumachen ist, ist gar nicht zu »bewältigen«, in Ewigkeit nicht. Aufdringlich immer neu Vergangenheits- und Schuldbewältigung zu zelebrieren, ist Heuchelei, besonders wenn es um die Schuld von anderen, von damals, nicht um die eigne Schuld von heute geht. Der Lärm beim »Aufarbeitenwollen« zum Beispiel deutscher Schuld gerät ganz leicht zu einer Art von Geltungssucht, zu einer seltsamen Neuauflage des alten Spruchs: »Am deutschen (diesmal Schuldbekenntnis-) Wesen soll die ganze Welt genesen!«

Anders als »Schuld« bedeutet »Schuldigkeit«: Verantwortung auf Zukunft hin. Auf diese zweite Weise schuldig sind wir alle und gleichfalls bis zu unsrem letzten Tag; schuldig den Lebensauftrag zu erfüllen. Dies zweite Schuldigsein, diese »Dynamik des Unvollkommenen«, drängt gerade den Märchenhelden vorwärts in eine helle Zukunft: zum Tätigsein, zum Träumen, Hoffen, Gutestun. Rückwärts gewandte Reue, Schuld und Sühne sind dagegen vielmehr die Zeitgestalten des Sagenhelden, an deren dunkler Tragik er meist scheitert. Hier Schuld, dort Schuldigkeit, dazwischen sind wir selbst geworfen, wir selbst verzaubert zwischen Zeit und Ziel.

Die Zeitlichkeit des Vergessens (Heidegger sagt: die uneigentliche Vergangenheit) spielt eine besondere Rolle in manchen Varianten der magischen Flucht. In ihnen nämlich vergißt der Held nach geglückter gemeinsamer Rettung seine soeben erst gewonnene Braut. Er will nicht sofort mit ihr zu seinen Eltern gehen. Zuerst will er Kleider, Wagen, Pferde holen und übertritt dabei ein Tabu: er küßt seine Eltern oder ißt mit ihnen oder spricht mit der Mutter und vergißt ganz und gar seine Liebste. Was kann der Sinn dieses törichten Vergessens sein? Selbst Antti Aarne wußte in seiner Monografie »Die magische Flucht« (111) keine rechte Antwort. Ich meine, der Held vergißt die Geliebte, weil er noch einmal wieder in den Zauberbann der Alltäglichkeit zurückfällt, ins Besorgen, ins Gerede, in die Neugier, in die Zweideutigkeit. Das Vergessen hat seinen Sinn in unserer Zeitlichkeit. Zunächst und ganz allgemein vergessen wir, was wir erleben, um Platz zu halten für jeweils Neues. Das Vergessen, wohlgemerkt, ist also nicht ein Verlieren der Erinnerung; sondern umgekehrt ist die Erinnerung ein Wiederholen des Vergessenen. Daher ist das Vergessen der Geliebten dem Wesen nach kein träges oder blödes Sich-nicht-erinnernkönnen. Vielmehr zeigt das Vergessen an, daß der Held noch immer nicht vollends zum unüberholbaren Vorlaufen in seine eigentliche Zukunft entschlossen ist. Das rettende Zauberwort entspringt diesmal nicht der Angst des Helden, sondern kommt ihm als Gnade zu, meist in Gestalt von zwei Vögeln, einem Männchen und einem Weibchen. Ihr Zwiegespräch holt ihm das Gewesene in die Erinnerung zurück. Entschlossenheit und Gnade, das sind die beiden Zauberkräfte gegen unser Festgebanntsein zwischen Zeit und Ziel.

Wahrhaftig, die Volksmärchen sind nicht zeitlos, sondern randvoll von ursprünglicher, bedeutsamer Zeit. Von Uhrzeit oder Kalenderzeit ist dabei auffallend selten die Rede. Ich vermute, das kommt daher, weil Märchen mehr aufs Eigentliche gehen und nicht so sehr auf die Alltäglichkeit. Denn die Uhr- oder Kalenderzeit ist, wie wir mit Heidegger gleich sehen werden, nur ein magerer, immerhin äußerst praktischer, Rest der vollen, der ursprünglichen Zeit. Ursprünglich erfahren wir die Zeit in der Einheit von Erleben und Handeln. Die ersten Zeitangaben waren: dann, damals und jetzt. Aber das Dann war jedes Mal ein: dann, wann..., das Damals war ein: damals, als..., und das Jetzt war ein: jetzt, da... Ursprünglich also hing die Zeitangabe in jedem Fall mit einem Tun zusammen, zum Beispiel etwa so: dann, wann ich in den Wald gehen werde; oder: damals, als ich das Mammut jagte; oder: jetzt, da ich Feuer mache.

Die Zeit, auch die ursprüngliche, die ist uns zugeteilt; wir können nicht beliebig große Stücke davon haben. Wir können sie nur nutzen, sie verlieren oder auch verschlafen. Der Entschlossene hat immer Zeit für das, was gerade nötig ist. Der Nichtentschlossene indes verliert im Verlorensein an die Alltäglichkeit auch seine Zeit. Tagaus tagein sagt er: »Ich habe keine Zeit«, und wähnt, »der böse andere« selbstverständlich würde sie ihm stehlen. Er erkennt nicht die Zeit als seine eigene, sondern hält sich an die Zeit, mit der inzwischen alle Menschen rechnen. Das ist die öffentliche, die astronomische, die kalendarische Zeit. Zustande kommt sie unbesehen durch das, was in der Welt und bei den Dingen ganz regelmäßig uns begegnet, zu allererst die Sonne. Abgeleitet aus dem Auf und Ab der Sonne fließt die natürliche Zeit fortweg für jedermann in gleicher Weise. Später erfanden wir künstliche Uhren, neuerdings zum Beispiel Elektronenuhren. Nun sind wir unabhängig von der Beobachtung des Himmels.

Aber die Uhrenzeit ist nicht mehr die ursprüngliche Zeit; eigentlich ist sie gar keine Zeit mehr, sondern nur ein bloßes: Jetzt und Jetzt und Jetzt! Diese ihrer ursprünglichen Fülle ganz beraubte Zeit mag die Physik ruhig die vierte Dimension des Raumes nennen. Diese Zeit ist allerdings nichts anderes als die wandernde Linie der Raumpunkte, an denen sich die einzelnen »Jetzt« der Uhr niederlassen. Aus der Zeit an sich hat man eine Meßlinie gemacht und das Gemessene danach vergessen. Außer Maß und Strecke ist dann nichts weiter mehr zu finden. Bedeutsamkeit, Erfüllbarkeit und Reichtum der ursprünglichen Zeit sind ganz im Hintergrund verschwunden. Das freilich darf nicht sein, schon deshalb nicht, weil die gelebte Zeit ebenso wie die ursprüngliche keineswegs unendlich ist.

Auch die Märchenzeit ist nicht unendlich. Zwar endet ausgerechnet das Fundevogel-Märchen, übrigens als einziges in der ganzen Grimmschen Sammlung, mit dem inzwischen berühmt gewordenen Satz: »und wenn sie nicht gestorben sind, leben sie noch.« Manche Menschen sehen in diesem, fast ironischen, Märchenschluß nicht nur eine Anspielung auf die Ewigkeit der Zeit, sondern sogar geradezu ein Markenzeichen der Gattung Märchen. Meiner Meinung nach ist das ein Mißverständnis, ein Selbstbetrug, so ähnlich wie der, wenn wir sagen: »Zwar müssen alle Menschen sterben; aber bis zu meinem Ende hat es immer noch Zeit.« Mit solchen Sätzen verschleiern wir nur unser eigentliches Ziel, den Tod. Volksmärchen aber warnen: wer vor dem Tod ausweicht, dem folgt er nach, wie die alte Sanne dem Fundevogel. Und wer sich von ihm abwendet, der macht sich selbst was vor. Ja schlimmer noch: je mehr wir unser Ende verdrängen, desto schneller vergeht uns die Zeit.

Die »ursprüngliche Zeit« habe ich dem Vorbild Heideggers getreulich nachgezeichnet. Ihm folge ich jetzt noch mit der Behauptung:

die Zeit kann weder unendlich noch ewig sein. Damit ist Gottes Ewigkeit nicht angetastet. Unsere Vorstellungen von Gott sind sowieso diesseitig und daher mehr als fragwürdig. Eines jedoch ist nunmehr klar: die sogenannte Ewigkeit, das »ewige Leben«, ist etwas ganz und gar anderes als bloß eine endlose Zeit. Hier sind wir dicht am Kern des Rätsels Zeit. Von hier aus können wir sowohl die eigne Zeit als auch die Zeit im Märchen als Zaubernetz erkennen: je heftiger wir flattern, desto mehr sind wir gefangen auf unserm Weg zum Ziel.

Wenn wir zusammensitzen und Märchen erzählen, sprechen wir in jedem Satz mit dem Prädikat (Verb, Tätigkeitswort, Zeitwort) immer wieder neu die Zeit, das Tempus aus, immerzu und immerfort. Warum denn nur? Daß wir ein Zeichen für das handelnde Subjekt im Tätigkeitswort eines jeden Satzes stets von neuem mitangeben, kann ich verstehen. Sprache ist schließlich Brückenschlag von Mensch zu Mensch. Sie braucht daher Satz für Satz jedes Mal neu ein Merkmal im Verb für den, der gemeint ist im Dreieck von ich-du-er, bzw. wir-ihr-sie. Was kann indes der Grund sein dafür, daß wir in jedem Prädikat die Zeit der Handlung wiederholen müssen? Den Ort des Geschehens leiern wir doch auch nicht Satz für Satz mit. Warum denn die Zeit? Die Sprache, so meine ich, ist nicht nur Brückenschlag von Mensch zu Mensch, sondern auch Ausdruck des Daseins. Aber Sein und Zeit können eins ohne das andere nicht entspringen und müssen sich daher in jedem Tätigkeitswort immer und immer gemeinsam aussprechen.

Das Tempus des epischen Erzählens ist in aller Regel das Präteritum, nur gelegentlich und zwischendurch einmal das Plusquamperfekt, noch seltener das Futurum II. Das Präteritum ist die eingeebnete Vergangenheit und ganz und gar abgeschlossen gegenüber dem Präsens. Das Perfekt hingegen ist die Dauer des Gewesenen und reicht bis in unsere Gegenwart hinein. Mit dem Präsens schließlich hält sich der stilsichere und kunstfertige Märchenerzähler sehr zurück, denn das Präsens wirkt im mündlichen Erzählen leicht aufdringlich und verwirrend.

Dagegen gewährt uns das Präteritum wohltuenden Abstand zum erzählten Geschehen. Es vermittelt nämlich die Gewißheit einer schon vollendeten, erfüllten Zeit. Allerdings meint das epische

Präteritum keineswegs die Vergangenheit im üblichen Sinn. Unter dem Erzählen wird nämlich die Gewesenheit unversehens zur Gegenwart der erdichteten Gestalten. Deren Zeitlichkeit und die unsere verstricken sich miteinander zum gemeinsamen Weg nach vorn. Sogar die Zukunft kann der Erzähler im Präteritum vorwegerzählen, zum Beispiel mit der Märchenformel: »Mein Freund, es träumte mir...«

Wenn einer das Märchen vom Fundevogel erzählt und sagt »die Köchin« oder die »alte Sanne«, so spricht er allein schon mit dem Namen immer zugleich die Gewesenheit und das Vorhaben dieser sorgenden, dienstbaren, erfahrenen und nun altgewordenen Ersatzmutter mit aus. Schon mit dem Namen also faßt der Erzähler die vielfältige Zeitgestalt dieser Frau zu einer einheitlichen Bildgestalt zusammen. Überhaupt erweisen sich gerade Märchenfiguren bei genauem Hinhören unschwer als typische Zeitgestalten: die Witwe, der gelernte Jäger, die Räuberbraut, der Spielhansl, das Glückskind usw.

Dramatisch sind jene Augenblicke im Volksmärchen, in denen seliges Verweilen unvermutet abgelöst wird von bilderreichem Handeln, etwa so: »Fundevogel und Lenchen hatten sich so lieb, nein so lieb, daß wenn eins das andere nicht sah, ward es traurig. Der Förster hatte aber eine alte Köchin, die nahm eines Abends zwei Eimer und fing an, Wasser zu schleppen, und ging nicht einmal, sondern viele Male hinaus an den Brunnen.« Hier ist der lyrische Augenblick der Liebenden in den theatralischen Augenblick des Wasserschleppens in der Dämmerung umgeschlagen. Der Dämon kommt ins Spiel; der Teufel kann menschliche Liebe nicht ertragen. Er macht sich auf, sie zu zerstören. Zunächst schließt er mit Lenchen einen Teufelspakt: »Wenn du's keinem Menschen wiedersagen willst, so will ich dir's wohl sagen.« Sehr schnell enthüllt dann das Zeitgeschenk des Teufels die untergründige Unheimlichkeit der auf ein schreckliches Ende hin befristeten Zeit. Auf einmal tönt uns da die Zeit des Märchenhörers, unsere eigene Zeit, entgegen: die Hitlerzeit, die Atomzeit, die Abtreibungszeit, und wie die Zeitverträge sonst noch heißen.

Aber nicht nur die eine Zeit, die Zeit des Hörers, erklingt in jeder Märchenstunde. Vielstimmigkeit ist das Besondere an den Volksmärchen, und das, weil viele Menschenalter daran mitgewirkt haben. Bisweilen hört man sogar die Zeit heraus, in der ein Märchen seinen Anfang hat. Man vernimmt außerdem die Zeit des Erzählers, horcht gewissermaßen hinein in seine Lebenszeit. Und schließlich klingt auch leise schon die Zeit der künftigen Hörer durch, für die wir ja die Märchen sinnvoll weitergeben.

Die Zeit strömt gerade in den Volksmärchen besonders frei und lebendig dahin, mal gedehnt, mal gerafft, mit Rückwendungen und Vorausdeutungen. Je mehr wir berichten, desto weiter wird die Zeit; je mehr wir Handlung bringen, desto dichter und voller wird sie. Wenn wir unterm mündlichen Erzählen das Tempo rhythmisch verändern, wird das unaufhaltsame Zerrinnen der Zeit geradezu hörbar. Aus der dürren Zeitlinie der Physik ist dann längst wieder die poetische Polyphonie des Lebens geworden.

Manche Menschen zählen Märchen zu den vergangenen Altertümern. Außer Gebrauch geraten, das sind sie wohl; aber vergangen sind sie nicht. Die Welt, in der sie dagewesen sind, die ist nicht mehr. Aber die Märchen sind auch damals schon gegenwärtiges Zukünftiges gewesen. Wir holen mit ihnen eine damals schon gewesene Ganzheit und Eigentlichkeit in unsere Gegenwart zurück. Der Fundevogel ist kein überlebter Wiedergänger. Wenn wir von ihm erzählen, wiederholen wir nicht nur, sondern widerrufen wir all das, was von seiner Gewesenheit uns auch heute noch bedrängt. Volksmärchen sind nicht Texte der Toten über die Toten. Volksmärchen wollen uns Lebende zusammenführen, um uns freizumachen, wenn wir verzaubert stehen zwischen Zeit und Ziel.

August Nitschke

ZEITVORSTELLUNGEN BEI KELTEN UND GERMANEN

Ein Historiker hat es als Märchen-Forscher schwer. Die meisten Frauen und Männer, die sich mit Märchen beschäftigen, interpretieren diese psychologisch. Wenn Märchen psychische Wahrheiten enthalten, werden diese wohl überzeitlichen Charakter besitzen, und so besteht kein Grund, sie einer Epoche oder gar einem Stamm, den Kelten oder den Germanen, zuzuordnen.

Neben der psychologischen Interpretation ist die strukturorientierte beliebt. Zaubermärchen haben eine bestimmte Struktur. Wenn diese bei allen Zaubermärchen auftritt, ist kein Grund vorhanden, sie einer historischen Situation zuzuweisen; höchstens könnte sein, daß sie ganz früher einmal entstanden sind und nicht in so späten Zeiten, in denen Kelten und Germanen mit den Römern Kriege führten.

Wenn gar kluge Märchenforscher – meine besten Freunde gehören dazu – diese beiden Methoden verbinden und aus den Zaubermärchen mit ihren festen Strukturen psychische Erkenntnisse ziehen, dann sollte der Historiker sich geschlagen geben und schweigen. Wenn ich trotzdem weiterrede, so tue ich es, weil ich etwas für die Vorgehensweise des Historikers werben möchte. Er weist auf Erfahrungen hin, die nicht jeder Mensch zu machen vermag, und wenn es ihm gelingt, so ferne Zeiten wie die Zeit der Kelten und Germanen wieder lebendig werden zu lassen, muß er etwas schildern, das uns nur befremdlich vorkommt. Ich möchte dafür werben, im Menschen auch ein uns sehr fremdes Wesen zu sehen.

Dabei geht es mir in diesem Falle gar nicht so sehr um den Menschen. Wichtiger ist mir die Zeit. Jeder Mensch oder, besser gesagt, jede Gruppe von Menschen, die in Freundschaft oder Feindschaft aufeinander bezogen zusammenleben, lassen einen Aspekt der Zeit sichtbar werden, so wie jedes Milchstraßensystem nach den Theorien von Einstein einen Ablauf der Zeit – in Bezug zur Lichtgeschwindigkeit – zur Realität werden läßt. Es lohnt vielleicht nicht, jeden Stern, es lohnt aber sicher, dessen Zeit sich zu vergegenwärtigen. Ich möchte über zwei Zeiten sprechen, die Zeiten der Kelten und der Germanen.

Wie kann ich Märchen einzelnen Stämmen und dabei noch bestimmten Epochen zuweisen? Drei Wege bieten sich an:

Wir kennen stammestypische Wesen, die nur bei bestimmten Stämmen auftauchen.

Wir kennen weiter stammestypische Situationen, in die gerade dieser Stamm in gewissen Augenblicken seiner Geschichte hineingeraten ist.

Wir kennen stammestypische Handlungsabläufe. Damit sind wir

dann bereits in den Bereich geraten, in dem von den Zeiten dieses Stammes zu sprechen ist.

Stammestypische Wesen – wer danach fragt, sollte sich unter archäologischen Zeugnissen umsehen. Von den Kelten ist uns ein Fürstengrab, das Grab von Hochdorf, erhalten, das in der Nähe von Stuttgart gefunden wurde. Das Grab war nach den vier Himmelsrichtungen orientiert. Im Grab fand sich neben dem Toten sein Geschirr und ein Wagen. Geräte, Kleidungsstücke und Schmuck des Toten sowie einige Abbildungen von tanzenden Figuren verwiesen auf die Sonne.[1]

Die zweite Kontrollinstanz sind Berichte, die nichts mit Märchen zu tun haben. Dazu gehören Lebensbeschreibungen von Heiligen. Unter diesen sind Männer und Frauen, die als Heiden aufwuchsen und später Christen wurden. In ihrer heidnischen Zeit fallen sie durch folgendes auf: sie kommen als Kind bei Sonnenaufgang zur Welt. Über ihnen schwebt eine Feuersäule oder eine Sonne. Wenn sie auf Wagen fahren, hat dieser einen eigentümlichen Klang, so daß die heidnischen Priester, die Druiden, hören: hier kommt ein Herrscher. Die Wagen haben dabei diesen Klang bereits, wenn das Kind sich noch im Mutterleib befindet. Auf diese Weise wird oft festgestellt, daß eine Frau schwanger ist.[2]

Wenn diese Eigentümlichkeiten keltischer Heiligenleben in einem Märchen vorkommen, könnte es sein, daß das Märchen den Kelten zugeordnet werden muß. Ich führe jetzt eines an, das aus der Bretagne stammt.

Ein junges Mädchen, Tochter armer Leute, muß Kühe und Schafe weiden. Auf der Weide tritt ihr ein junger Mann gegenüber. Er ist so schön und strahlend, daß sie glaubt, die Sonne selbst zu sehen. Er bittet sie, ihn zu heiraten. Die Eltern stimmen zu. Er kommt in einem schönen goldenen Wagen, der von vier herrlichen weißen Rossen gezogen wird, und diese sind so festlich und strahlend, daß alles, was ihnen auf ihrem Weg begegnet, leuchtet, als wären sie die Sonne. Er holt sie nun in sein Schloß. Als die Brüder sie nach einem Jahr besuchen wollen, gelangen sie nach einigen Mühen in einen Wald und finden dort eine Frau am Feuer. Ihr Sohn, ein gefräßiger Riese, kann sich im Feuer in eine Feuerkugel verwandeln und fliegt mit ihnen als Feuerkugel durch die Luft in den Bereich des Schlosses.[3]

Soweit erst einmal. Wir finden also *Feuer, Feuerkugel,* einen *Wagen,* den *Bezug des Wagens zur Sonne.* Das sind alles Dinge, die nicht unbedingt in jedem Märchen zu finden sind. Dazu stammt das Märchen aus der Bretagne, einem von Kelten besiedelten Land. Das zweite ist eine historische Situation. Das Märchen ist uns in mehreren Fassungen überliefert. In einer Fassung tritt etwas auf, was für den Inhalt des Märchens ohne Sinn bleibt. Als der junge Mann, der bei der Hirtin auftaucht, um diese wirbt, stellt er fest, daß die Verwandten der Hirtin noch Heiden sind. Er fordert nun, daß sie sich, bevor er die junge Frau heiratet, taufen lassen. Solch ein Bericht ist innerhalb eines Märchens ungewöhnlich. Erstaunlich ist er in diesem Fall, weil die Taufe für den weiteren Fortgang der Erzählung ohne jede Bedeutung bleibt. Danach wäre vorstellbar, daß es sich um eine Nachricht handelt, die in einer einmaligen Situation aufgezeichnet wurde, nämlich beim Übergang der Kelten von ihrer Druiden-Religion zur Religion der Christen.

Dafür spricht nun noch etwas Weiteres. Ich muß dazu das Märchen noch ein Stück weiter erzählen.

Von den drei Brüdern kommen die beiden ältesten nicht zum Ziel. Der jüngste Bruder, Yvon, meistert jedoch alle Schwierigkeiten, findet dann seine Schwester in dem Palast, allerdings allein. Wie er erfährt, steht der Mann jeden Tag vor Sonnenaufgang auf und kommt erst nach Sonnenuntergang zurück. Die Frau weiß nicht, was er tut. Der jüngste Bruder wird nun von seinem Schwager, dem Mann der Schwester, mitgenommen. Dabei merkt er, daß dieser den Weg der Sonne geht, und zwar im Reich der Toten. Die Toten begegnen ihnen als Tiere – Kühe, Ochsen oder Pferde – oder als Pflanzen, etwa als Bäume. Diese sind entweder gut genährt oder hager. Die Hageren zerfleischen sich wechselseitig, wie auch Bäume wechselseitig aufeinander einschlagen. Wenn der Bruder nun eins dieser Wesen anspricht, dann danken Tiere oder Bäume ihm und sagen, daß sie nun erlöst seien und ins Paradies kämen.

Dieser Bruder ist, nach dem Märchen, frisch getauft. Wenn er Tote im Reich dieses Sonnenherrschers findet, müssen diese Heiden sein.

Da nach keltischer Vorstellung die Toten eine Seelenwanderung durchlaufen und somit Tiere oder Pflanzen werden konnten, bewegt er sich somit im Bereich der Vorstellungen der heidnischen Kelten. Wenn diese Heiden nun, angesprochen, danken, weil sie jetzt ins Paradies kommen, haben wir es mit einer Handlung zu tun, in der ein frisch getaufter Christ nicht getaufte Heiden ins Paradies bringt und damit an den Ort, an den er nach seinem Tode selber zu kommen hofft.

Nun wissen wir aus Zeugnissen aus dem germanischen und keltischen Bereich, daß die Frage, was mit den toten heidnischen Vorfahren geschehen würde, für alle, die zum christlichen Glauben übertreten wollten, von außerordentlicher Bedeutung war. Manche verschmähten es, Christen zu werden, weil sie an den gleichen Ort kommen wollten wie ihre verstorbenen Eltern und Großeltern. Dies Märchen bietet sozusagen eine Lösung.

Das würde aber – und dies ist im Augenblick noch unsere Frage – dafür sprechen, daß es in der Tat in der Situation entstand, in der die ersten Kelten zum Christentum übertraten.

Ehe wir nun nach dem Handlungsablauf und damit nach den Zeitvorstellungen fragen, ein germanisches Beispiel:

Über die Dinge aus Gräbern germanischer Fürsten und Adliger wissen wir, daß für die Germanen Helm, Speer und Schwert besondere Bedeutung besaßen. Diese Waffen sind uns auch auf germanischen Felszeichnungen als Kennzeichen göttlicher Gestalten bezeugt.[4] Aus der germanischen Sage wissen wir, daß Helden wie Siegfried sich erst ein Schwert besonderer Art schmieden mußten. Helme wie der Ägirs-Helm aus dem Nibelungenhort ließen alle Gegner erstarren. In diesen Insignien wohnten somit besondere Kräfte.

In einem Märchen spielen diese nun eine wichtige Rolle. »Der König vom goldenen Berg« berichtet von einem kleinen Jungen, der durch das Ungeschick seines Vaters einem bösen schwarzen Mann versprochen wird, sich aber gegen ihn feien kann, in ein Schiff gelegt wird, das ihn an ein Schloß bringt, in dem eine verzauberte Frau lebt. Er ist bereit, sich für sie mißhandeln und töten zu lassen. Sie erweckt ihn dann zum Leben und heiratet ihn. Später erhält er von ihr einen Ring, mit dem er sich und andere Personen an andere Orte wünschen kann, macht aber dabei einen Fehler, so daß sie ihn verläßt. Er kommt nun mit drei Riesen zusammen, deren Erbschaft er teilen soll. Diese bestand aus einem Schwert, das alle tötete, einem Mantel, der unsichtbar machte, und aus einem Stiefel, mit dem man sich überall hinwünschen konnte. Er gewinnt diese, kommt auf sein Schloß zurück, quält unsichtbar seine Frau, zieht das Schwert, wodurch alle außer ihm ihre Köpfe verlieren, so daß er wieder König werden kann.[5]

Hier begegnet uns also eine Waffe, die, ohne daß sie andere Menschen berühren muß, auf zauberische Weise diese zu töten vermag, ein erster Hinweis auf eine mögliche Beziehung dieses Märchens zu einem germanischen Stamm.

In diesem Fall bekommen wir nicht so genaue Hinweise auf eine historische Situation. Doch an Verbindungen zwischen menschlichen und göttlichen Gestalten, die uns aus historischen Quellen bekannt sind, werden wir erinnert. So gibt es im nordischen Bereich die Beziehung zwischen einem König und einer Walküre. Diese unterstützt ihn, und dann trennt sie sich von ihm, so daß er in Gefahr gerät oder stirbt. Aus dem nordischen Bereich kennen wir auch die Sagen, die zum Siegfried-Kreis gehören, in denen ein Held eine Frau aus einer Burg befreien muß (Siegfried befreit Brunhilde) und sie ihn dann heiratet. Wir wissen weiter, daß dieser Held vorher gefeit sein muß – Siegfried badet im Blut des Lindwurms. Der Junge im Märchen wurde gefeit, als er dem schwarzen Mann, dem er vom Vater versprochen war, entkam. Dann kommen in dieser Sage die Nibelungen-Recken vor, die Siegfried zum Schiedsmann herbeirufen – also eine weitere Parallele –, und schließlich gehört die Tarnhaut in diesen Sagenkreis, also ein Mantel, der unsichtbar macht; diesen gewinnt der Mann im Märchen ebenfalls.

So haben schon die Brüder Grimm bei diesem Märchen festgestellt: es bestehen so viele Parallelen zu konkreten Situationen eines Sagenstoffes, daß dieses Märchen wohl in die Welt der Germanen gehört[6]. Mag man es nun als Sage oder Märchen bezeichnen, es ist jedenfalls eine Volkserzählung; in der Fassung der Brüder Grimm ist es wohl eher einem Märchen zuzurechnen — selbst nach den strengen Definitionen von Max Lüthi.

Somit haben wir nun, soweit dies uns überhaupt möglich ist, zwei Märchen gefunden, die ein Historiker jeweils einem Stamm zuordnen würde. Das keltische Märchen kann man dabei sogar noch einer historischen Situation zuordnen, der Epoche, in der die Kelten zum Christentum übertraten, während das germanische Märchen nicht so eindeutig zu datieren ist. Wir können bei den Germanen allerdings bei aller Vorsicht zwei Epochen unterscheiden: in einer älteren waren sie überwiegend in der Landwirtschaft tätig. Dort waren sie auch noch seßhaft. Sie hatten eine Gottheit, die sie durch das Land fuhren, um deren Segen zu gewinnen. In einer späteren Epoche brachen sie dann zu Kriegen auf. Diese Germanen gerieten in Auseinandersetzungen mit den Kelten, Griechen und Römern. Ihre oberste Schicht war eine Kriegerschicht. Für sie mag gegolten haben, was Tacitus uns berichtet: daß es schandbar war, etwas durch Fleiß zu erwerben, das man auch durch Blut erwerben konnte. Dieser zweiten Epoche könnte das Märchen zuzuordnen sein. Somit kämen wir in die Zeit der Völkerwanderung, eine Zeit die der Zeit der Christianisierung der Kelten verhältnismäßig nahe liegt.

Die Handlungsabläufe

In beiden Märchen, in dem keltischen und dem germanischen, hat die Zeit des Todes eine hohe Bedeutung. In der keltischen Geschichte kommt ein Herrscher aus dem Reich des Todes. Er holt eine Frau dorthin. Ihr jüngster Bruder folgt ihr und führt im Reich der Toten Veränderungen herbei. Er muß dies daraufhin wieder verlassen, aber kommt nur zurück, um festzustellen, daß alle seine Verwandten, Bekannten und Freunde vor undenkbar langer Zeit bereits gestorben sind, und stirbt dann selber. Es wird ein Weg zu den Toten beschrieben. In dem Märchen »Der König vom goldenen Berg« stirbt der Held ebenfalls, doch er wird wieder zum Leben erweckt, und sein Tod ist die Voraussetzung dafür, daß er fähig ist, eine Frau aus dem Bann einer bösen, vernichtenden Macht zu lösen. Der Tod ist ein Durchgangsstadium; der Held tritt nach dem Tod erneut auf.

Sieht man dieses Märchen genauer an, so wiederholt sich diese Szene sogar: als der Vater den Jungen mit dem Schiff vom Ufer abstoßen muß, kentert das Schiff, und der Vater nimmt an, sein

Sohn sei ertrunken. Dies ist jedoch die Voraussetzung dafür, daß er zu dem ungewöhnlichen Schloß kommen kann, in dem er sterben muß, um die junge Frau zu befreien. Es kann also sein, daß er zweimal in der Geschichte stirbt.

In diese Gruppe germanischer Märchen gehören auch noch die Berichte über die zwei Brüder. Es waren zwei Zwillingsknaben, die sich später trennten. Der eine tötete einen Drachen und wollte dann einen Hirsch bekämpfen, wurde aber von einer Hexe in Stein verwandelt. Der zweite Bruder, der von dem Tod erfährt, übernimmt nun die Rolle seines Zwillingsbruders erst bei der Frau, dann bei dem Kampf gegen die Hexe, die er zu besiegen vermag. Hier führt der Tod des einen dazu, daß der andere die Kräfte erhält, die ihm gestatten, zauberisch-böse Gestalten zu überwinden[7]. Wohl ist es der gleiche Handlungsablauf: durch den Tod eines Menschen gewinnt dieser oder gewinnt ein anderer, der dessen Rolle übernimmt, die Fähigkeit, einen Zauber zu brechen, der von Menschen, die diesen Weg durch den Tod nicht gegangen sind, nicht überwunden werden kann. Wir kennen diese Vorstellung auch aus germanischen Kultformen. Wir wissen davon, daß Menschen in Hirschgestalt in der Neujahrszeit verfolgt und getötet werden konnten oder scheinbar getötet wurden, um so neue, in einem Zauber gewachsene Fähigkeiten zu erwerben[8]. – In was für Zeiten geraten wir dabei?

In beiden Geschichten wird nicht von Zeiten berichtet, innerhalb derer die Menschen etwas tun. Wir leben innerhalb solcher Zeiten. Wir leben in einer Zeit, in der wir, gebunden an die Familie, wachsen konnten, in einer Zeit, in der wir uns aus der Bindung an die Eltern zu lösen vermochten, in einer Zeit, in der wir neue Bindungen zu anderen Menschen eingehen konnten, und es lag an uns, an unserer Anlage und Umgebung, was innerhalb dieser Zeit aus uns wurde und wie wir innerhalb dieser Zeit auf andere wirkten oder etwas gestalteten. Die Zeit war ein neutrales Medium, in dem sich dies alles vollzog. Sie ist es noch.

Die Zeit muß nicht für alle Menschen in dieser Weise ein neutrales Medium sein. Für den Bauern war sie es nicht. Die Zeit des Frühjahrs hatte einen eigenen Charakter und wirkte auf Pflanzen, Tiere und Menschen anders als die Zeit des Herbstes oder Winters. Es war eine Zeit, die das Getreide wachsen oder das Laub verwelken ließ, jedenfalls wurde sie so aufgefaßt.

Den Menschen stehen mehrere Wege, aber sicher zwei offen: sie können auf alles achten, was sie zusammen mit anderen oder gegen andere zu bewirken vermöchten. Dann handeln sie innerhalb der Zeit. Sie können aber auch auf alles achten, was sie durch die Zeit, in der sie sich befinden, zu tun vermögen[9]. Beide Märchen berichten von dieser zweiten Zeit. In ihnen wird von den Menschen gesprochen, die in die Situation gerieten, in der eine Zeit über ihr Geschick bestimmte.

Sofort erkennbar ist es beim »König vom goldenen Berg«. Dieser König mußte als junger Mann sterben, um später seine Aufgabe erfüllen zu können. Die Zeit, in der er tot war, veränderte ihn. Sie weckte in ihm Kräfte gegen böse Mächte.

Ein Vergleich muß noch etwas deutlicher machen, mit was für einer Besonderheit wir es zu tun haben.

Verhältnismäßig viele Völker kennen die Periode der Nacht als eine Periode des Todes und rechnen damit, daß diese Zeit der Nacht und des Todes durchschritten werden muß, damit wieder etwas Neues entsteht. Es liegt ja nahe, von der Erfahrung der Nacht oder der Erfahrung des Winters her anzunehmen, daß sie eine erneuernde Wirkung haben. Doch das ist eine zu einfache Interpretation, die wir da geben. Von den mittelamerikanischen Indianern wissen wir zum Beispiel, daß die Sonne in der Zeit der Nacht zum Skelett abmagert und Menschen ihr am nächsten Tage erst dadurch, daß sie sich der Sonne opfern, ihre alte Gestalt und Fülle wieder verleihen müssen[10]. Von den Ägyptern wissen wir, daß Menschen, die den Tod erleiden, dabei in einem Gericht geprüft werden, in dem entschieden wird, ob sie mit der Sonne wieder aufgehen können[11]. In der Geschichte vom König auf dem goldenen Berg geht es weder darum, daß dem Wesen, das dem Tod nahe war, andere helfen müssen, noch daß das Wesen während des Todes besondere Prüfungen über sich ergehen lassen muß. Die Zeit des Todes nimmt ihm nichts, gefährdet ihn nicht. Im Gegenteil: sie verleiht ihm die Möglichkeit, Gefährliches zu überwinden.

Damit wird aber auch die andere Zeit der Germanen deutlich

erkennbar. Die Zeit des Lebens ist die Zeit unheimlicher Gefahren. In dieser Zeit bedrohen ihn der kleine schwarze Mann, die eigene Frau, die ihn verläßt, die zahlreichen Gegner, die er am Ende dank seines Schwertes tötet. Nichts ist in diesem Fall verläßlich, weder die Eltern noch Frau oder Kind, geschweige denn irgend etwas in der Natur. Am unheimlichsten ist die Vertraute, die er selber rettete und befreite. Gegen diese alles in Unsicherheit versetzende Zeit hilft nur die andere, die Zeit des Todes. Der Mensch kann im Grunde in dieser Gesellschaft nur Krieger sein und wird als solcher im Kampf das Sterben nicht scheuen. So starben die Mannen mit ihren Fürsten, so verschmähten einzelne Stämme jede Verteidigungswaffe, ja, jeden Schutz am Körper, bereit, in den Tod zu gehen[12]. Es waren keine rohen Naturburschen, ungebändigt und kriegsdurstig, wie man immer wieder lesen kann. Es waren Männer, die, von dem Unheilvollen ihrer Welt gequält, einer Zeit sich nähern wollten, die sie durchschreiten mußten, um gegen das übermächtig Bedrohliche gefeit zu werden.

In dem Märchen von dem Hirtenmädchen und dem Sonnenwagen hat auch die Zeit des Todes eine Wirkung. Sie verwandelt den Menschen.

Die Verwandlung hängt nun davon ab, wie der Mensch sich in der Zeit des Lebens verhielt. War er arm, bescheiden, wollte er nichts für sich, wird er ein Tier, das wohl gedeiht, glänzendes Fell hat, prächtig anzuschauen ist. Gönnte er den anderen nichts, war er geizig, wird er ein mageres, hageres Wesen, gierig und unersättlich, andere zerfleischend und schlagend, die ihm das gleiche zufügen, ihn peinigen und zerfetzen.[13]

Da somit die Verwandlung, die nach dem Tode erfolgt, eine Eigenheit des Menschen voll verwirklicht, die in seinem Leben bereits vor dem Tode zu beobachten war, läßt sich der Vorgang auch etwas anders beschreiben.

Die Kelten dieser Epoche müssen davon überzeugt gewesen sein, daß sie in der Zeit des Lebens eine Verwandlung der eigenen Person einleiten konnten – wenn sie zu ihren Mitmenschen freundlich oder ihnen gegenüber rücksichtslos wurden –, die in der Zeit des Todes fortgeführt wurde. Sie hatten sich, wenn man es krass formulieren möchte, in der Zeit des Lebens bereits in Richtung der Tiere oder in Richtung der Pflanzen zu verändern, die sie später werden mochten. In das Reich des Todes gehörte als herrschende Gottheit allerdings auch die Sonne.

Der Sonne vermochte ein Mensch nicht aufgrund eigener Initiative ähnlich zu werden. Sie holte sich selber die Personen, die ihr gleichen sollten.

Wenn wir die verschiedenen Zeugnisse miteinander verbinden, mag dabei folgende Vorstellung geherrscht haben: die Nacht war die Zeit, in der die Sonne im Reich des Todes weilte. Die Sonne ging beim Untergang in dieses Reich und kehrte bei Sonnenaufgang aus ihm zurück. Wenn sie bei Aufgang auf ein Kind, das gerade geboren wurde, schien, war dies Kind von der Sonne auserwählt. Über ihm stand eine Feuerkugel; es glühte und strahlte wie sie. Fuhr es auf einem Wagen, tönte dieser wie der Sonnenwagen. Diese Kinder wurden von den Druiden »Herrscher« genannt. Sie herrschten mit der Sonne im Reich der Toten. Zu Lebzeiten vermochten sie dank der sonnenähnlichen Eigenschaften Feinde mit ihrer Glut zu vernichten; sie waren somit Krieger. Dank dieser Wärme konnten sie jedoch auch heilen; sie wirkten als Ärzte.[14] So wie die Sonne beim Übergang von Nacht zum Tag einen Menschen auserwählen konnte, vermochten möglicherweise die Herrscher, die von der Sonne auserwählt waren und mit ihr im Reich der Toten weilten, sich gelegentlich auch einen Menschen aus dem Reich der Lebenden holen. Davon erzählt jedenfalls unser Märchen.

Betrachten wir diese Vorstellungen nun aus dem Aspekt der Zeitenfolge: die Sonne verwandelt sich in der Zeit des Todes. Sie gewinnt Kraft. Jedenfalls kann sie dank dieser erworbenen Fähigkeit, wenn sie – beim Sonnenaufgang – in die Zeit des Lebens wechselt, ein gerade geborenes Kind – ein Mädchen oder einen Jungen – mit ihrer Eigenart versehen. Diese erhalten ihre Glut, die sie gegen jedes andere Feuer feit und die sie außerdem andere bekämpfen oder andere heilen läßt.

Wer in diesen Zeiten lebte, sah die Umwelt auch sehr anders, als wir es gewohnt sind. Diese war zwar nicht so bedrohlich wie bei den Germanen, die sich abschirmen mußten, um ihre Angriffe zu überstehen; denn die Sonne, die Tiere und die Bäume hatten bei den Kelten durchaus auch einen freundlichen Charakter, da sie auf künftige günstige Möglichkeiten verwiesen.[15] Doch es war auch nicht die Welt, in der ein Mensch wie in unseren Tagen alles, was ihn umgibt, registrieren und gar beherrschen konnte. Die Wesen entzogen sich dem Zugriff der Menschen: sie hatten ja gewissermaßen ein Doppel im Totenreich. Aus diesem kam die Sonne täglich erneut hervor und stieg über den Menschen am Himmel auf. So besaß alles – doch vor allen anderen sie – einen für uns fremdartigen Charakter.

Vergleichen wir nun die Zeit der Germanen mit der Zeit der Kelten, wie sie uns in Märchen bezeugt wird. Während der Zeit der Nacht und des Todes tritt bei beiden Völkern eine Verwandlung ein. Diese verleiht den Betroffenen eine bannende Fähigkeit. In dieser Hinsicht unterscheiden sie sich nicht. Doch die Verschiedenartigkeit dieser Völker wird sofort erkennbar, wenn wir genauer ihre Eigentümlichkeiten betrachten.

Die Kelten sahen, wie die Sonne sich in der Zeit der Nacht – in der Zeit ihres Todes – wandelte. Sie beobachteten dann, wie einzelne Menschen bei ihrer Geburt von der gewandelten Sonne sonnenähnliche Fähigkeiten verliehen bekamen. Sie erfuhren somit die Wirkung der Zeit der Nacht, der Zeit des Todes, an Veränderungen in ihrer Umgebung. An diese Umgebung blieben sie gebunden; sie war ihnen in der Sonne gegenwärtig, die einzelnen Personen kriegerische Glut und wärmende Heilkraft verlieh.

Die Germanen hingegen meinten, selber in die Zeit des Todes geraten zu müssen. Wenn sie diese durchstanden, wurden sie gegen Gefahren geschützt, so daß sie in der anderen Zeit, in der Zeit des Lebens, Kämpfe und Kriege bestehen konnten. Für die Germanen war jedes Geschehen in diesen Kampf einbezogen. So wurde ihnen selbst die Sonne zu einer Gottheit, die bei den kriegerischen Auseinandersetzungen der Menschen diesen zu helfen vermochte. Auf Bildern sehen wir, wie sie in einer sonnenähnlichen Wirbelbewegung den Speer eines Kriegers machtvoll gegen den Gegner schleudern.[16]

Freilich in den Märchen, die aus der germanischen Welt stammten, wird davon nicht gesprochen. Diese bezeugen nur den Wandel, der von einem Zeitabschnitt ausgehen kann.

Als wir am Anfang die Eigenart der wirkenden Zeit erläuterten, wiesen wir auf Frühling und Herbst hin. Deren Tage und Nächte bewirken, so sagten wir, Veränderungen, indem das Frühjahr die Blumen wachsen oder indem die Zeit des Herbstes das Laub sich färben läßt.

Anhand dieses Vergleiches können wir den Unterschied zwischen Kelten und Germanen noch einmal verdeutlichen. Die Kelten sahen, wie ein Abschnitt des Jahres die Natur in ihrer Umgebung veränderte, und spürten, daß dieser Wandel auch sie beeinflußte. Die Germanen achteten nur darauf, wie sich die einzelnen Jahresabschnitte unmittelbar auf ihre Person auswirkten.

Doch beide Völker gingen nicht von so verhältnismäßig harmlosen Ereignissen wie dem Wechsel der Jahreszeiten aus. Sie waren vom Tod betroffen – vom eigenen Tod, den sie analog zum Tod der Sonne – oder analog zur Nacht – deuteten. Dies ließ sie mit einer zweiten Zeit, der Zeit des Todes, rechnen. Sie beobachteten nun, wie diese zweite Zeit auf die Sonne und somit auf sie selber Einfluß nahm. So entdeckten sie, daß immer erneut Geschehnisse aus der Zeit des Todes für die Zeit des Lebens Bedeutung erhielten.

Die Welt, so müssen wir zugestehen, besaß für sie eine Dimension, die wir – so stolz auf das eigene Tun oder so dankbar für das Tun anderer – nicht mehr wahrzunehmen vermögen. Die Kelten sahen im Unterschied zu uns bei jedem Sonnenaufgang, wie die Zeit des Todes dieses Gestirn verwandelt hatte. So konnten sie sich, wie die junge Hirtin im Märchen, danach sehnen, in diese Zeit des Todes zu geraten, in die auch ihr Bruder, nachdem er sie einmal kennengelernt hatte, so schnell wie möglich zurückkehrte.

Wüßten wir noch, wie eine Zeit zu wirken vermag, ahnten wir vielleicht etwas von der Heftigkeit jener Sehnsucht. So wie wir nun einmal geworden sind, bleibt uns nur, diese mühsam aus einigen Märchen zu erschließen, die uns dann allerdings den leuchtenden Glanz einer fremden Welt spüren lassen.

Luc Gobyn

VERJÜNGUNGSMOTIVE IM MÄRCHEN UND IN DER VOLKSTÜMLICHEN BILDERKUNST[1]

Seit eh und je sehnt sich der alternde Mensch danach, wieder jung zu werden; die Wirklichkeit sieht jedoch anders aus. Heutzutage stehen der Kosmetiker und der Schönheitschirurg bereit, um den Leuten wieder ein jüngeres Aussehen zu geben, oder der Arzt verspricht richtige Verjüngung mit Hormonpräparaten oder irgendeiner Therapie. Viele Märchen wissen aber auch schon von der Verjüngungskunst; sie zeigen uns, daß diese besonders alt und vielfältig ist.

Im Motiv-Index von Thompson werden eine ganze Reihe Verjüngungsmotive aufgelistet[2], und der Katalog scheint nicht einmal ganz vollständig zu sein.[3] Zweierlei stellt sich heraus: 1. In den meisten Fällen hängt die Verjüngung mit Feuer oder Wasser zusammen. Das dürfte freilich nicht wundernehmen, denn die Lustrationskraft des Feuers und des Wassers ist altbekannt.[4] 2. Es ist unmöglich, deutlich zu unterscheiden zwischen Verjüngung, Genesung und Auferstehung, denn in allen drei Fällen handelt es sich um eine Erneuerung des menschlichen Lebens, und wie sehr die Motive miteinander verwandt sind, erhellt aus der Tatsache, daß in verschiedenen Varianten ein und desselben Märchentyps bald von Verjüngung, bald von Genesung und dann wieder von Auferstehung die Rede ist.[5]

In einigen Märchentypen bilden diese vielfältigen Märchenmotive den Hauptbestand der Erzählung. Wir haben drei dieser Typen ausgewählt, die wir im Folgenden etwas eingehender betrachten wollen; es sind dies die Typen AT 531 (vgl. KHM 126: Ferenand Getrü und Ferenand Ungetrü), AT 753 (vgl. KHM 147: Das junggeglühte Männlein) und AT 785 (vgl. KHM 81: Bruder Lustig). Es handelt sich um ein Zaubermärchen und zwei eher schwankhafte Legendenmärchen. Einen wichtigen Typ haben wir aus Raumgründen ausklammern müssen, AT 551 (vgl. KHM 97: Das Wasser des Lebens). Wir wollen nach Möglichkeit untersuchen, woher die Verjüngungsmotive stammen, welchen Sinn und welche Funktionen sie im Rahmen der Erzählungen haben, und ob diese Funktionen konstant geblieben sind oder sich im Gegenteil im Laufe der Jahrhunderte verändert haben.

Zerstückelung und Verjüngung im Glutofen (AT 785)

Fangen wir mit dem weniger Ernsthaften, den Legendenmärchen, an. In ihren Anmerkungen zum »Bruder Lustig« weisen Johannes Bolte und Georg Polívka auf die altgriechische Sage von Medea, Äson und Pelias hin.[6] Diese Sage erzählt, wie Medea ihren Schwiegervater Äson verjüngt, indem sie ihn in Stücke schneidet und kocht. Um den Töchtern des Pelias zu zeigen, wie man einen alten Mann wieder jungmachen könne, nimmt sie einen alten Widder, schlachtet ihn, zerschneidet ihn, kocht ihn in einem Kessel, und nach Beifügung ihrer Zauberkräuter holt sie anstatt eines alten Widders ein junges Lamm aus dem Kessel hervor. Der Nachahmungsversuch, den die Töchter des Pelias an ihrem Vater vornehmen, mißlingt...

Dies erinnert an die Erweckung einer toten Königstochter, die Petrus – durch Zerhacken und Kochen – vornimmt und die dem Bruder Lustig mißlingt (KHM 81). Zu einem richtigen Verjüngungsmotiv wird das Zerstückeln in einer estnischen Variante unseres Märchentyps: Christus und Petrus treffen einen reichen Junggesellen, der Christus die Hälfte seines Vermögens bietet, wenn dieser ihn wieder jung machen wolle, denn wegen seiner Häßlichkeit und seines Alters werde er von allen Jungfrauen verachtet.[7]

Christus befahl Petrus, diesen reichen Burschen in Stücke zu schlagen, die Stücke auf einen Tisch zwischen zwei Laken zu legen und drei Tage und Nächte bei ihm zu bleiben, um ihn zu bewachen. Petrus tat so. Nach drei Tagen befahl Christus, ihn dreimal beim Namen zu rufen und dann das Laken von oben abzunehmen. Petrus rief, und als er das Laken fortnahm, sah ihm von dort unten ein hübscher, junger Mann lächelnd entgegen.

Hier, wie in den meisten Fassungen dieses Märchentyps, ist von Zerstückelung die Rede. Obwohl nur wenige die schwankhafte Erzählung ernst nehmen werden, sei doch darauf hingewiesen, daß der Glaube, man könne zerstückelt werden und nachher verjüngt wieder auferstehen, »ein wichtiger Bestandteil weitverbreiteter

Schamanenüberlieferungen (ist), wobei der Schamanenkandidat in einer Art Selbsthypnose einen solchen Vorgang ›erlebt‹«.[8]

Bei dem Zerstückelungs- und Wiederbelebungsmotiv spielen die *Knochen* des Toten oft eine wichtige Rolle, denn gerade aus den Knochen werden die Verstorbenen wiederbelebt. So gelingt es Bruder Lustig nicht, die Königstochter zu erwecken, weil er das Gebein nicht in die rechte Ordnung zu legen weiß. Petrus wirft ihm denn auch vor: »Du gottloser Mensch, was treibst du da, wie kann die Tote auferstehen, da du ihr Gebein so untereinander geworfen hast?«

Lutz Röhrich weist darauf hin, daß bei Jägervölkern die Knochen als wichtigste Körperteile gelten, weil sie sich am längsten von allen Körperteilen vor der Verwesung erhalten: »So können sie wohl, selbst nach dem Tod ihres Trägers, als Sitz einer fortdauernden und erneuerungsfähigen Lebenskraft erscheinen. Das Skelett war demnach nicht immer schon ein Todessymbol, sondern eher ein Lebenssymbol.«[9]

Röhrich verweist auf zahlreiche nordasiatische Belege, in denen Tiere und auch Menschen aus ihren Gebeinen wiederbelebt werden. Dabei handelt es sich um Geschichten, die wirklichen Glaubensvorstellungen und Bräuchen entsprechen. So wird auch der werdende Schamane bei seiner Einweihung nach dem Glauben dieser Völker in ähnlicher Weise von den Geistern getötet und gefressen: »seine Knochen werden zunächst verstreut, dann wieder gesammelt, in einen Kessel geworfen und nun gekocht, bis der Schamane zauberkräftig wieder erwacht. Er muß erst sterben und wieder auferstehen, um in seine geistig neue, verwandelte Schamanenexistenz überführt werden zu können.«[10]

Ein schöner Beleg, wo sowohl von Zerstückelung wie von der belebenden und verjüngenden Kraft des Feuers die Rede ist, ist das ungarische Märchen vom Schweinehirten János. Nach drei Wochen hat János den Goldkirschenbaum erstiegen, und er erhält die Prinzessin, die das Schloß im höchsten Gipfel bewohnt, zur Frau. »Nun folgt der Drachenkampf; dabei wird der Held vom Drachen zerstückelt. Die Gänsehirten wollen ein Feuer anzünden und suchen nach etwas Brennbarem. Sie klauben allerlei Dornen und Äste zusammen, und an einer Stelle in der Nähe finden sie auch das Herz des Schweinehirten. Sie werfen es ins Feuer. Plötzlich springt ein wunderschöner Jüngling daraus hervor. Es ist János, nun schöner als zuvor.«[11]

Erwähnenswert sind auch diejenigen Varianten von AT 785, in denen die Verjüngung in einem Glut- oder Schmelzofen stattfindet. So wird in Sizilien erzählt, wie der Herr einem Manne, der ihn bat, seinen altersschwachen Vater gesund zu machen, antwortete: »Stecke ihn in einen heißen Ofen, und dein Vater wird wieder jung wie ein Knabe werden.« Als Petrus später jemanden traf, der bei dem Herrn Hilfe für seine todkranke alte Mutter suchte, machte er es wie der Meister und sprach: »Stecke deine Mutter in den heißen Ofen, und sie wird gesund werden!« Aber die alte Mutter wurde zu Kohle verbrannt. Glücklicherweise kam der Heiland dazu; er rief die Frau ins Leben zurück und verwandelte sie in ein junges, schönes Mädchen.[12]

Zwei deutsche illustrierte Flugblätter aus der Mitte des 16. Jahrhunderts stellen diesen Vorgang der Verjüngung im Glutofen dar. Der Formschneider Anthony Corthoys, der zwischen 1543 und 1552 in Augsburg tätig war, hat sie geschnitten und verlegt. Der erste Holzschnitt, unter dem Titel »Sechet lieben Herrn das mûß ich lachen /Das ich die alten weyber jung kan machen«, zeigt die Verjüngung alter Frauen (Abb. 1). Der zweite ist ein Pendant zum Vorhergehenden und stellt das Umschmelzen alter Männer dar (»Jung mann machen«; Abb. 2). Im gereimten Text heißt es u. a.:

Da wirt sie sehen wunder an
Wie diser meyster schmeltzen kan
Ain jungen auß eim alten mann

Der Dichter bezieht sich ausdrücklich auf die Verjüngungspraxis der Medea, und der Ofenmeister verwendet für die Verjüngung der Frauen, genau wie Medea, Kräuter (»wohlriechende Nägelein, Zumat und Zypresse«, Text I, V.21f.); dennoch hat Corthoys das Jungmachen ganz anders dargestellt: auf seinen Bildern werden die alten Männer und Frauen nicht zerschnitten und gekocht, sondern direkt ins Feuer geworfen.[13]

In der »kanonischen« Fassung des Märchens ist von dem Herzen oder der Leber eines Lammes (oder von anderer Nahrung) die Rede: der liebe Gott (Jesus, ein Heiliger) will nur dieses Herz essen, aber sein Gesell hat es heimlich schon verzehrt und leugnet das. Er gesteht aber alles, wenn Gott das für eine Totenerweckung erhaltene Geld in drei Teile verteilt und den dritten Teil für den bestimmt, der das Herz gegessen hat. Inzwischen hat der Gesell auch schon eine mißglückte Totenerweckung vorgenommen, weshalb er gehängt werden soll... Im letzten Augenblick wird er von Gott gerettet.[14]

In dieser ursprünglichen Form haben wir es mit einer mehr oder weniger moralisierenden christlichen Legende zu tun, in der Gottes Wundertätigkeit und Barmherzigkeit im Gegensatz zur menschlichen Hinterhältigkeit und Habgier dargestellt werden. In späteren Fassungen ist der moralisierende Charakter sehr oft verloren gegangen, und es treten die schwankhaften Züge stärker in den Vordergrund. Manchmal ist nicht einmal mehr von Gott oder einem Heiligen die Rede.[15]

Die Altweibermühle

Ein Motiv, das dem der Verjüngung im Schmelzofen offensichtlich sehr nahe steht, in der Erzählüberlieferung aber kaum Verbreitung gefunden hat, ist das der Altweibermühle (Mot D 1338.6: Rejuvenation in magic mill).[16] Die Altweibermühle gehörte sehr lange Zeit zu den beliebtesten Fastnachtsthemen; als ältesten Beleg vermochte man bisher ein Fastnachtsspiel »wie man alte weiber jung macht« im westpreußischen Thorn für 1440 nachzuweisen. An manchen Orten (z. B. Wolfach/Baden) ist die Spieltradition sogar bis in unsere Tage lebendig geblieben.

Vor allem bildliche Darstellungen haben zur weiteren Verbreitung der Vorstellung von der Altweibermühle beigetragen. Die älteste bekannte Variante ist ein holländischer Holzschnitt, den man um 1600 datieren kann (Abb. 3). Im Hintergrund werden drei alte Frauen mit einem Boot zur Mühle gebracht, eine vierte wird von ihrem Mann in einem Schubkarren herbeigeführt. Vor der Mühle warten noch drei weitere alte Weiber, während eine achte vom Müller hinaufgetragen wird. Was in der Mühle geschieht, ist für den Bildbetrachter nicht sichtbar. Aber durch das Loch der Mühle sind

1 Glutofen für Weiber. Holzschnitt von Anthony Corthoys (um 1550)

2 Glutofen für Männer. Holzschnitt von Anthony Corthoys (um 1550)

Die Altweibermühle. Holzschnitt um 1600

Die Altweibermühle. Bauernmalerei auf einem slowenischen Bienenhausbrett

Allhie werden alte Weiber jung gemahlen.
Welchs Weib ist alt vnd vngeschaffen/
Geruntzelt vnd sihet gleich einm Affen/
Auch nicht mehr gefällt ihrem Mann/
Die komb/ ich sie jung machen kan/
Ein neue Mühl ist hie gemacht/
Da man die alte Weiber jung macht/
Nach jedes Wunsch vnd seim Begehren/
Das thut ihm dise Mühl gewähren/
Drumb welcher Mann für seinen Leib/
Nun mehr hat ein altes Weib/
Ich kan sie machen also jung/
Daß er mit ihr offt thut ein Sprung/
Nur daß der Müller hab kein Ruh/
Führt man mit Schiebkarren zu/
Schifft man dem Müller zu mit Fleiß/
Auf daß also ein junger Mann/
Für sein alt Weib bekomb voran/
Ein schönes Weib jung vnd gerad/
Wie hie in disem Gemähel steht.
Zu Augspurg/ bey Marx Anthoni Hannas/ Formschneider vnd Brieffmahler.

5 (links) Die Altweibermühle. Holzschnitt von Anthony Hannas (1630)

6 (oben) Titelholzschnitt der schweizerischen Flugschrift Beschrybu(n)g der Götlichen Müly (1521, ohne Ort)

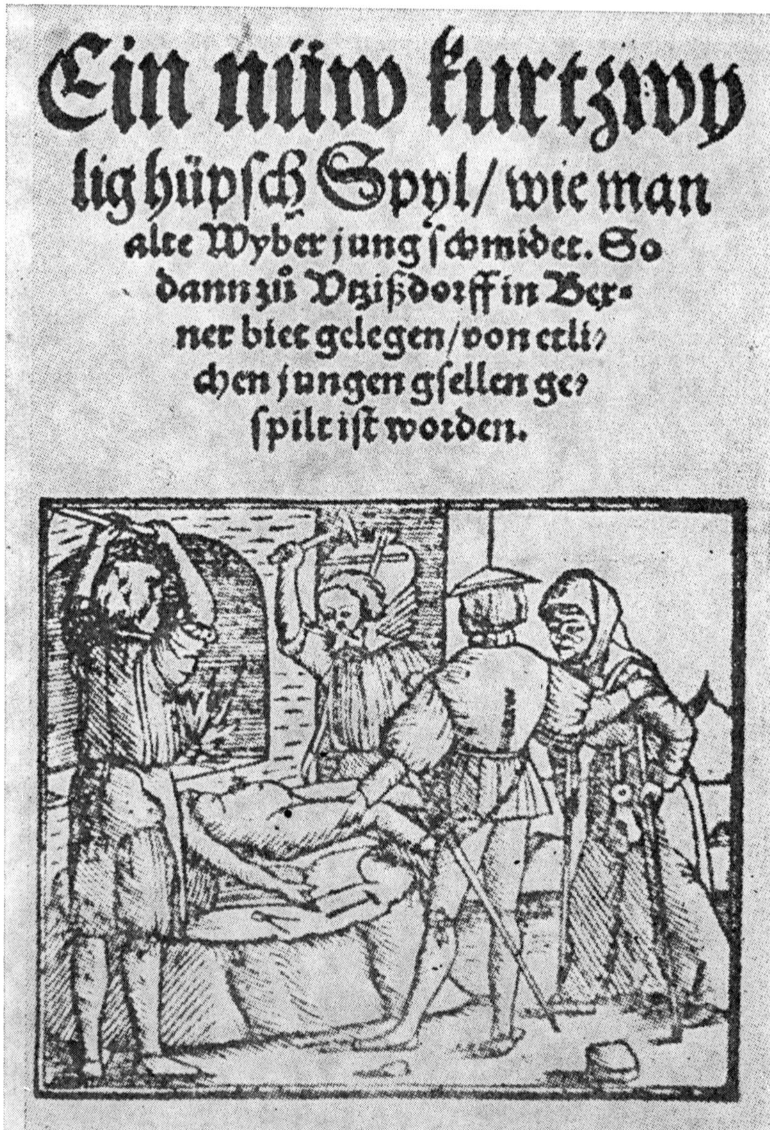

Ein nüw kurtzwy
lig hüpsch Spyl/ wie man
alte Wyber jung schmidet. So
dann zů Vtzißdorff in Ber-
ner biet gelegen/ von erli-
chen jungen gsellen ge-
spilt ist worden.

7 Eine Frau wird auf dem Amboß jung geschmiedet. Titelvignette eines Dramas von Hans Hechler, gedruckt in Augsburg 1540

8 Der Hl. Eligius. Gemälde der Schmiedeszene im Diözesanmuseum Passau (1540)

9 Der Jungbrunnen. Gemälde von Lucas Cranach d. J. 1546 (Ausschnitt)

schon zwei Weiber heruntergefallen, in junge Mädchen verwandelt. Ein anderes Mädchen sitzt taumelig auf dem Boden. Ein letztes Mädchen hat, verjüngt und verschönt, inzwischen zu ihrem Mann zurückgefunden, der sich besonders erfreut zeigt...[17]

Das älteste deutsche Blatt mit dem Motiv der Altweibermühle – und mit der Altmännermühle als Pendant – stammt aus dem Jahre 1630 und wurde von Marx Anthony Hannas in Augsburg verlegt (Abb. 5).[18] Das Motiv tauchte später öfters auf und bildete im 18.–19. Jahrhundert einen festen Bestandteil der populären Druckgraphik Europas. Interessant ist, daß die französische Altweibermühle »Le Moulin Merveilleux« (Epinal, 18. Jahrhundert) die alten Weiber nicht nur physisch verjüngt, sondern sie auch in moralischer Hinsicht verbessert, indem die Mühle die Frauen vom Kaffeetrinken, vom Klatschen und vom Kokettieren heilt.[19]

Was eine Wind- bzw. eine Wassermühle[20] und das Zermahlen mit dem Wiederjungmachen zu tun haben, ist wohl nicht auf den ersten Blick ersichtlich. Die Antwort liefert eine polemische Flugschrift aus dem frühen Reformationsstreit, die »Beschrybu(n)g der Götlichen Müly« (1521, o. 0.); auf der Rückseite dieser Schrift ist die göttliche Mühle im Holzschnitt abgebildet (Abb. 6).[21] Christus steht mit einem Sack über der Schulter bei einer Wassermühle. Er hat den Inhalt, die Apostel, in den Getreidetrichter geschüttet. Mitten im Trichter erkennt man Paulus mit seinem Schwert. Aus dem Mühlkasten kommen als Mahlerzeugnisse die Kardinaltugenden Glaube, Hoffnung und Liebe. Bei der Mühlrinne steht als Müller Erasmus von Rotterdam. Hinter ihm erkennt man Martin Luther, von dem es heißt: »Doctor Luther hat sich angenommen zö backen, das wasser zü dem mel gethan...« (V. 154f.). Luther backt das gute Brot.[22] »Dieses allegorische Bild stellt also eine Lustration, eine Reinigung der Lehre vor. Das neue Brot versinnbildlicht die Erneuerung des geistlichen Lebens. Es handelt sich somit um eine Art Verjüngung.«[23]

Bei der Altweibermühle dürfte es sich um eine Kontamination zwischen dem zeitlich früher vorkommenden Verjüngungsofen und der göttlichen Mühle handeln. Bei der Abbildung der Mühlen findet sich normalerweise keine Spur des Feuers oder eines Ofens. Eine Ausnahme bildet jedoch ein flämischer Bilderbogen aus dem

19. Jahrhundert mit dem Titel: »Den Nieuwen Vuermolen«[24]; hier findet sich eine Verschmelzung von Mühle und Glutofen. Männer und Weiber werden verjüngt, indem sie in der Feuermühle gemahlen *und* verbrannt werden; es ist dies eine besonders eigentümliche Kombination...

Als Erzählstoff ist das Thema der Jungmühle wie gesagt weniger populär. Johannes Bolte veröffentlichte eine Tiroler Posse aus dem Jahre 1814, »Die Weibermühl«.[25] Vier alte Ehepaare nehmen die Hilfe des Müllers in Anspruch, der behauptet, alte verrunzelte Weiber einer radikalen Verjüngungskur unterziehen zu können. Nachdem die Weiber tatsächlich verjüngt sind, haben die Ehemänner ihre liebe Not, die schmucken Mädchen zum Mitgehen zu bewegen. Erst nachdem der Müller versprochen hat, auch eine Jungmühle für alte Männer zu bauen, geben sich die jungen Frauen zufrieden.

Bolte erwähnt weiterhin eine steirische schwankhafte Erzählung Peter Roseggers (»Die Oltweibermühl«, 1896), in der das Motiv mit einem Eulenspiegelstreich verknüpft wird.

Der Knopfdrechsler Jochen rühmt sich, er könne alte Weiber verjüngen. Als nun viele bucklige und kropfige Frauen sich zur bestimmten Stunde vor seiner Hütte einfinden und auf das Klappern der Mühle horchen, nimmt er von jeder einen Groschen und erklärt, nur die Allerälteste müsse ihre Falten wieder heimtragen. Da will keine die Älteste sein, eine gibt ihr Alter immer niedriger an als die andere. »Is recht«, ruft Jocherl schmunzelnd, »hiazt seids olli viel jünga wia gestern. Ih wünsch enk viel Glück, gehts hiazt hoam und suachts gschwind Manna zsom!«[26]

In einem Hannoverschen Kindermärchen, das 1854 aufgezeichnet wurde, wird dagegen naiv gläubig erzählt von drei Wassermühlen, in denen ein unartiges Kind zum runzligen Weib und wieder zum Kind gemahlen wird und ebenso sein Vater und die Waldfrau verjüngt werden, während die Waldfrau die Zauberformel spricht: »Was jung ist, wird alt; was alt ist, wird jung.«[27]

Auch die Schriftstellerin Isolde Kurz verarbeitete den Stoff zu einem schönen, humorvollen Märchen, »Die Reise nach Tripstrill«.[28] Eine stattliche Schar alter Frauen macht sich auf den Weg nach Tripstrill, denn dort können sie am Sanktnimmerleinstag, wenn die Eulen bocken, in der Pelzmühle junggemahlen werden. Nach langem Wandern kommen sie endlich in Tripstrill an, offenbar gerade zur rechten Zeit, denn der Müller erklärt sich tatsächlich bereit, sie zu verjüngen... Wenn später die Männer ihre Frauen suchen, erreichen sie zwar Tripstrill, aber die Pelzmühle finden sie nicht, und sie müssen unverrichteter Dinge zurückkehren.

Nach der Zeit soll es viele schöne junge Mädchen in der Gegend gegeben haben, aber man konnte keine Auskunft über die Pelzmühle von ihnen bekommen, auch wußte man nicht genau, ob es dieselbigen waren, denn sie wollten sich auf nichts besinnen. Wahrscheinlich hat man ihnen mit den Runzeln auch das Gedächtnis weggemahlen, denn was nützte einem die Jugend, wenn man sich an das, was nachher kommt, erinnern müßte!

Gewiß ist, daß noch alljährlich immer Tausende von Weibern nach der Pelzmühle wandern, und wenn wir alt sind, gehen wir auch hin.[29]

Das Jungschmieden (AT 753)

Der zweite Legendenschwank, der berücksichtigt werden soll – AT 753 (»Das junggeglühte Männlein«) – hat mit »Bruder Lustig« das Motiv der mißglückten Nachahmung gemein. Die Erzählung von einem im Feuer junggeglühten alten Männlein oder Weiblein hat vor allem in Europa weite Verbreitung gefunden (Abb. 7). Die ältesten literarischen Belege reichen bis ins 14. Jahrhundert zurück. Im Westen ist es Christus oder ein Heiliger (sehr oft der heilige Eligius), der einen Menschen über dem Schmiedefeuer verjüngt, im Osten (Polen, Rußland, Kaukasus) ist es oft der Teufel, der als der Schwarze der eigentliche Feuerherr ist. Der nachahmende Schmied verunstaltet seine alte Schwiegermutter (oder seine blinde Frau, etc.). Offenbar gelingt die Verjüngung nur, wenn sie der Richtige vornimmt; wenn sich der Falsche daran macht, muß sie mißlingen. Gerade hier zeigen sich deutliche Beziehungen zu »Bruder Lustig«.

In einer ersten Variantengruppe des Märchens vom Jungschmieden bleibt der vorwitzige Versuch, das Verjüngungswunder des Heilands oder des Heiligen nachzuahmen, ohne schlimme Folgen für die Betroffenen. Das gilt z. B. für die mittelenglische Legende »The smyth and his dame« (ca. 1360), die älteste bisher bekannte Fassung dieses Typs.[30] Hier beschämt Jesus einen hoffärtigen Schmied, der sich

Meister ohnegleichen nannte. Jesus legt dessen lahme Schwiegermutter ins Feuer, bearbeitet sie mit dem Hammer und macht sie zu einer schönen Frau von dreißig Jahren. Trotz der Warnung versucht der Schmied das Gleiche mit seinem blinden Weibe, das unter seinen Händen stirbt. Der Schmied rennt dem Herrn nach und bittet ihn flehentlich um Hilfe; Jesus kehrt zurück, segnet den verkohlten Leichnam und spricht: »Stehe auf!« »Da stand die Frau auf, sie war jung und schön und dankte Gott auf den Knien.«[31]

Um die gleiche Zeit findet sich eine ähnliche Geschichte in Versform auch in einer florentinischen Handschrift des »Evangelium Infantiae ou Pseudo-Matthaei evangelium«, einem apokryphen Evangelium in provenzalischer Sprache. Hier verjüngt das Kind Jesus einen alten, gebrechlichen Vorübergehenden, bis er wieder achtzehn Jahre geworden ist. Auch hier hilft Jesus dem Schmied, nachdem dieser seine alte Mutter beim Nachahmungsversuch umgebracht hat.[32]

In einem weißrussischen Märchen läßt sich sogar der Teufel erweichen. Der Schmied hat bei seinem Nachahmungsversuch einen Mann getötet und soll dafür erschossen werden. Er wird an einen Pfahl gebunden, und dann kommt der Teufel vorbei.

Da fing der Schmied an zu bitten: ›Erbarme dich meiner, ich will es niemals wieder tun.‹. Da nahm der Teufel den Schmied, stellte dafür eine Strohpuppe hin und ging davon. Und dann kamen sie und schossen und schossen und schossen, aber es war niemand da, der fiel.[33]

In einer zweiten – sehr verwandten – Variantengruppe hat der Nachahmungsversuch schlimmere Folgen. Die Verjüngung, welche der Schmied vornimmt, kommt in ihrem Werdegang ins Stocken, und ein Affe ist das Ergebnis. Oder die Zuschauer werden davon betroffen, denn beim Anblick des verunstalteten Opfers entsetzen sich zwei schwangere Frauen derart, daß sie noch in der gleichen Nacht zwei Affen zur Welt bringen, von denen dieses Tiergeschlecht abstammt. »Sie haben das Gebäck in ihrem Verjüngungsbackofen nicht richtig ausgebacken.«[34]

Zu dieser Gruppe gehört »Das junggeglühte Männlein« (KHM 147); es beruht auf einem Schwank von Hans Sachs, »Ursprung der

Affen« (1562). Das gleiche Thema hat er bereits 1536 in einem Meisterlied behandelt. Vorlage dafür bildete wahrscheinlich ein Schwank des Nürnberger Meistersingers Hans Folz (15. Jh.), »Von wannen die Affen kommen«.[35]

Dieser ätiologische Schluß, in dem die Entstehung der Affen erklärt wird, muß als ein sekundäres Nebenmotiv (Mot A 1861.2) betrachtet werden. Er findet sich aber in vielen Varianten von AT 753 und verbindet sich nicht nur mit dem Affen, sondern auch mit anderen Tierarten.[36]

In einer dritten Variantengruppe dieses Märchentyps steht nicht mehr das Verjüngungswunder im Mittelpunkt, sondern der wunderbare Hufbeschlag eines Pferdes sowie die erfolglose Nachahmung dieses Vorgangs. Diese merkwürdige Geschichte wurde zunächst mit dem Hl. Eligius, dem Patron der Hufschmiede, in Zusammenhang gebracht. Zahlreiche Bildwerke des 15. und des 16. Jahrhunderts stellen Eligius dar, wie er einem Pferd einen Fuß abgenommen hat, um ein Hufeisen darauf zu schlagen.

Eligius (franz. Eloi) wurde um 590 bei Limoges geboren. Er war Hufschmied, später Goldschmied und Münzmeister unter Chlotar II. und Dagobert I., wurde Priester und war von 641 bis zu seinem Tode am 1. Dezember 659 Bischof von Noyon. Er predigte in Flandern und Seeland, und wird um seiner früheren Tätigkeit als Huf- und Goldschmied willen in Frankreich und Belgien als Schutzpatron der Schmiede und der Pferde verehrt.[37] Von seiner Wundertätigkeit wird nicht in seiner Vita, sondern erst in Legendarien des ausgehenden 15. Jahrhunderts berichtet. Im »Sumerteil der Heyligen Leben« (Augsburg 1472) heißt es: *Darnach hieß im der küng sein pferd mit silberin hůfeysen beschlahen. Da schneyd Sant Loy dem pferd die füß ab nach den gelidern, vnd da er es beschlagen het, da saczt er im die füß wider an on allen gebrechen. Das sach sein knecht, der wolt es ouch tůn, da mocht er es nit getůn vnd verderbet das pferd. Da machet Sant Loy das pferd wider gesunt vnd strauffet den knecht. Da sprach er: Lieber herr, ich wolt es ouch gelernet haben. Da sprach Sant Loy: Lieber sun, es ist nit czimlich, das doch nit zimpt ze thůn.*[38]

Mit dieser Geschichte hat es etwas ganz Merkwürdiges auf sich. Es erscheint nämlich völlig unverständlich, wieso ein geschickter

Schmied wie St. Eligius einem Pferd beim Hufbeschlag die Füße abschneiden sollte. Viel sinnvoller erzählt eine alte irische Sage, wie der göttliche Held Fin Barre ein Pferd von einem menschlichen Schmied beschlagen läßt und dabei das vierte Bein aus der Tasche nimmt.[39] Der Schmied schneidet hier also keinen Pferdefuß ab, sondern heilt das abgeschlagene Bein an.

»Beim Übergang von einer Welt in die andere hat das Pferd, so wie oft der Held seine Ferse, einen Fuß eingebüßt und ist dreibeinig geworden. Hier beim Verjüngungsschmiede soll das Fehlende, das sonst durch Lebenswasser (...) nachwächst, durch Feuer seine Erneuerung finden.«[40] Diese Geschichte hat also in der Eligiuslegende eine starke Umwandlung erfahren. Der ursprüngliche Sinn ist dieser, daß der Schmied das *fehlende Glied* des dreibeinigen Pferdes kunstreich wieder neu herstellt und es wieder ansetzt. Jetzt wird aber der *Hufeisen-Verlust* bzw. das Beschlagen des Pferdes in den Vordergrund gerückt; doch in manchen Fassungen der Erzählung heißt es, daß das Pferd nach dem wunderbaren Hufbeschlag noch einmal so schnell wie vorher laufe.[41] Daraus wird ersichtlich, daß es sich auch jetzt um eine *Verjüngung im Feuer* handeln dürfte.

Ein merkwürdiger Zug, der in den bildlichen Darstellungen vielfach bezeugt, in der Erzählüberlieferung aber kaum noch als Andeutung erhalten ist[42], sollte nicht unerwähnt bleiben. Es wird oft gezeigt, wie Eligius ein vor ihm stehendes schönes Mädchen mit einer Zange in die Nase kneift. Eine etwas possenhaft anmutende Zwickszene, deren Sinn gewiß nicht auf den ersten Blick ersichtlich wird. Bei näherer Betrachtung stellt sich heraus, daß die Fingerspitzen des Mädchens in Krallen enden (Abb. 8).[43] Dies weist darauf hin, daß wir es ursprünglich mit einer Todesgöttin zu tun hatten: die (vier)krallige Hexe ist eine Todesgöttin.[44] Dies läßt sich leicht mit dem dreibeinigen Pferd in Einklang bringen. Offenbar hat der Reiter die Jungfrau aus der andern Welt gebracht (ein Zug aus der Tristan-Sage). Diese Jungfrau hat, als die Tochter der Hexe, schwarze Züge an sich, die ihr, soll sie eine brauchbare Braut werden, erst ausgetrieben werden müssen. »Das besorgt offenbar der Schmied, der ihr die Schlangen oder das anhaftende Unreine mit einer wohl glühend gedachten Zange aus der Nase zieht, wie das sonst oft durch Zerteilung des Mädchens geschieht (...). In dem Verjüngungsfeuer der Schmiede erhält also nicht nur das Pferd sein fehlendes Bein, durch dieses wird auch das äußerlich so schöne, aber von Verderben erfüllte Mädchen geläutert.«[45]

Also noch einmal die *reinigende* Kraft des Feuers... Es wird immer deutlicher, daß sich hinter dem vordergründigen Verjüngungsmotiv (Verjüngung des Körpers) etwas Tiefgründigeres verbirgt.

Wir fassen zusammen: bei AT 753 handelt es sich ursprünglich um zwei voneinander unabhängige Erzählungen: das Jungschmieden eines alten Mannes oder eines alten Weibes und den wunderbaren Hufbeschlag, beide Male mitsamt einer mißglückten Nachahmung.[46] Im ersteren Falle ist Christus (oder der Teufel) der Wundertäter, im letzteren Falle ist es Eligius. Obwohl etwas weniger offensichtlich, handelt es sich auch beim Hufbeschlag um eine Art Verjüngung. Es nimmt denn auch nicht wunder, daß in vielen Varianten dieses Erzähltyps beide wunderbaren Motive zusammen vorkommen. Ob Christus, Eligius, ein anderer Heiliger oder ganz einfach ein Schmied (wie in manchen völlig profanisierten Fassungen) als Protagonist fungiert, ist dabei unwesentlich.[47]

Das Verjüngungsbad (AT 531)

Zum Schluß sei noch auf das Verjüngungsmotiv eingegangen, das in AT 531 begegnet. Ein Junge, der sich als Stallknecht beim König verdingt hat, wird von einem Widersacher fortwährend verleumdet, weshalb er immer schwerere Aufgaben vollbringen muß. Dies gelingt ihm dank seines wunderbaren Pferdes, das meistens ein merkwürdiges Buckelroß ist. So muß der Junge dem König eine wunderschöne Prinzessin aus einem fernen Reich – ganz offensichtlich einem Jenseitsreich[48] – zuführen. Als der König sie heiraten will, stellt sie verschiedene Bedingungen; sie verlangt etwa, daß die Schlüssel des goldenen Schlosses oder gar das goldene Schloß selbst herbeigeschafft werden. Auch diese Aufgaben erfüllt der Junge mit seinem Pferd. Jetzt stellt die Prinzessin eine letzte Bedingung: der König muß sich verjüngen.[49]

Die Verjüngungsproben in den verschiedenen Fassungen dieses Märchens sind sehr unterschiedlicher Art, jedoch stimmen fast alle Fassungen darin überein, daß der hinterlistige Diener den König überredet, der Stallknecht solle als erster den Verjüngungsversuch wagen. Im Grimmschen Märchen »Ferenand Getrü und Ferenand Ungetrü« (KHM 126) zeigt die aus der andern Welt gebrachte Prinzessin, der unheimliche Züge anhaften, daß sie die Kunst versteht, einen Kopf abzuschlagen und wieder aufzusetzen, als sei nichts geschehen. Beim getreuen Ferdinand bleibt nur ein roter Faden um den Hals zurück. Als der König nachher das gleiche versucht, findet er den Tod, und die zauberkundige Königin heiratet den getreuen Ferdinand, ihren wahren Erlöser.

Bemerkenswert ist, daß in KHM 126 von eigentlicher *Verjüngung* nicht die Rede ist; in fast allen anderen Fassungen dieses Märchens ist das sehr wohl der Fall. Sehr oft ist die Verjüngung nicht mit dem Motiv der Enthauptung der Betroffenen, sondern mit einem Verjüngungsbad in kochender Stutenmilch verbunden.[50] Der Stallknecht muß zuerst hineinsteigen, aber ihm geschieht nichts Böses, weil sein Pferd Kühlung hineinbläst. Strahlend schön steigt er aus dem Bad; der alte, eitle und eifersüchtige König oder Zar will es ihm nachtun, kommt aber elendiglich dabei um. In einem flämischen Märchen steigt der Held Hans verjüngt und verschönt aus einem Kessel mit siedendem Wasser, und im österreichischen Burgenland ist von siedendem Öl die Rede.[51]

Aber in den meisten Fällen badet der Held in *Stutenmilch*. Hier haben wir es mit einem Motiv zu tun, daß der Realität viel näher steht, als man auf den ersten Blick vermuten würde. Schon Herodot beschreibt die heilkräftige Wirkung der Stutenmilch; diese bildet übrigens seit Jahrtausenden ein besonders wichtiges Nahrungsmittel eurasischer Steppenvölker. Über die Heilkraft der Stutenmilch besteht eine reiche Literatur, und in Rußland gibt es heutzutage etwa vierzig Stutenmilchsanatorien. Die Zusammensetzung dieser Milch ist derjenigen der Frauenmilch sehr ähnlich, und deren hoher Wert für den Säugling wird allgemein anerkannt.[52]

Das Motiv des *Verjüngungsbades* (im Wasser) gibt es bereits in der antiken und in der nordischen Mythologie. Erinnert sei nur an das Wasser des Brunnens bei den Wurzeln der Esche Yggdrasil, das genau wie im Märchen verjüngte und verschönte.[53] Auch in der Bildkunst ist diese Art der Verjüngung sehr verbreitet. So ist eine Darstellung des *Jungbrunnens* von Lucas Cranach dem Jüngerem aus dem Jahre 1546 (Abb. 9) bekannt.[54]

Das Gemälde zeigt ein großes Schwimmbecken mit nackten Frauen. Die Frauen links am Rande haben ihre besten Jahre schon längst hinter sich und tun sich schwer, in das Wasser zu steigen. Eine wird von ihrem Mann auf dem Rücken getragen, eine andere wird im Schubkarren geschoben, eine dritte wird von ihren Töchtern auf einer Bahre getragen, andere kommen in Wagen, Karren oder zu Pferde. Im Wasser unter dem Brunnen passiert dann das Unglaubliche: die alten Weiber werden wieder jung. Auf der rechten Seite steigen sie, jung und schön, behend wieder aus dem Becken und gehen in ein Ankleidezelt, um sich vorzubereiten für ein Souper im Freien.

Nils Arvid Bringéus weist darauf hin, daß im Mittelalter das Motiv in die christliche Ikonographie als »La Fontaine de Vie« aufgenommen wurde. Die Darstellungen haben den Zweck, das Heilige Blut zu verherrlichen, das Blut Christi, das von allen Sünden reinigt.[55] Die Renaissancekünstler – nicht nur Lucas Cranach, sondern auch Hans Holbein, Sebald Beham u. a. stellten den Jungbrunnen dar – verwandelten dieses kultische Motiv in ein physisches Mirakel, bei dem alte Leute jung werden. Das Motiv wurde (ebenfalls) säkularisiert und hat eine neue Funktion bekommen.[56] Es kommt nicht nur in der Bildkunst, sondern auch in den Fastnachtsspielen vor. Noch im 17. Jahrhundert wurden Ballette unter dem Titel »Fontaine de Jouvence« aufgeführt.

Doch kehren wir zum Märchen zurück. Offensichtlich hat es hier mit dem Verjüngungsmotiv eine andere Bewandtnis. Während in den bildhaften Darstellungen sozusagen ein jeder verjüngt aus dem Bade steigen kann, ist das im Märchen keineswegs der Fall. Im Gegenteil, es wird immer davon berichtet, daß nur *einer* es schaffe.[57] Das Wasser (oder das Feuer) gibt dem Helden das übernatürliche Wesen, das es ihm ermöglicht, die Jenseitige zu heiraten. Im siebenbürgischen Märchen fordert die Königsjungfrau: »*Melke die Stuten und bade in der siedenden Milch, daß du so weiß wirst, wie ich bin!*« Daraufhin steigt der Stallknecht in den Kessel. »*O wie prächtig ist es!*« *rief der Junge und wurde zusehends weiß, daß es eine Herrlichkeit war, ihn anzusehen. Da rief der König:* »*Heraus, schnell!*« *denn er fürchtete, der Knecht werde zu schön werden, und sprang darauf selbst hinein. Kaum war aber der Junge heraus, so blies das Sonnenroß aus dem rechten Nasenloch solche Glut in den Kessel, daß die Milch gleich wieder aufbrodelte und der König im Nu darin verschwand und zerkocht war, daß man gar nichts von ihm als die weißen Knochen fand.*[58]

Bei den vorigen Märchentypen (AT 785 und 753) konnten wir davon ausgehen, daß es sich bei der Verjüngung (bzw. bei der Totenerweckung) um ein Wunder handelte, das Christus oder ein Heiliger ad majorem Dei gloriam vollzog; jetzt kann davon nicht mehr die Rede sein. In AT 531 handelt es sich um eine Initiation in ein neues, höheres Leben, und mit einem miraculum im christlichen Sinne hat das wohl nichts mehr zu tun. So schließt sich allmählich der Kreis unserer Ausführungen. Am Anfang haben wir schon einmal auf die Schamaneninitation hingewiesen, und jetzt sind wir wieder bei der Initiation angelangt. Die Verjüngungsmotive in den beiden Legendenschwänken waren – naturgemäß – schwankhafter Natur, oder sie konnten wenigstens so gedeutet werden, obwohl die Geschichten ursprünglich erbaulicher Art waren und dabei gelegentlich moralische Absichten verfolgten. Von alledem findet sich im Zaubermärchen (AT 531) kaum etwas.

Schauen wir uns eine weitere Variante des Märchens an, in welcher der initiatische Charakter der Verjüngungsprobe womöglich noch deutlicher in den Vordergrund tritt. Es handelt sich um ein arabisches Märchen aus Ägypten. Hier berichtet die Prinzessin von Grünland von den Sitten ihres Landes, wenn ein Mädchen sich vermählt: *Du mußt einen Graben ziehen lassen vom Schloß bis zum Meer; der muß mit griechischem Holz angefüllt werden, und in ihm muß Feuer angezündet werden. Der Bräutigam, der das Mädchen heiraten will, muß sich in das Feuer hineinwerfen und in ihm dahinschreiten bis er aus ihm herauskommt, dann ist er im Meere und badet sich und kann alsbald zu seiner Braut eingehen.*[59]

Der Fischerssohn Mohammed wird gezwungen, sich dieser gefährlichen Probe zu unterziehen, und er hält sie aus. Das Ergebnis kennen wir schon: »Er kam aus dem Meere heraus, so schön wie er nur sein konnte.« Ganz anders ergeht es seinen Widersachern, dem Wesir, dem König und dessen Sohn: »Alle drei faßten einander bei den Händen und sprangen ins Feuer. – Von ihnen blieb nur ein Häuflein Asche.«

Carl-Martin Edsman erwähnt eine ganze Reihe orientalischer Märchen, in denen diese Motivik ebenfalls eine besonders wichtige Rolle spielt.[60] Ein sehr eindrucksvolles und bedeutsames Beispiel ist »Die Geschichte von dem alten Königssohn und der Feentochter« aus der türkischen Übersetzung (15. Jahrhundert) des »Tuti-Nameh« (Papageienbuch), eine berühmte Märchensammlung hinduistischer Provenienz.[61] Anders als in den bereits erwähnten Fassungen gelingt die Verjüngungsprobe – wir sollten besser von einer *Verwandlungsprobe* sprechen – nun auch dem König, mehr noch, der König macht es dem andern vor, um ihn zu ermutigen.

König Behwâdj hatte einen Freund namens Azim. Eines Tages bemerkt dieser auf dem Boden eines Brunnens ein wunderschönes Mädchen auf einem goldenen Throne. Ihr gegenüber sitzt ein alter Mann, der hoffnungslos in sie verliebt ist. Neben ihm steht ein großer Kessel mit siedendem Öl. Azim wird von dem Mädchen darüber belehrt, sie sei die Tochter des Feenkönigs, und sie sitze hier seit 62 Jahren und warte aus Mitleid auf den Mann, könne ihn aber nicht heiraten, wenn er nicht in den Kessel springe. Ihr Körper sei nämlich ätherisch, und wenn der Mann in den Kessel springe, werde er ebenfalls seinen schweren leiblichen Körper verlieren und aus purem Gold werden. Der Mann wagt den Sprung aber nicht. König Behwâdj kommt herbei und macht es ihm vor, und eine Stunde später ist er tatsächlich in Gold verwandelt. Jetzt springt auch der alte Mann, und nachher ist er würdig, die Fee zu heiraten.

Bei diesem Sprung in das siedende Öl drängt sich die Interpretation geradezu auf: ganz offensichtlich geht es hier um eine Art Reinigung und Initiation. Wer würdig ist, initiiert zu werden, wird durch das Feuer nicht verbrannt und geht unversehrt von einem Zustand in einen anderen über. Auch scheint uns der Bezug zum *agnipravesha,* der freiwilligen Selbstverbrennung bei den Brahmanen, sehr deutlich. Sie sterben aus freiem Willen auf dem Scheiterhaufen, nicht um eine körperliche Verjüngung zu erhalten, sondern in der Überzeugung, daß sie auf diese Weise einen göttlichen Zustand erreichen können.[62]

Auf diese Weise sind wir fast unmerklich von dem Bereich der körperlichen Verjüngung in den des ewigen Lebens gewandert.

Es stellt sich heraus, daß in AT 531 die Grenzen zwischen den beiden (an sich sehr unterschiedlichen) Motiven doch nicht scharf zu ziehen sind. Das gilt auch für jene Varianten, in denen nicht von einem Milchbad (oder siedendem Öl), sondern von dem Wasser des Lebens die Rede ist.[63] Ist doch gerade dieses Wasser des Lebens seit alters her *das* Sinnbild der Unsterblichkeit...

Damit ist die Fülle der Verjüngungsmotive in diesem Märchentyp noch nicht erschöpft. So wird im chilenischen Märchen »Das kluge Pferdchen« der Held im *Backofen* verjüngt.[64] Und im griechischen Märchen »Der junge Jäger und die Schöne der Welt«[65] wird vorausgesetzt, daß der *Beischlaf mit der Weltschönen* den alten König verjüngen werde, in Wirklichkeit aber handelt es sich um ein Betrugsmanöver. Die schöne Jungfrau ermordet den König, versteckt den Jüngling, der sie hergebracht hat, in ihrem Gemach und stellt ihn am andern Morgen als den verjüngten König vor.

Heino Gehrts weist darauf hin, daß uns dieses Motiv auch in seiner Verleiblichung begegnet. »In Kashmir wurden vor 900 Jahren junge Sklavinnen ins Kaula-Ritual eingeweiht, wodurch sie aus aller menschlichen Erdhaftigkeit entbunden und zu ›Lebendigerlösten‹, zu lebenden Göttinnen wurden. Bei ihnen pflegte der König Harsha zu schlafen, um lange zu leben.« Überdies führt uns nach Gehrts auch diese Ausprägung des Verjüngungsmotivs auf die schamanistische Grundlage des Märchens. Er berichtet über die Erfahrungen der Ethnologin Florinda Donners bei einem südamerikanischen Indianerstamm. Sie sei darüber belehrt worden, was der Beischlaf für einen Schamanen bedeutet: »Nicht um der Lust und der Zeugung willen legt er sich zu einer Frau, sondern um aus ihr die Kraft zu gewinnen, die er für seine Reisen ins Haus des Donners, zur Sonne und wieder heimwärts bedarf. In seinem Leibe, so heißt es, bedarf er des weiblichen Elementes, dies nimmt er im Beischlaf in sich auf und gibt der Frau nichts dafür wieder.«[66]

Es hat sich gezeigt, daß Verjüngungsmotive, die man als Ausdruck burlesken Humors interpretieren könnte (Glutofen, Altweibermühle, Jungschmieden...), in vielen Fällen bereits Jahrhunderte, manchmal sogar ein paar Jahrtausende alt sind, und daß sie in dieser langen Zeit ihre Funktion mehrfach geändert haben. Einige Motive sind wahrscheinlich aus der religiösen Bildsprache des Spätmittelalters entstanden (Jugendmühle, Jungschmieden) und wurden später immer mehr säkularisiert und verschwankt; andere aber reichen bis in die vorchristliche Zeit zurück (Zerstückelung, Verbrennung, Köpfung, Verjüngungsbad, Verjüngung durch Beischlaf) und dürften auf schamanistischer Grundlage beruhen.[67]

Bei unbefangener Lektüre des Märchens aber vermögen wir das nicht mehr zu entdecken. Max Lüthi hat gezeigt, wie das Märchen Motive aus allen Bereichen in sich aufnimmt – und sie verflüchtigt, entleert.[68] Die magischen, mythischen, numinosen, sexuellen, erotischen oder auch profanen Stoffkerne im Märchen verlieren ihren ursprünglichen Sinn, werden entwirklicht. Alte Riten, Sitten und Gebräuche schimmern nur noch durch. Alles im Märchen wirkt spielerisch leicht, und was dahinter stecken könnte, das mag man nur noch ahnen. Vielleicht ist es auch richtig so, vielleicht ist es gerade diese Leichtigkeit, die den großen Reiz des Märchens ausmacht... Trotzdem bedeutet es immer wieder eine Herausforderung, verborgene Bezüge und Zusammenhänge zu ent-decken...

Felix Karlinger

VOM STILLSTAND DER ZEIT IN DER VOLKSERZÄHLUNG

Zeit ist Bewegung. Daß diese Bewegung im Diesseits und Jenseits der Märchenwelt in unterschiedlichem Tempo erfolgen kann, haben wir bereits einmal darzustellen versucht.[1] Texte, die es versuchen, das Abstrakte der vierten Dimension an einer Handlung ablesbar zu machen, gibt es viele. Jahre entsprechen dann einer Stunde und eine Million Jahre etwa wenigen Wochen. Am Altern und an der Veränderung der Welt zeigt sich der Zeitablauf.

Seltener wird man Erzählungen finden, in denen die Bewegung angehalten wird und die Zeit still steht. Die Vorstellung wurzelt in heiligen und mythischen Texten. »...So stand die Sonne mitten am Himmel still und eilte nicht, unterzugehen, etwa einen vollen Tag lang.«[2] Der Satz umschließt ein Paradoxon, denn der Schreiber des Buches »Josua« versucht, den Stillstand der Zeit zu messen.

In verschiedenen Mythen südamerikanischer Indianer finden wir ähnliche Stellen, auch wenn die Art und Weise des zeitlichen Stillstandes eine andere Funktion hat als im Alten Testament. Ist es bei den Indianern am Rio Branco[3] der Sonnengott, der auf seinem Tagesmarsch um die Mittagsstunde sich ermüdet hinsetzt und einschläft, sodaß durch das anhaltende Leuchten und die gespeicherte Hitze Teile der Erde zu brennen beginnen (bis er geweckt seinen Weg fortsetzt), so raubt bei den Shukurú-Indianern[4] ein Vogel die Sonne, und es gibt eine anhaltende Nacht, bis die Sonne wieder befreit wird.

Licht und Dunkel bestimmen zumeist den Ablauf der Tageszeit, die wechselnden Sternbilder jenen der Jahreszeit. Sonne und Mond verhelfen zu einer Einteilung der Tag- und Nachtstunden und der Wochen und »Monde«. Wo es aber beispielweise keine Finsternis gibt, existiert auch keine Nacht und kein Schreiten der Stunden; so muß bei den Tupi[5] erst die Nacht aus der Tiefe geholt werden, damit die gewohnten Verhältnisse eintreten.

Im Zaubermärchen treten nur relativ selten Episoden auf, bei denen die Zeit »angehalten« wird. Das geschieht beispielsweise in einem aromunischen Text[6], wo eine Fee die Zeit anhält, damit der Held seine Geliebte aus dem Hause eines Drachen befreien kann. Und wie macht sie das? Sie greift einfach nach der Sonne und hält sie (im Original *ihn,* denn dort ist die Sonne männlich) fest. Und in einem korsischen Märchen[7] ist die Rede von einer geheimnisvollen Schatzhöhle, die sich in jedem Jahr nur für eine Sekunde einen Spalt öffnet. Alle, die eindringen, werden gefangen und müssen drinnen verhungern. Nur für ein Waisenkind hält sein Schutzengel für eine Minute die Zeit an, sodaß es einige Schätze aufgreifen und heraustragen kann.

Von diesem »Anhalten der Zeit« wird zwar gesprochen, doch bleibt es beim abstrakten Terminus. Nur sehr wenige Volkserzählungen wagen den Versuch, diesen Stillstand zu schildern. Je eine *Märchenlegende* und eine *Märchensage* wollen wir als Beispiele anführen.

Beim ersteren Text handelt es sich um einen Ausschnitt aus einem größeren Legendenkomplex[8], der in bjelorussischer Sprache erzählt worden ist. Wir müssen das Beispiel allerdings etwas breiter vorlegen, um nicht die Szene, auf die es ankommt, zu isoliert herauszustellen.

In jenen Tagen, als man in Judäa eine Volkszählung vornehmen wollte, mußte sich jeder Mann dort melden, woher er stammte. Josef aber stammte aus Bethlehem, und so mußte er dorthin gehen, auch wenn er lange Jahre in Nazareth gelebt hatte.
Er brach von Kapharnaum auf und ritt auf einem Maultier – und Maria auf einem zweiten – durch das Jordantal und dann ins Gebirge hinauf in Richtung Bethlehem.
Er ritt langsam und vorsichtig, denn die Jungfrau Maria war hochschwanger. So kamen sie nur langsam vorwärts.
Und eines Abends, als es dämmerte, waren sie noch immer ein gutes Stück von Bethlehem entfernt.
Josef drehte sich um nach Maria, und da sah er sie abwechselnd lachen und weinen. Und er fragte die Allheilige: »Warum lachst du abwechselnd und weinst du?«
Sie antwortete hierauf: »Ich sehe große Freuden kommen und große Leiden.« – Das war, weil sie an ihren (künftigen) Sohn dachte.
Josef aber meinte, sie litte unter Schmerzen – und tatsächlich war sie recht müde – und hielt an, half ihr vom Maultier, breitete am Hang eine Decke aus, und half Maria, sich dort hinzulegen.
Dann ging er, die Tiere anzubinden und das Nachtmahl zu richten. Er zündete ein Feuer an und kochte ein Getränk für Maria. Und als es fertig war, goß er es in einen Becher und wollte es der gepriesenen Jungfrau bringen. Aber er konnte sich auf einmal nicht mehr rühren. Und sein Blick erfaßte einen Vogel, der ganz nahe still mit gespreizten Flügeln in der Luft stand. Und Josef dachte: ›Warum fällt er nicht herunter, wenn er doch nicht die Flügel schlägt und stillsteht?‹
Und dann konnte er den Blick etwas heben, und er sah, daß der ganze Himmel wie in Flammen stand. Und obwohl das Licht sehr hell war, so blendete es Josef doch nicht. Und er betrachtete verwundert und entzückt das schöne Licht.
Nach einer Weile – Josef kam es vor, als seien Stunden vergangen – sah er wieder nach dem Vogel, und dieser stand noch immer still in der Luft.
Dann blickte Josef auf die Erde, und da sah er, daß sich alles mit blühenden Blumen bedeckt hatte, wo vorhin noch das Gras verdorrt gewesen war.

Und als Josef noch über dieses neue Wunder nachdachte, kam ein warmer Windhauch, und eine Stimme rief ihn an.
Nun konnte er sich wieder bewegen, und er ging dorthin, wo er Maria auf das Lager gebettet hatte. Und auch der Vogel begann mit den Flügeln zu schlagen und flog davon.
Und als Josef bei Maria angekommen ist: da hielt sie ihm den soeben geborenen Sohn entgegen. Unser Herr Jesus Christus war zur Welt gekommen.
Nun verstand Josef die Wunder, und daß alles so kommen mußte, und daß die Blumen aufblühen mußten, und daß der ganze Himmel erglänzen mußte wie ein gewaltiges Feuer.
Und er gab Maria den Becher, dann aber ging er, um Wasser zu holen, und der Himmel leuchtete ihm auf den Weg.

Zeitlichkeit und Zeitlosigkeit treffen hier zusammen, um die Geburt des Erlösers zu kennzeichnen. Die Szene wirkt schier wie eine Bildbeschreibung, und der in der Luft stillstehende Vogel versucht das Anhalten der Zeit begreifbar und einsichtig zu machen.

Vermutlich stammt das vorliegende Legendenmärchen aus der Umwelt eines Klosters; die Erzählerin gibt als Quelle eine Tante an, die eine Nonne des byzantinischen Ritus gewesen war.

Fehlende Bewegung – ja Verhinderung der eigenen Bewegung – sind als Kennzeichen des Stillstands gewählt. Ähnlich bedient sich auch ein norditalienischer Erzähler konkreter Eindrücke, die freilich eher traumhaft – oder alptraumhaft – abzulaufen scheinen.[9]

Die Geschichte ist ein Konglomerat von märchen- und schwankhaften Zügen auf der Basis einer Erlebnissage. Der Held des Textes ist der Großvater des Erzählers, der in seiner Jugend eine Pilgerfahrt zu Fuß durch ganz Italien nach Syrakus gemacht hatte. Diese Reise scheint der Betreffende tatsächlich gemacht zu haben, sie muß in den sechziger Jahren des vorigen Jahrhunderts stattgefunden haben, und schloß den Besuch einer Reihe von Wallfahrtsstätten mit ein, die zwischen der Heimat des Erzählers und seinem Ziel in Sizilien liegen. Insbesondere muß er sich länger in Rom und am Gargano (Monte S. Angelo) aufgehalten haben.

In den Reisebericht sind auch Erzählungen über die Abenteuer anderer Wallfahrer aufgenommen, denen der ›Held‹ unterwegs begegnet ist, und es spricht manches dafür, daß er gelegentlich auch die Erlebnisse seiner Mitwanderer als seine eigenen ausgegeben hat. Im Folgenden nun der uns interessierende Ausschnitt:

Es war ein heißer Tag, und als mein Großvater sich mittags niedergelegt hat, ist er eingeschlafen. Und als er aufgewacht ist, hat es schon gedämmert. Da hat sich mein Großvater aufgesetzt und zu sich gesagt: ›Giuseppe, jetzt wird es aber Zeit: schau, daß du weiterkommst! Und heute Nacht wird tüchtig marschiert, sonst geht alles auf den Berg.‹

Und er hat sich an einem Brunnen gewaschen, hat ein Stück Brot gekaut und einen Schluck Wasser getrunken, und dann ist er losmarschiert.

Es ist eine helle Nacht gewesen, und er hätte im Mondlicht Zeitung lesen können, wenn er eine gehabt hätte. Er ist also gelaufen, und hat bei jedem Ort den Namen aufgeschrieben, wie ihr wißt, um später ganz genau zu wissen, wo er gewesen ist.

Wenn aber das Schild im Schatten gestanden hat, so hat er 's nicht lesen können, und so fehlen bei seinen Nachtwanderungen viele Ortsnamen.

Und wie schon Mitternacht vorbei gewesen ist, hat er keine hundert Schritte abseits von der Straße ein Schloß erblickt, dessen Fenster offen standen. Da sah man viele Kerzen drinnen brennen, und man hörte Musik und lautes Lachen. Da schien es hoch her zu gehen.

Großvater dachte, da sei vielleicht ein Fest oder eine Hochzeit, und da könne auch für einen Wanderer etwas abfallen, und er könne das gut gebrauchen. So ist er von der Straße weg den Hang hinaufgestiegen, aber er hat das Tor nicht gefunden; das muß auf der andern Seite gewesen sein.

Gut, so geht er zu einem Fenster, und wie er hineinschaut, sieht er drinnen Leute, die tanzen und andere Leute, die essen und trinken. Und er will gerade jemand anrufen, da sieht er einen vornehmen älteren Herrn, daß der ihn anschaut. Und der Herr kommt ans Fenster und sagt: »Komm doch herein und trinke ein Glas mit uns!« Da sagt der Großvater: »Ja, ich hätte schon an die Türe geklopft, doch konnte ich das Portal nicht finden.« »Ei, du bist fremd!« sagt der Herr, »warte, ich werde dir einen Diener hinausschicken, der wird dich hereinführen.«

Und der Großvater sieht, daß er mit einem Mann spricht, der noch älter war als der Herr selber.

Und nach einigen Augenblicken hört er Schritte, und der Diener sagt: »Komm mit!«

Der Großvater geht also hinterdrein, aber als sie – es muß ein Seiteneingang gewesen sein – in den Palast hineingehen, stolpert er, weil da eine Stufe hinunter führt.

Und nun paßt gut auf! Großvater sagt, er sei gestolpert, und dabei sei ihm sein Hut aus der Hand geglitten, und er selber habe das Gleichgewicht nicht halten können. Aber der Hut sei in der Luft geschwebt und nicht auf den Boden gefallen. Und er selber sei auch nicht hingefallen, sondern er sei in der Luft gehängt, als sei er mit einem Seil festgehalten. Und während er so hängt, sieht er, daß der Herr lacht und auf ihn zeigt. Und auch alle andern Leute haben nach ihm den Kopf umgedreht gehabt und haben gelacht. Und da hat er einmal nach seinem Hut geschaut, der da in der Luft hängt wie an einem Hacken, und sich nicht rührt, und dann hat er nach dem Herrn und nach all den Leuten geschaut, und er hat sich überhaupt nicht mehr ausgekannt.

»Ja und dann...«, so hat der Großvater erzählt, »und dann bin ich ohnmächtig geworden. Sagt nicht, ich sei besoffen gewesen! Ich hatte an jenem Abend nur Wasser getrunken. – Ja, und dann bin ich aufgewacht, als es gerade dämmerte. Und da bin ich im Gras gelegen.«

Und weiter hat der Großvater erzählt, er sei am Abhang gelegen, und neben ihm eine Flasche mit Wein; den müssen ihm die Leute vom Schloß gegeben haben. Aber nun kommt das Seltsame! Wie er sich umdreht, sieht er, daß das Schloß halb verfallen ist. Die Mauern stehen noch, aber das Dach ist eingestürzt. Und da ist er noch einmal hinaufgestiegen und hat durch das Fenster geschaut, aber innen war alles zerstört und verfallen. Und wo der Eingang war, da wuchsen einige Büsche.

Hier ist nicht ein Vogel sondern ein Hut das Objekt, das dem Erzähler durch seinen Stillstand in freier Luft auffällt. Und es scheint ihn mehr zu überraschen, als daß er selber nicht zu Boden stürzt. Die Begegnung mit einer vergangenen Zeit, die hier angeschnitten wird, führt zu einer merkwürdigen Zeitschleife: im Augenblick des unmittelbaren Eintritts in eine vergangene Periode wird scheinbar die Zeit als solche aufgehoben.

Man mag – soweit man nicht pure Phantasie unterstellt – das Ganze für einen Traum des Berichtenden halten, und die Flasche Wein könnte dem Schlafenden ein freundlicher Mensch, der dort vorbeigekommen ist, hingelegt haben. Doch für uns ist diese Frage nach dem tatsächlichen Vorkommnis unerheblich. Wichtiger hingegen bleibt der Versuch des Erzählers – und seines Nacherzählers – ein Widerfahrnis zu schildern, das den Eindruck erweckt, als sei die Zeit stehen geblieben.

Es ist immer wieder überraschend, wie schlichte Erzähler Ausdrucksmittel dafür finden, Abstraktes zu beschreiben und zu umschreiben.

In einem bengalischen Märchen[10] wirft ein Mädchen ein Seil nach der Sichel des Halbmonds, um dort hinaufzusteigen. Im gleichen Augenblick, in dem das Seil am Mondhorn hängen bleibt, erlischt auf der Erde jegliche Bewegung. Und erst als das Mädchen aus dem Jenseits der Himmelsphären zurückgekehrt sein Seil wieder von der Mondsichel löst, nimmt auf Erden alles wieder seinen gewohnten Gang.

Auch diese Szene hat etwas Traumhaftes vom Heraustreten aus der Zeit und vom Wiedereintreten in die Zeit an sich. Dazwischen scheint die Zeit still zu stehen.

Freilich ist *Zeit* ein vielschichtiger Begriff, und in verschiedenen Landschaften wird ihr Bewegungselement recht verschieden gedeutet und beschrieben. Dort, wo wir in unseren Märchen hören, »...er wanderte sieben Tage...«, ist in fernen Ländern noch von »sieben Sonnen« die Rede. Und der Stand der Sterne als Anhaltspunkt für eine nächtliche Vereinbarung begegnet wohl nur mehr in ost- und südosteuropäischen Märchen. Aber nur dort, wo Zeit eine wichtige Rolle im Bewegungsspiel einer Erzählung einnimmt, kann auch der Stillstand des Fließens, der Eingriff in das Laufen, auf den Zuhörer eine Faszination ausüben. Denn es geht etwas Unheimliches und Bestürzendes von der Vorstellung aus, daß der Fluß der Zeit zum Eis der Ewigkeit erstarren kann.

Nelly Naumann

ZEIT, ZEITGEFÜHL, ZEITVORSTELLUNGEN IM JAPANISCHEN MÄRCHEN

Das japanische Volksmärchen gleicht dem europäischen in mancher Hinsicht: es weist Einleitungs- und Schlußformeln auf, es ist eindimensional, die Handlung verläuft einsträhnig. Mit gewissen Einschränkungen könnte man sagen, daß auch seine Rollenträger als scharf konturierte Figuren erscheinen. Im Repertoire dieser Figuren fehlen jedoch die wesentlichsten Gestalten des europäischen Märchens: König und Königin, Prinz und Prinzessin. Es fehlt der Dummling, es fehlt der verzauberte Mensch und sein Erlöser. Inhaltlich scheinen die japanischen Märchen durch den von Hiroko Ikeda erstellten, an Aarne–Thompson orientierten Typenkatalog[1] erschlossen; doch im Bereich der »eigentlichen Märchen«, der Zaubermärchen, täuschen die übereinstimmenden Nummern der Indices eine Übereinstimmung auch in der Sache vor, die selten in vollem Umfang gegeben ist. Da schon flüchtiges Auszählen zeigt, daß die Anzahl der japanischen Zaubermärchen-Typen nur rund ein Drittel der europäischen beträgt, da bei diesem Drittel weitere Abstriche zu machen sind, bleibt nur eine schmale Basis für Erkenntnisse, die auf eine direkte Gegenüberstellung mit europäischen Märchen zielen könnten.

Dies ist zu bedenken, wenn wir generell die »Bedeutungslosigkeit des Zeitablaufs«, die Max Lüthi[2] dem europäischen Märchen zuschreibt, auch für das japanische beanspruchen, jedoch ebenso Einschränkungen geltend machen wie im Hinblick auf die Märchenfiguren. Einzelne Erzähler nämlich lassen ihre Helden, ohne daß dies für den Fortgang der Erzählung bedeutsam wäre, Scham, Angst, Schmerz empfinden, lassen ihre Tränen fließen und ihre Wunden bluten, lassen sie nicht einfach krank sein, sondern an bestimmten Krankheiten leiden, und wenn es sich um die Liebeskrankheit handelt, wird daraus kein Hehl gemacht. Sie nennen ihre Helden bei Namen und geben ihnen ein bestimmtes Alter.[3] Dies alles dient vorwiegend der Individualisierung des Helden. Denn wenn der Däumling hier mit zehn Jahren ein Schwert verlangt,[4] dort mit siebzehn noch immer nicht größer ist als eine Bohne und dennoch in die Welt ziehen will,[5] wenn der Schneckensohn »unbegreiflicherweise... in zwanzig Jahren nie größer« wird, aber gerade dann erstmals spricht und eine Aufgabe übernimmt,[6] so scheint der richtige Zeitpunkt zum Handeln dennoch ganz unabhängig vom Alter gerade jetzt gekommen, und allein dem Erzähler fällt im letzten Beispiel das Fehlen der zeitlichen Dimension auf. Konkretes Verstreichen von Zeit wird dagegen sichtbar, wenn der häßliche Balg, den die Zwerge dem alten Mann auf der Suche nach seiner verlorenen Bohne mitgaben, nach zehn Jahren immerhin ein wenig gewachsen ist, während die beiden Alten gebrechlicher geworden sind.[7] Solche Züge wie auch gelegentliche Ortsangaben und gewisse Dialoge[8] weisen auf den Stil der Sage, der Anekdote, auf den Bericht einer wahren Begebenheit.

Auf das Zeitgefühl wirkt sich zudem aus, daß auch inhaltlich manche Geschichte der Sage oder Anekdote, ja dem Sensationsbericht näher steht als dem Märchen.[9] Der Tendenz zur Individualisierung des Helden entspricht hier das Bestreben, auf dem Boden der Wirklichkeit zu bleiben, selbst noch das Wunderbare, Jenseitige, rational zu interpretieren.

Um für das Gesagte nur ein Beispiel zu nennen: der Gott, der Jahr für Jahr ein Menschenopfer forderte, entpuppt sich als alter Affe, es bedarf nur eines beherzten Mannes, um den Betrug zu entlarven.[10] Diese Geschichte, die ihrem Wesen nach vom japanischen Drachenkampf-Mythos ebenso weit entfernt ist wie von unseren Drachenkampf-Märchen, auch wenn sie bei Ikeda unter derselben AT-Typennummer erscheint,[11] findet sich in fast identischer Form erstmals im Konjaku-monogatari,[12] einer vermutlich kurz nach 1120 verfaßten, bis heute populären Geschichtensammlung.

In deren über tausend erhaltenen Geschichten lassen sich nicht nur zahlreiche Märchenmotive aufspüren, vielmehr kann man, wie im vorliegenden Fall, mehrere Geschichten als direkte Vorform für spätere Märchen ansehen. Das Berichtete gilt hier als Realität. Das *ima wa mukashi,* »es ist jetzt schon lange her«, mit dem, wie im Märchen, sämtliche Geschichten beginnen, auch wenn das Erzählte erst kurze Zeit zurückliegt, dient wie das ebenso floskelhafte »so hat man es erzählt und überliefert«, mit dem die Geschichten schließen, einer gewissen Distanzierung des Erzählers vom Erzählten. Diese soll aber die Glaubwürdigkeit nicht mindern, das Überkommene, durch vieler Mund Gegangene, gewinnt vielmehr an Glaubwürdigkeit. Die Nachwirkung dieses Erzählstils auf das heutige Märchen scheint mir unverkennbar.

Märchenstoffe wurden (neben anderen Themen) auch von den *otogizôshi,* »Büchlein zur Unterhaltung«, aufgegriffen. Entstanden zwischen dem 14. und 17. Jahrhundert, wenden sich die romanartigen und doch relativ kurzen *otogizôshi* an ein neues Publikum, nämlich an die breite Masse der Bevölkerung, die sich in den neuen und wachsenden Städten zusammenfindet. Im 17. Jahrhundert gedruckt und von da an unter der städtischen Bevölkerung weit verbreitet, verleihen die *otogizôshi* den Wunschvorstellungen dieser erfolgsorientierten Bevölkerungsschicht Ausdruck. Ein glücklicher Ausgang, das bedeutet damit einzig Gewinn von Reichtum, sozialen Aufstieg.[13]

Auf die genannten literarischen Werke werden wir zurückkommen, wenn im Folgenden an drei konkreten Beispielen Möglichkeiten der Zeitvorstellung im japanischen Märchen aufgezeigt werden sollen.

Uguisu no dairi, »Nachtigallen-Palast«, oder *Miru-na no zashiki,* »Das Zimmer, das man nicht sehen darf«, heißt ein Märchen, das von einem jungen Mann erzählt, der unterwegs mitten in Wald und Einöde auf ein prächtiges Anwesen stößt, wo man ihn freundlich aufnimmt. Die Bewohnerin, ein junges Mädchen, bittet ihn, in ihrer Abwesenheit das Haus zu hüten, doch in die übrigen Räume oder in einen bestimmten Raum darf er nicht schauen. Er übertritt das Verbot, alles verschwindet, er befindet sich allein auf freiem Feld.[14]

Bedeutsam wird diese Geschichte durch das, was der Mann in den verbotenen Räumen erblickt. In den ausführlich und stimmig erzählten Versionen besitzt das Anwesen nämlich zwölf oder auch vier Räume, und diese enthalten, reihum in der entsprechenden Himmelsrichtung liegend, die zwölf Monate oder die vier Jahreszeiten. Das heißt nach Osten den Frühling, nach Süden den Sommer, im Westen den Herbst, im Norden den Winter. Auch bei den

Monaten liegt der Jahresanfang nach Osten, ausgehend vom Mondkalender, bei dem der Neujahrsmonat gleichzeitig der erste Frühlingsmonat ist.

Doch was erblickt der Mann in diesen Räumen? Da ist, in einem Märchen aus Yamagata, zunächst das Zimmer des Neujahrsmonats: »Die Schmucknische war mit Kiefer, Bambus, Pflaumenzweigen geschmückt. Man hatte Spiegelreiskuchen, Krebse, Riementang und Bitterorangen als Opfer dargebracht. Die Kinder waren alle rot gekleidet und tranken süßen Reiswein. Der nächste Raum war das Zimmer des Zweiten Monats. Es war Erster Pferdetag, die roten Tore beim Schrein der Gottheit Inari standen hintereinander da in langen Reihen, die Menschen pilgerten in Scharen dorthin; an der großen Straße war alles voll von Buden, wo man Spielzeug verkaufte. Dann kam das Zimmer des Dritten Monats. Es war Puppenfest...«[15] Und so weiter – jeder Monat wird dargestellt anhand des Festes, der Opfergaben, der Speisen, die für ihn charakteristisch sind. Wenn in dieser Version, bei welcher dem Mann der Blick in alle zwölf Räume verboten war, der letzte Monat mit den Neujahrsvorbereitungen endet, ertönt plötzlich laut der Nachtigallenruf *hôhokekyô,* sodaß der Mann erschrickt, und wie er sich umblickt, ist nichts mehr da, er steht allein mitten in der Wildnis. Das also war der Ort, heißt es dann, den man Nachtigallen-Palast nennt und zu dem nicht leicht ein Mensch gelangen kann.[16]

Das Märchen führt in Niigata statt der Feste die für den jeweiligen Monat charakteristischen Pflanzen an.[17] Handelt es sich um die vier Jahreszeiten, werden ebenfalls Pflanzen, Tiere, Naturstimmungen genannt, die als entsprechende Motive in der Dichtung ihren festen Platz haben. In diesen Versionen ist der verbotene Raum stets ein Frühlingsraum. Wird er geöffnet, zeigt sich ein blühender Pflaumenbaum, in dessen Zweigen eine japanische Nachtigall singt. Sie fliegt auf, und im gleichen Augenblick steht das junge Mädchen neben dem Mann und klagt, nun seien alle *hôkekyô* verloren, die sie in diesem Raum gesammelt habe. Hier liegt ein Wortspiel vor: *hôkekyô* gilt als Ruf der Nachtigall, *hôke-kyô* heißt aber auch das Lotossutra, eine der wichtigsten buddhistischen Schriften, deren Rezitation zur Erlösung im buddhistischen Sinn beitragen kann.[18]

Die Verlegung der vier Jahreszeiten auf Räume in den vier Himmelsrichtungen begegnet uns auch in den *otogizôshi*. In der Geschichte vom Fischer Urashima Tarô, auf die wir später näher eingehen, heißt es vom Drachenpalast, hier seien »in den vier Himmelsrichtungen die Kräuter und Bäume der vier Jahreszeiten dargestellt.« So öffnet sich die östliche Tür auf eine Frühlingslandschaft mit blühenden Bäumen, Weidenfäden im Frühlingswind, lang sich hinziehenden Dunststreifen, dem Gesang der Nachtigall ganz nah an der Dachtraufe. Entsprechend poetisch die Beschreibung der weiteren Landschaften.[19] In einem anderen *otogizôshi* hat ein menschenfressender Teufel in seiner Felsenburg tief in den Bergen eine solche Anlage errichtet,[20] während eine Legende aus dem um 1400 aufgezeichneten *Shintô-shû* eine Felsenburg am Meer erwähnt, hoch im Norden, in der man die Gestalt der vier Jahreszeiten sehen konnte, anzuschauen wie das Paradies.[21] Es ist offensichtlich, daß die Szenerie allenthalben einer jenseitigen Welt angehört.

Kann man die dem Lyrischen zuneigende Darstellungsweise mancher Märchen mit diesem literarischen Topos der vier Jahreszeiten in den vier Himmelsrichtungen in Verbindung bringen, so fehlt letzterem doch durchgehend das Seh-Verbot. Dieses ist jedoch in einer entsprechenden Geschichte des *Konjaku-monogatari* gegenwärtig.[22]

Ein Mönch in Kyôto wandelt regelmäßig, das Lotossutra rezitierend, am Baum einer einheimischen Gottheit vorüber und verschafft dieser so das Vergnügen, das Sutra hören zu können. Eines abends kommt ein Mann (wir ahnen, daß es der bewußte Gott ist), um den Mönch zum Dank in seine Wohnung zu laden. Er führt ihn zum Götterbaum, heißt ihn, ihm nach hinaufzusteigen. Hoch oben erblickt der Mönch vor sich einen wunderbaren Palast, man bittet ihn herein, bewirtet ihn. Der Mann ersucht ihn, sich eine Weile allein zu vergnügen, doch dürfe er nicht schauen. Der Mönch aber kann sich's nicht versagen und schaut – er sieht, angefangen mit dem Neujahrstag im Osten, die Monate anhand der im damaligen Kyôto üblichen, teils höfischen, teils religiösen Feste. Leider bricht der Text mit dem Siebten Monat ab, und es fehlt uns jede Möglichkeit, den Ausgang der Geschichte zu rekonstruieren. Erkennbar bleibt der Bezug zu religiösen Ideen jener Zeit, denen zufolge die einheimischen Götter nach Erlösung im buddhistischen Sinne strebten, wobei das Anhören von Sutren, besonders des Lotossutra, von Nutzen war. Diese Vorstellung lebt auch im Märchen weiter, nunmehr auf die Nachtigall bezogen. Erkennbar bleibt weiterhin die allen bisherigen Geschichten gemeinsame Übertragung der zeitlichen Dimension in die räumliche.

Anhand des Jahres als der größten überschaubaren Zeiteinheit wird dargestellt, wie Zeit und Raum ineinanderfallen, wie Zeit durch Raum zum Ausdruck gebracht werden kann. Dem Zyklus des in Monate oder Jahreszeiten gegliederten Jahres entspricht so der in acht Himmelsrichtungen geteilte Raum. Aber die »Acht Richtungen«, das sind *alle* Richtungen, sie bezeichnen die Welt in ihrer räumlichen Totalität. Diesem Raumgedanken verlieh bereits der japanische Mythos Ausdruck, indem er in einem durch acht Pfeiler gegliederten Haus als Mikrokosmos den Makrokosmos der »Acht Inseln« geboren werden ließ. Auch sie stehen, wie die »Acht Richtungen«, für die Welt als Ganzes.[23] Zeitliche Totalität wird somit durch räumliche Totalität anschaulich gemacht, Raum scheint wichtiger als Zeit.

Das zum Kreis geschlossene Jahr suggeriert zudem Dauer und Gegenwart, Zeit wird auf Gegenwart beschränkt. Dies macht eine Version unseres Märchens aus Niigata besonders deutlich. Dort ist der *zwölfte* Raum verboten, und es heißt, solange der Mann diesen nicht öffne, werde er nicht älter. Folglich wandelt sich der Mann, sobald er das Verbot übertritt, zum Greis.[24] Hier wird also auch der Vorrang des zyklischen gegenüber einem linearen Zeitbewußtsein sichtbar; dessen Umsetzung in den Raum offenbart gleichzeitig die Tendenz zu Statik anstelle von Dynamik, eine Tendenz, die sich im übrigen auch sonst an den japanischen Märchen belegen läßt.[25] Indem das eben erwähnte Märchen den Mann, der das Verbot übertreten hat, auf der Stelle zum Greis werden läßt, führt es drastisch vor Augen, daß diesseitige Zeit und jenseitige Zeit nicht identisch sind. Der reinen Gegenwart des Jenseits wird hier die dahineilende Zeit des Diesseits gegenübergestellt. Nicht immer äußert sich der Unterschied so kraß. In einer anderen Version desselben Märchens stellt der Held bei seiner Rückkehr nach Hause nur fest, daß er vier Jahre abwesend war, während er doch nur kurze Zeit im Nachtigallen-Palast zu weilen glaubte.[26] Das klassische Beispiel für den unterschiedlichen Fluß der Zeit liefert indessen die bereits erwähnte Geschichte des Fischers Urashima Tarô aus *ototizôshi*.

Von Urashima hören wir erstmals in den »Annalen Japans«, dem 720 vollendeten *Nihongi*.[27] Dort heißt es wörtlich: »Urashima no Ko von Mizunoe, ein Mann aus Tsutsukawa im Distrikt Yosa der Provinz Tamba, fuhr im Boot zum Angeln. Endlich fing er eine große Schildkröte. Diese verwandelte sich alsbald in ein Mädchen. Da faßte Urashima no Ko Zuneigung und machte sie zur Gattin. Gemeinsam gingen sie ins Meer hinein. Sie gelangten zum P'eng-lai-Berg und sahen ringsum die Genien. Näheres in einem anderen Buch.« Dieses Buch ist nicht erhalten; dafür greifen drei Texte, darunter ein Langgedicht der Liedersammlung *Manyôshû,* im Laufe des 8. Jh. das Thema auf.[28] Wir erfahren übereinstimmend, daß Urashima sich drei Jahre lang auf dem Insel-Jenseits aufhielt, dann packte ihn das Heimweh. Er erhält Urlaub, die Gattin gibt ihm ein Kästchen mit, das er auf keinen Fall öffnen darf. In der Heimat ist jedoch alles verändert, er war viel länger fort, als er dachte – einmal heißt es 300 Jahre, einmal sind es sieben Generationen. Verzweifelt öffnet er das Kästchen, ein Wölkchen steigt daraus empor, er wird zum weißhaarigen Greis. Im *Manyôshû* gar stockt ihm der Atem, sein Leben erlischt.

Das Urashima-Thema wurde in der Literatur immer wieder aufgegriffen, wobei sich manche Veränderung ergab.[29] Sprach das *Manyôshû* schlicht von der Tochter des Meergottes, und ließen die anderen frühen Texte das Göttermädchen zunächst die Gestalt einer Schildkröte annehmen, so wird daraus im *otogizôshi* eine von Urashima freigelassene Schildkröte, die sich dann ihrerseits in eine Frau verwandelt, gerade wie andere dankbare Tiere des Märchens auch.[30] Sie führt ihn übers Meer in den Drachenpalast. Im heutigen Märchen schließlich kauft Urashima eine von Kindern mißhandelte Schildkröte frei und bringt sie ins Meer zurück. Später trägt ihn diese Schildkröte auf ihrem Rücken in den Drachenpalast, wo er zum Dank für die Rettung des Tieres bewirtet wird. Manchmal wird er auch Gatte eines Mädchens aus dem Drachenpalast.[31] Verschiedene Motive aus anderen Märchen werden eingeflochten, doch uns interessiert allein das bis in das Märchen hinein konstant gebliebene

Motiv des unterschiedlichen Zeitablaufs, bzw. der Charakter des Jenseitsortes, der den anderen Fluß der Zeit bedingt.

Es versteht sich fast von selbst, daß der Drachenpalast als Jenseitsort der Märchenüberlieferung einer religiösen Bedeutung entbehrt. Der dem Chinesischen entlehnte Begriff wird in Japan von Anfang an benützt, um Pracht und Kostbarkeit eines Bauwerks zu umschreiben.[32] Schon das *otogizôshi* liefert (neben der poetischen Schilderung der vier jahreszeitlichen Landschaften) ein märchengerechtes Bild des Drachenpalastes: »silberne Zaunwälle, Torbauten mit goldenen Ziegeln, einer neben dem anderen.« Aber auch die Beschreibung der Insel P'eng-lai in den beiden Prosatexten des 8. Jh. unterscheidet sich hierin nur graduell. So sagt das *Tango-fudoki:* »Der Boden der weiten und großen Insel im Meer war, als hätte man Jade hingebreitet. Tortürme warfen dunkle Schatten, Hallen auf hohen Pfosten strahlten und glänzten...« Im zweiten Text, der chinesischen literarischen Vorbildern nacheifernden »Biographie des Urashima no Ko«, bezeichnet das Göttermädchen selbst sein Heim als »goldenen Garten der Unsterblichkeit, Jadehalle des langen Lebens«, und in der Beschreibung der Insel wird nicht ein einziges Klischee der taoistischen Paradiesesvorstellung ausgespart. Urashima selbst wird hier zum Genius, der Goldpillen und Steinmark, Jadewein und Nektar zu sich nimmt.[33]

Dies sind freilich keine japanischen Vorstellungen. Angefangen mit dem chinesischen Namen P'eng-lai, zeigen die Autoren der chinesisch abgefaßten Texte lediglich ihre chinesische Bildung. Es ist daher kaum zu verwundern, daß dieser üppigen Schilderung ein sehr zurückhaltendes Bild in dem Langgedicht des *Manyôshû* gegenübersteht. Urashima trifft hier die Tochter des Meergottes, nachdem er »sieben Tage lang... über die Grenzen des Meeres hinaus gerudert war.«

Die beiden verbinden sich, dann

langen sie in Tokoyo
an, und ins Innere
des Palastes der Gottheit
der Meere, in die

gar wundersamen Hallen,
treten, an der Hand sich
haltend, die beiden ein; und
ohne zu altern,
ohne den Tod zu leiden,
ein langes Leben
hätt' er da weilen können...

wenn – ja wenn der »törichte Mensch« nicht nach Hause verlangt hätte.

Das nicht näher beschriebene Land jenseits der Grenzen des Meeres, in dem man nicht altert und stirbt, heißt hier *Tokoyo*. Die dem chinesischen Text des *Tango-fudoki* nachgestellten japanischen Kurzgedichte verwenden ebenfalls dieses Wort und bestätigen so zusätzlich, daß das chinesische P'eng-lai und das japanische Tokoyo als Synonyme gebraucht wurden.

Dieses Wort Tokoyo setzt sich zusammen aus *toko* = »unveränderlich«, »unvergänglich«, »immerwährend«, und aus *yo* = »Lebensspanne«, »Lebenszeit«. Es erscheint als Verkürzung von *Tokoyo no kuni,* »Land immerwährender Lebensspanne«. Der ursprüngliche Sinnzusammenhang scheint im Bewußtsein allerdings so verblaßt, daß in der Urashima-Erzählung ohne Schwierigkeit eine Verbindung mit einem mythischen Ort ganz anderer Herkunft und Prägung möglich wurde. In der Erzählung von Bergglück-Mann und Meerglück-Mann, die ihre Glücksgeräte tauschten, gelangt nämlich der Bergglück-Mann auf der Suche nach dem von ihm verlorenen Angelhaken seines Bruders zum Palast des Meergottes auf dem Meeresboden. Er heiratet die Tochter des Meergottes, verweilt drei Jahre, dann zieht es ihn nach Hause zurück. Mit einer magischen Gabe beschenkt, kehrt er heim.[34] Die Parallele zur Urashima-Geschichte ist leicht zu erkennen. Doch von Zeitverschiebung ist hier keine Rede. Wie der Wald im Märchen erscheint das Meer nur insofern als Andere Welt, als es hier das Reich eines Jenseitswesens, eben des Meergottes, ist. Mit der Verlegung des Meergott-Palastes in das »Land immerwährender Lebensspanne« wurden folglich zwei ihrem Wesen nach verschiedene Jenseitswelten vereinigt.

Andererseits brachte es der Sagencharakter der Urashima-Erzählung mit sich, daß die ferne Insel in eine rationalistische Weltsicht einbezogen wurde, für die Tokoyo ein real existierendes, wenn auch fernes Land war. Dies zeigt sich vor allem in der Sage von Tajima Mori, die gleich der Urashima-Episode als historisches Ereignis in den Annalen Japans vermerkt wird.[35] Tajima Mori erhielt vom Herrscher Befehl, aus dem Land Tokoyo die »Früchte des ganzjährig duftenden Baumes« zu holen. Nach zehn Jahren zurückgekehrt, konnte er die Früchte, »die man jetzt Orangen nennt«, dem Herrscher nur noch aufs Grab legen. In einem Gedicht bezeichnet er das Land Tokoyo als »geheimen Bereich von Göttern und Genien«. Die Angleichung an chinesisch-taoistische Vorstellungen ist auch hier offenkundig.

Etwas mehr Klarheit über das »Land immerwährender Lebensspanne« können wir noch auf dem Umweg über den Gott Sukunabikona erlangen, den wir aus einer älteren Schicht der japanischen Mythen kennen. Von winziger Gestalt, in einen Vogelbalg gehüllt, kam dieser Gott übers Meer daher, um gemeinsam mit dem Gott Ōnamuchi die Menschenwelt zu gestalten. Gemeinsam bestimmten sie, wie Krankheiten zu heilen und Übel durch Beschwören abzuwenden seien. Hierauf begab sich Sukunabikona hinweg nach dem »Land immerwährender Lebensspanne«.[36] Aus diesem Jenseits und aus den Händen des Gottes Sukunabikona ersteht der Menschheit dann ein besonderes Geschenk: das gebraute, alkoholische Getränk, der Heil-Trank im weitesten Sinne des Wortes. Man reicht ihn mit dem Wunsch für ein langes Leben.[37]

Nicht in einem abstrakten Sinn, sondern unmittelbar auf das Leben des Menschen bezogen, erscheint Zeit im »Lande immerwährender Lebensspanne« aufgehoben. Das dortige göttliche Leben in unveränderlicher Gegenwart und Dauer wird dem irdischen Leben des Menschen, das Krankheit und Tod unterworfen ist, gegenübergestellt. Dahinter allerdings verbirgt sich erneut der absolute Gegensatz von reiner Gegenwart und dahineilender Zeit. Erst die Verwässerung der Vorstellung und damit auch die Verbindung mit der Erzählung von Bergglück-Mann und Meerglück-Mann konnte diesen Gegensatz zu einem nur graduellen Zeit-Unterschied herabstufen.[38]

Die Relativität der Zeit läßt sich indessen auch umgekehrt erfahren. In Niigata wurde 1932 ein Märchen aufgezeichnet, in dem ein Fischer seine Nachbarn um Mithilfe beim Dachdecken gebeten hatte und zur Verköstigung der Helfer schnell ein paar Fische angeln wollte. Er hatte eben seine Angelrute am Flußufer festgemacht, als eine schöne Frau erschien und ihn in ein Paradies auf dem Wassersgrund einlud. Dort führte sie ihn in einen prächtigen Palast, nahm ihn zum Mann, und Kinder, Enkel, Urenkel, ja Ururenkel wurden geboren, ehe er sich an zuhause erinnerte. Als ihn nun die Frau zurückbrachte, stak da noch immer die Angelrute, noch hatte kein Fisch angebissen, und die Nachbarn waren noch immer beim Dachdecken.[39]

Das in Japan singuläre Märchen hat wiederum im *Konjaku-monogatari* einen vergleichbaren Vorläufer: die Gattin des reichen Handelsherrn Kaya no Yoshifuji aus der Provinz Bitchû verreist im Jahr 895 in die Hauptstadt; der Strohwitwer geht abends auf Abenteuersuche, folgt einer hübschen Dame, die ihn in ein schönes Haus führt. Er verbringt da die Nacht, wird zum Bleiben veranlaßt, denkt gar nicht mehr an die Rückkehr. Die Zeit vergeht, ein Kind kommt zur Welt, wächst heran. Zu Hause wartet man vergebens auf den Hausherrn, alles Suchen bleibt umsonst. Brüder und Sohn, alles wohlhabende Leute, jammern, hätten wir wenigstens die Leiche! Man betet inbrünstig zu Kannon, weiht ihr eine Statue... Inzwischen kommt zu Yoshifuji ein Laie, faßt Yoshifuji mit seinem Stekken am Rücken und zieht und zieht, und während Yoshifujis Familie klagend dasitzt, kreucht unter dem Speicher ein schwarzes, zerlumptes Wesen hervor – es ist Yoshifuji, der aus einem Fuchsbau unter dem Speicher auftaucht, während die Füchse davonstieben. Der rettende Laie war die verwandelte Statue der Kannon. Dreizehn Tage hatte Yoshifuji im Fuchsbau verbracht; er hatte sie als dreizehn Jahre erlebt.[40]

Ikeda verweist hinsichtlich dieses Märchen-Typus auf das Nô-Spiel »Kantan«.[41] Dieses geht seinerseits auf chinesische Vorbilder, und zwar letztlich auf die t'ang-zeitliche Novelle vom »Traum von Han-tan« zurück.[42] Der Student Lu, bei den Examina durchgefallen, klagt dem Taoisten Lü Weng in Han-tan sein Leid. Lü läßt ihn auf seinem magischen Kopfkissen schlafen, und so träumt Lu ein ganzes, zu höchster Höhe führendes Leben, aus dem er jäh erwacht. Die Hirse, welche die Hausfrau bei seinem Einnicken aufgesetzt hatte, ist noch nicht gar. Lü erläutert ihm die Vergänglichkeit des irdischen Glücks.

Der Typen-Index der chinesischen Märchen führt eine große Zahl von Belegen an, die das Weiterleben des Themas sowohl in der Literatur wie in der Volksüberlieferung Chinas zeigen.[43] Doch während die chinesischen Beispiele ausschließlich Traumerfahrungen schildern, die den Träumenden zur Einsicht weniger in die Relativität der Zeit als vielmehr in die Nichtigkeit des menschlichen Daseins verhelfen sollen, gehen die beiden japanischen Beispiele von einer realen Erfahrung aus. Die Erzählung des *Konjaku-monogatari* schließt zwar mit der Aufforderung, aufgrund des Berichteten Kannon aus ganzem Herzen zu verehren, doch tiefere Einsichten werden ebensowenig angestrebt wie im Märchen, das lediglich die »Rückläufigkeit« der Zeit anmerkt.[44] Rein sachlich gesehen besteht eine größere Übereinstimmung mit dem türkischen Märchen von der »Zeit in der Zeit«, in dem ein frommer Mann, der nicht an die Relativität der Zeit glauben will, vom Priester ans Meer geschickt, von einem Fisch verschluckt und am anderen Ufer ausgespieen wird. Er heiratet dort ein reiches Mädchen, zeugt Kinder, wird bei einem Bad wieder verschluckt und kehrt heim – der Gottesdienst, an dem er teilnahm, ist noch nicht beendet.[45]

Der islamische wie der christliche Heilige oder Gottesfreund darf im Wunder der Zeitdehnung oder Zeitraffung die Relativität der Zeit unmittelbar erfahren, um so die Allmacht Gottes zu erkennen, vor dem tausend Jahre sind wie ein Tag. Im japanischen Bereich fehlt eine solche Motivation vollkommen. Die Motive sind märchengerecht »entleert«. Die mangelnde Verbreitung des zuletzt genannten Märchens in Japan ist zudem ein Indiz dafür, daß hier keine einheimische Tradition vorliegt, wie sie im Falle des Urashima-Themas gegeben war. Doch auch dort konzentriert sich die Aufmerksamkeit schon im 8. Jahrhundert ausschließlich auf das menschliche Element: der tumbe Tor, der sein Unglück selbst verschuldet, erhält seine Schelte.[46]

Mit den verschiedenen Aspekten der Zeit, die aus den Märchen vom Fischer Urashima Tarô und vom Nachtigallen-Palast zu erschließen sind, hatte sich in der Tat ein Denken befaßt, das vor Beginn der eigentlich geschichtlichen Epoche Japans lebendig und produktiv war und das mit deren Beginn anderen Denkgewohnheiten gewichen war. Es stand demnach viel Zeit zur Verfügung, um die frühen, schon vom Mythos zur Sage hin abgedrifteten, thematischen Ansätze in Form und Inhalt auf das Märchen hin zu entwickeln. Aber sind daraus wirklich Märchen geworden? Können aus einem auf Aspekte der Zeit bezogenen thematischen Ansatz überhaupt Märchen im üblichen Sinne hervorgehen? Urashima Tarô jedenfalls bleibt eine tragische Gestalt, und die Verlorenheit des jungen Mannes, nachdem der Nachtigallen-Palast vor seinen Augen verschwunden, setzt einen Akzent der Hilflosigkeit, ja der Hoffnungslosigkeit, die man im Märchen so gerne überwunden sehen möchte.

Heinz-Albert Heindrichs

HÖRZEIT UND GEHÖRTE ZEIT — Zur Bestimmung musikalischer Elemente im Volksmärchen

Zum Handwerk des Erzählers gehört es, mit der Zeit umgehen zu lernen, Jahre in wenige Sätze raffen und Augenblicke herausheben und anhalten zu können. Er muß Verhältnisse aufbauen zwischen der Zeit, in der er erzählt, und den Zeiten, von denen er erzählt; denn der Atem seiner Geschichte wächst in dem Maße, wie »Erzählzeit und erzählte Zeit« miteinander komponiert sind. In seinem Buch »Bauformen des Erzählens« hat Eberhard Lämmert die epische Literatur auf ihren Umgang mit der Zeit hin untersucht und ihre Erzähltechniken an literarischen Beispielen beschrieben.[1]

Um wieviel genauer aber muß Zeit in einer Kunst genommen werden, die sich ausschließlich über das Hören vermittelt. Geschriebene Literatur kann sich dem Zeitfluß auf vielerlei Art entziehen – im Hörraum läuft die Hörzeit, die Uhrzeit – die »objektive Zeit« – indessen unerbittlich ab; man muß sich ihr stellen, um sie mit gestalterischer Phantasie zu überwinden, um sie in eine »subjektive Zeit« – in Erlebniszeit – umzuwandeln – mit anderen Worten: es gilt, die gehörte Zeit gegen die Hörzeit zu erfinden.

Dazu gibt es im Hörraum zunächst einmal viele Hilfsmittel, über welche die geschriebene Literatur nicht unmittelbar verfügt. So kann der Zuhörer – von einem Moment zum andern – gesteuert werden durch Beschleunigen und Verzögern der Tempi, durch An- und Abschwellen der Dynamik, durch Verkürzen oder Erweitern der rhythmischen und melodischen Einheiten wie vor allem auch durch Ruhe- und Spannungspausen – er kann gefesselt werden durch unzählige Arten der Artikulation, vom hohen bis zum tiefen Klangregister, vom Flüstern bis zum Schreien, vom Legato bis zum Staccato – und schließlich läßt sich durch den Affekt des Tonfalls eine Skala an Ausdruckswerten auslösen, die – von der Angst bis zur Zuversicht – im Grunde unerschöpflich scheint. Dies alles ist dem Erzähler vertraut, und er weiß auch, daß ihm die Fülle der Kombinationsmöglichkeiten nur dann nützt und zu einem Sinn verhilft, wenn er sie am Faden der Erzählung auswählend orientiert und sie in einen formalen Zusammenhang bringt. Weniger vertraut wird ihm sein, daß alle aufgezählten Hilfsmittel zum Grundstock der musikalischen Handwerkslehre zählen und hier als die Elemente bezeichnet werden, aus denen Musik sich erst zusammensetzt, ja: Komponieren heißt nichts anderes als das Zusammensetzen verschiedener Elemente zu einer formalen Einheit – und die Elemente, das sind Rhythmus, Melodie und Harmonie – Tempo, Dynamik und Klangfarbe – Artikulation und Ausdruckswert und schließlich auch Raum – und zwar nicht nur Zeitraum, sondern auch Bewegungsraum.

Bei unseren Vorfahren, die noch nicht über Schrift verfügten, sondern sich rein über das Hören verständigten, muß die Einheit von Sprache, Musik und Bewegung eine urtümliche Selbstverständlichkeit gewesen sein. Eine solche Einheit ist auch heute noch um uns herum zu entdecken: an Kindern im Vorschulalter, aber auch bei noch intakten Naturvölkern, wie uns die Ethnologen in Bild und Ton beweisen können. Die theoretische Auseinandersetzung mit diesem Phänomen hat uns die Antike noch aus eigener Anschauung überliefert: so verstanden die Griechen unter dem Begriff *musikē* das Zusammenwirken von Sprache, Melos, Rhythmus und Gestus – Platon stellt in seinem Dialog Alkibiades noch die Frage: »Welches ist die Disziplin, zu der die Dichtung, der Gesang und der Tanz gehören... Ist es nicht die Musikē?« – und um diese Disziplin zu bewahren, empfahlen seine Zeitgenossen das Studium von Rhetorik, Musiktheorie und Mathematik, und hier vor allem das Bedenken von Raum- und Längenproportionen.

Es liegt auf der Hand, daß eine Grundlagendichtung wie das Volksmärchen – auch das europäische – sich nicht allein im gesprochenen Wort verwirklicht hat, sondern in dieser Ganzheitsanschauung. So erscheint es legitim, daß sich zum Thema »Zeit im Märchen« ein Musiker zu Wort meldet, der einmal nicht nach Bildern und ihren symbolischen Bedeutungen fragt, sondern von seinen Erfahrungen mit musikalischer Zeit berichtet, die er freilich auch in den Erzählformen des Märchens zu erkennen glaubt.

Sprache, Musik und Bewegung haben vor allem dies entscheidend gemeinsam: sie laufen in der Zeit ab, und sie gestalten Zeit; im kleinen geschieht dies durch Rhythmus, im großen geschieht es durch Form.

Der Rhythmus orientiert sich am Vollzug des Lebens, am Pulsschlag; er durchmißt die Zeit geradewegs und lädt sie mit dynamischer Kraft auf. »Stellen wir uns«, so sagt Olivier Messiaen, »einen einzigen Schlag im ganzen Universum vor. Einen Schlag: Ewigkeit vorher, Ewigkeit nachher. Ein Vorher, ein Nachher: das ist die Geburt der Zeit. Stellen wir uns einen zweiten Schlag vor, fast sofort danach. Da jeder Schlag sich um die Stille verlängert, die ihm folgt, wird der zweite Schlag länger als der erste sein. Andere Zahl, andere Dauer: das ist die Geburt des Rhythmus.«[2] So steht der Rhythmus an allem Anfang von Lebenszeit; indem er pulsiert, mißt er alles, was in der Zeit geschieht, in einem Wechsel von Zahlen und Dauern und sorgt so für quantitative Ordnung. Ein Urbild für diese elementare Einsicht, die frühere Zeiten in den Rhythmus hatten, ist der Pes, der Fuß, der Vers- und Klangfuß: er versinnbildlicht, daß Poesie, Musik und Tanz ihren Ursprung im Rhythmus haben.

Gewährt der Rhythmus den vitalen Vollzug, so erschafft die Form das geistige Erleben von Zeit; im übergreifenden Zusammenhang der Form wirkt der Rhythmus als treibendes Element fort, aber nun als eines unter vielen. Indem die Form für das Miteinander ihrer Elemente neue Spielregeln erfindet, schafft sie sich ihre eigene, subjektive Zeit, mit der sie die objektive Zeit – für die Dauer des Spiels – außer Kraft setzen, ja aufheben kann. So könnte man sagen, daß Rhythmus und Form sich zueinander verhalten wie objektive und subjektive Zeit, wie Hörzeit und Erlebniszeit. »Die Zeit«, sagt Hans Heinrich Eggebrecht, »ist das am meisten Existentielle des Menschen; das einzige, dem er nicht entrinnen kann; von allem Wirklichen das Wirklichste, in jedem Augenblick tickt die Uhr. – Die musikalische Zeit« – die Erlebniszeit – »ist gegenüber diesem Wirklichsten das Gegenwirklichste, der Prototyp des Heraustretens der Zeit aus der Zeit, das Hineinnehmen von allem, was es gibt, in die Zeitenthobenheit: Befreiung von der Zeit.«[3]

Keine Disziplin hat sich so sehr auf das Bemessen von Form- und Zeitproportionen konzentriert wie die Musik; weil sie von sich aus keine Bilder, keine Erzählfäden vorbringt, ist für sie ja die Form – und deren Entfaltung in der Zeit – der eigentliche Inhaltsträger. So läßt sich in der Musik wohl am reinsten erkennen, daß es im wesentlichen darum geht, Erlebniszeit herzustellen – und daß dies vor allem gelingt durch ein zweckfreies Spiel mit der Form. Was jedoch von den musikalischen Formen zu sagen ist, muß in gleicher Weise für alle Kunstformen gelten, die sich im Hörraum vollziehen, auch für das Volksmärchen.

So groß aber auch der Formenreichtum sein mag, den Kunst und Natur entfalten, er läßt sich immer zurückführen auf ein elementares Grundverhältnis, nämlich auf das von Entsprechung und Gegensatz. Entsprechung – Wiederholung, Variante, Reihenform, Episode, Strophe, Litanei, Ritual – es gibt viele Formen, zumeist die einfacheren, die sich darin genügen, das Prinzip einer einteiligen Reihung zu betreiben. Dies kann zu Langeweile und Überdruß führen, aber auch zu bohrender, monotoner Intensität, zur Gebetskonzentration, schließlich auch zur Auslöschung des Ich- und Zeitgefühls.

Zahlreicher sind die Formen, die aus einem polaren Gegensatz bestehen: Frage und Antwort, Strophe und Refrain, These und Antithese, Schwarz und Weiß, Gut und Böse – aus allen Bereichen des Lebens und der Phantasie lassen sich solche Gegensatzpaare zusammentragen. In seiner Reizwirkung betont der Gegensatz den Augenblick, das Hier und Jetzt – und Formen, die den Gegensatz überbetonen – etwa ABCDE – laufen Gefahr, sich nur an den

Augenblick zu wenden und die Dimension der Erinnerung auszuschalten. In Zeiten rascher Veränderung scheint den Zeitgenossen die Wiederholung verdächtig; aber gerade sie wird dann zum Vakuum, das gefüllt werden will, wie wir es heute – nach einem Fortschrittszeitalter – an uns selbst erfahren. Reprisen, sagt Gerd Zacher, »sind gebunden an Erinnerung, um wiedererkannt zu werden. Erinnerung aber setzt Altern voraus, und sei es auch nur um Sekunden.« Und er folgert: »Jede vernünftige Renaissance meint nicht ein Zurück-zu , sondern einen Fortschritt in verloren gegangener oder unterbrochen gewesener Richtung.«[4]

Tatsache ist, daß erst im Zusammenspiel von Entsprechung und Gegensatz die Zeit in ihrer inneren Dimension erlebt werden kann.

Erlebniszeit entsteht so vor allem dadurch, daß die augenblickliche Wahrnehmung mit Erinnerungen verknüpft wird, mit der Wiederholung von Erfahrenswerten, die unverändert oder in verschleierter Gestalt wiederkehren und erkannt werden wollen. Entsprechung und Gegensatz – das bedeutet ein Verknüpfen von Gegenwärtigem mit Vergangenem, von Augenblickswahrnehmung mit Erinnerung – und das Geheimnisvolle ist: im Hörvollzug steigern sich Augenblick und Erinnerung aneinander zu neuer Qualität – sie verlieren ihre Unbestimmtheit und richten sich miteinander auf ein Ziel aus – sie spannen das Vorstellungsvermögen an und wecken Erwartungen auf Zukünftiges – und indem wir so befähigt werden, die drei Zeiten Vergangenheit, Gegenwart und Zukunft simultan zu erfahren, scheint die Zeit der Uhren aufgehoben. So vollzieht sich im Grunde jeder Hörvorgang, der auf Erlebniszeit baut – ob nun in der Musik oder beim Volksmärchen – und es mag sein, daß die Erlebniszeit ein Vermögen unserer Seele ist, die physikalische Zeit zu überspringen. Auf diesen Gedanken muß man kommen, wenn man in den Confessiones des Augustinus auf folgende Stelle stößt: »Eines dürfte indes klar und deutlich geworden sein: daß weder Zukunft noch Vergangenheit sind, und daß man eigentlich nicht sagen kann, es gibt drei Zeiten, Vergangenheit, Gegenwart und Zukunft, sondern daß man, um genau zu sein, vielleicht sagen muß: es gibt drei Zeiten, die Gegenwart vom Vergangenen, die Gegenwart vom Gegenwärtigen und die Gegenwart vom Zukünftigen. Denn diese drei sind in der Seele, und anderswo sehe ich sie nicht. Die Gegenwart des Vergangenen ist die Erinnerung, die Gegenwart des Gegenwärtigen ist die Anschauung, und die Gegenwart des Zukünftigen ist die Erwartung.«[5]

Für eine solche Form der Zeiterfahrung ist der Musiker vielleicht besonders sensibilisiert – denn die Musik setzt alle ihre Kunstfertigkeit daran, im tönenden Vollzug ebenso Erinnerungen wie Erwartungen gesteigert zu wecken, sei es durch ständige Verwandlung rhythmischer und melodischer Gestalten, sei es durch eine polyphone Vielstimmigkeit, in der Bekanntes und noch Unbekanntes ja gleichzeitig erklingen können. All dies kann hier nicht betrachtet werden. Vielmehr möchte ich mich – im Hinblick auf das Volksmärchen – auf die ganz elementare Einsicht beschränken, daß Entsprechung und Gegensatz stets von einer Zweier- zu einer Dreierbeziehung streben: A B A – Stollen, Stollen, Abgesang – Exposition, Durchführung, Reprise – These, Antithese, Synthese – Vergangenheit, Gegenwart, Zukunft. Nirgend ist das Verhältnis von 2 auf 3 – von 2 zu 3 so grundlegend ausgehört worden wie in der Musik: so läßt sich vor allem jedes rhythmische Gefüge auf ein Wechselspiel von geraden und ungeraden, von Zweier- und Dreierbeziehungen zurückführen – und Melodiebögen, Satzbögen, größere Formzusammenhänge spannen und entspannen sich am häufigsten im Verhältnis von 2 :3 – oder auch 5:8. Spätestens hier muß nämlich gesagt werden, daß 2 und 3 die ersten Zahlen einer arithmetischen Reihe sind, deren nächstfolgende Zahl jeweils aus der Addition der beiden vorangegangenen erwächst: $2+3=5/3+5=8/5+8=13$ und so fort – es sind die Maßzahlen des goldenen Schnitts, die seit der Renaissance als Ideal einer vollkommenen Proportion gelten. Waren sie zuvor zwar nicht bewußt, so läßt sich doch annehmen, daß sie in der sinnlichen Wahrnehmung des Menschen naturgemäß angelegt sind. Dies wäre an vielen Phänomenen nachzuweisen; eines von ihnen soll erwähnt sein: jeder instrumental erzeugte Ton besteht aus einer Summe von Teiltönen, von Obertönen, die einer immer gleichen Anordnung folgen; dabei ergeben die Teiltöne 2, 3, 5 und 8 jeweils den Durdreiklang als eine Art Naturharmonie: das Ohr fand diese Zusammenhänge intuitiv heraus, lange bevor die Theorie ihren Beweis erbrachte.

Daß die Verhältniszahlen 2 und 3 den Erzählstil des Volksmärchens grundlegend bestimmen, bedarf wohl keiner weiteren Interpretation.

In Erinnerung gebracht sei das Achtergewicht, das stets auf die Drei fällt – das Wiederholungs- und Variationsprinzip, das den Fortgang der Zeit gewissermaßen einkreist – die Gliederung in Episoden, die sich zumeist in Dreierschritten vollzieht – schließlich die Verknüpfung der drei Zeiten zu einem ganzheitlichen Erlebensraum (es war einmal – es wird eines Tages sein). Aber welche Deutungen für diese Phänomene auch gefunden werden, es kann nicht unbemerkt bleiben, daß sie sehr konkret und elementar mit musikalischen Zeit- und Formerfahrungen zusammenhängen. Daß auch höhere Maßzahlen des goldenen Schnitts im Volksmärchen auftauchen, soll hier wenigstens angedeutet sein. Im Märchen »Die Gänsemagd« (KHM 89) wird der Klageruf fünfmal ausgesprochen – in der ersten Episode zweimal von den drei Blutstropfen – in der zweiten Episode dreimal vom Pferdekopf – fünfmal hört ihn die Königstochter, dreimal das Kürdchen, zweimal der König – zudem werden die fünf Klagesprüche durch die drei Windsprüche kontrapunktiert, die dem Kürdchen das Hütchen vom Kopfe wehen. Ein rhythmisch höchst differenziertes Zeitgefüge findet sich im Märchen »Von dem Machandelboom« (KHM 47): das Lied, das der Vogel achtmal singt, läßt zum Ende hin eine Art Rondoform entstehen.

Auf den Punkt gebracht, ist folgendes festzuhalten: wenn Musik, Sprache und Bewegung einmal aus einer Einheit kamen, an deren Anfang der Rhythmus stand, dann ist das Zahlen-, Formen- und Zeitspiel, das in den Märchen waltet, von musikalischen Elementen entscheidend mitbestimmt worden. Und wenn die gemeinsamen Ursprünge auch vergessen wurden, für den Musiker, für den Komponisten bleiben ihre Spuren, auch bei den Brüdern Grimm, dennoch weiter hörbar. Schließlich kann er sich dabei auf die musikalische Feldforschung berufen, die in den entlegenen Regionen der Erde solch ursprüngliche Gestaltzusammenhänge noch zu entdecken vermag.

Im letzten Drittel möchte ich meinen Überlegungen ein Achtergewicht verleihen und mich übergreifenden Zeitaspekten zuwenden.

Da Musik eine Zeitkunst ist, besitzt sie die besondere Fähigkeit, über den Lauf der Zeit und über die Veränderung von Zeit-

auffassungen Auskunft zu geben. So möchte ich die Frage, warum die Zeit im Märchen ein aktuelles Thema ist, mit Zeiterfahrungen beantworten, wie sie in jüngster Musik wahrzunehmen sind. An ihr ist nämlich zu hören, daß sich das Verhältnis zur Zeit in unserem Kulturkreis grundlegend verändert. Es ist nicht mehr bestimmt vom Fortschrittsdenken, vom Materialfortschritt, wie ihn Adorno noch postulierte. Die Zeit der Prozeßformen, der Entwicklungsformen scheint vorbei; die Moderne ist an ihr Ende gelangt und mit ihr die Formen eines dialektisch aufklärenden Denkens, das, im mechanistischen Sinne, einseitig nach Ursache und Wirkung fragte. Die Postmoderne ist hingegen im Begriff, von einer Denkweise erfaßt zu werden, die nach der Vernetzung verschiedenster kultureller Ebenen und Bedingungen fragt. Diese Denkweise entspricht den variablen Verhältnissen, in die wir allseits geraten sind – in unserer eigenen Kultur, im Gespräch mit anderen Kulturen, die auf anderen Bewußtseinsstufen stehen. Wir haben begonnen, unsere Geschichte in vielerlei Relationen zu sehen; wir entdecken zum Beispiel – durchaus ähnlich wie das Greisenalter die Kindheit – daß Ende und Anfang sich merkwürdig nahe sind. »Früheste Zeit und die fernste gleichen sich sehr«, heißt es in Ernst Meisters Gedicht »Fermate«, das, mit dem musikalischen Titel, ja ein Innehalten beschwört. So wird es gerade das Gegenteil von Restauration sein, daß wir uns heute frühen, mythischen, nicht rationalen Erfahrensweisen zuwenden und uns damit anderen Kulturen öffnen: denn überrascht erleben wir ja, daß Daseinsformen, die wir für überwunden hielten, vor und in uns wieder auftauchen.
Als Grundlagendichtung aller Völker und Kulturen leistet das Volksmärchen diese Vernetzung mühelos. Indem es erfahrbar macht, daß die Bilder der Seele sich gleichen, über Zeiten und Räume hinweg, läßt es die eigene geschichtliche Zeit klein werden, sie dafür aber teilhaben an einer großen, ganzheitlichen Zeit, in der – im Sinne des Augustinuswortes – die Gegenwart des Vergangenen, die Gegenwart des Gegenwärtigen und die Gegenwart des Zukünftigen zusammenfallen. Hier ist die Schwelle, an der sich früheste und fernste Zeiterfahrung wiederbegegnen: in ihrer Summe erfüllen die Märchen das, was dem Dichter Ezra Pound als eine »Immer-Zeit« vorschwebte, »in der alle Zeitalter gegenwärtig sind.« Eine solche Zeitvorstellung zu haben, sie wieder zu haben, setzt aber

wohl den Verlust des Fortschrittsglaubens und die Wiedergewinnung eines zyklischen Welterlebens voraus. Wo aber könnte das Umschlagen von der einen in die andere Zeiterfahrung deutlicher wahrgenommen werden als in der Musik – und dies sollen zum Schluß drei Komponisten bezeugen.

Der erste Zeuge – Olivier Messiaen (Jahrgang 1908): »Da das Studium des Rhythmus mit dem der Zeit beginnen muß, versuchte ich... meinen Schülern eine Philosophie der Dauer zu entwerfen. Ich erklärte ihnen all die überlagernden Zeiten, die uns umgeben: die ungeheuer lange Zeit der Sterne, die sehr lange Zeit der Berge, die mittlere des Menschen, die kurze Zeit der Insekten, die ganz kurze Zeit der Atome: all diese Zeiten sind insofern ähnlich, als sie für jede Einheit eine normale Lebensdauer definieren; doch bedeuten sie im Gegensatz dazu enorme Unterschiede für unsere Wahrnehmung.«[6]

In seinen Partituren spiegelt Messiaen diese Einsicht wider, sie sind ein klingender Kosmos von sich überlagernden Lebensdauern. Indem Messiaen die Rufe einheimischer und exotischer Vögel, die Melismen gregorianischer Melodik, die Versfüße der Antike und die Rhythmen indischer Ragas übereinanderschichtet, hebt er kausale Entwicklungen auf. Stattdessen entsteht ein musikalisches Kaleidoskop von Zeitdauern und Zeiten, die sich drehen und wenden und immer andere Konstellationen zueinander einnehmen. Messiaens Musik ist einfach und komplex, sinnlich und abstrakt, magisch und konkret, entwicklungslos und rätselhaft – und sie findet uralte Erfahrungen wieder, indem sie die Sprache anderer Wesen, der Vögel zum Beispiel, erlernt und in unsere Zeitmaße übersetzt.

Der zweite Zeuge – Wilhelm Killmayer (Jahrgang 1927), ein Schüler Carl Orffs; statt kompositorischer Erklärungen stellt er einem Instrumentalstück folgende Worte voran: »Ich gehe durch die tonkargen spätherbstlichen Wälder und ich höre meinen Schritt und ich höre mein Herz schlagen; ich höre die Geräusche der langsam sich ergebenden Natur und den Widerhall eines Vogelschreis in meiner Erinnerung. Immer tiefer gerate ich in das Innere, wo Erschrecken und Ruhe sich nahe sind, wo die Furcht stillhält.«[7] Wer sich auf Killmayers Musik einläßt, muß seine eigene kleine Zeit vergessen; er muß eintauchen in ein rituelles Zeiterleben, in dem die Klangereignisse sich wie Perlen an einer Meditationskette reihen – Wiederholung um Wiederholung wird das Ohr daran gewöhnt, nichts zu erwarten, um dann erst wahrzunehmen, daß die Wiederholungen zu wandern beginnen und einer fortschreitenden Verwandlung unterliegen. »Killmayer«, so meint Dieter Rexroth, »sieht menschliche Existenz in den Zusammenhang einer geradezu archaischen Welterfahrung gestellt. – Alles ist Wiederholung, ist Regeneration, ist zyklische Struktur der Zeit durch ereignishafte Wiederkehr; alles aber ist zugleich Veränderung und Verwandlung. Werden und Sein fallen ineins.«[8]

Der dritte Zeuge – Bernd Alois Zimmermann (1918—70): »Es ist nicht an der Feststellung vorbeizukommen ... daß wir gleichzeitig in vielen Zeit- und Erlebnisschichten existieren, von denen die meisten weder voneinander ableitbar erscheinen, noch miteinander zu verbinden sind, und doch sind wir in diesem Netz von vielen verwirrenden und verwirrten Fäden — sagen wir es ruhig: geborgen. Und so scheint ein besonderes Phänomen unserer Existenz darin zu bestehen, daß wir in der Lage sind, diese ungeheure Vielfalt ständig zu erleben, mit allen Veränderungen zu erleben, die dadurch eintreten, daß es immer wieder verschiedene Fäden sind, welche für den Bruchteil einer Sekunde miteinander verknüpft werden.«[9]

Das Lebensgefühl, das hier zum Ausdruck kommt, ist uns allen vertraut: es bestimmt – in einem oberflächlichen Sinne – die Mosaikstruktur unserer Mediengesellschaft. Zimmermann ist dem Pluralismus unserer Zeit indessen auf den Grund gegangen; in seinen Kompositionen verknüpft er die unterschiedlichsten Zeitverläufe und Zeitstile zu einer komplexen Polyphonie, in der Zitate aus allen Epochen unserer Vergangenheit gleichzeitig erklingen. Die Gegenwart wird von der Vergangenheit eingeholt – aber:» kraft höchster Organisation der Zeit wird diese selbst überwunden und in eine Ordnung gebracht, die den Anschein des Zeitlosen erhält.«[10] In seiner Oper »Die Soldaten« – nach Reinhold Lenz – beginnt die Zeit von dem Augenblick an zu rotieren, in dem die Handlungsträger schuldig werden; wir erleben ihre Vergangenheit, Gegenwart und Zukunft gleichzeitig auf verschiedenen Bühnen. »Die Zeit«, sagt Zimmermann, »biegt sich zu einer Kugelgestalt zusammen.« Weil die Kugel der Zeit sich dreht, wird die Vergangenheit zur Projektion der Zukunft: »Es war einmal – es wird eines Tages sein.« In dieser Formel scheint in der Tat eine Zeiterfahrung aufzublitzen, zu der wir uns erst wieder vorwärtstasten. So könnte das, was Wulf Konold über Zimmermanns Zeitphilosophie sagt, ebenso über das Märchen gesagt sein: »Die Kugelgestalt der Zeit, in der sich Vergangenheit, Gegenwart und Zukunft vereinen, ist ... in der Realisierung im Kunstwerk – zugleich der Versuch, zumindest in der Sphäre des Ästhetischen das Prinzip des Endlichen aufzuheben. Wo Zeit zum ununterbrochenen Kontinuum von Gegenwärtigkeit wird, ist das Endliche- und mit ihm der Tod – gebannt, wo die Zeit umkehrbar ist, gibt es keinen Schlußpunkt.«[11]

»Die Zeit im Märchen« – die Vergangenheit des Gegenwärtigen: die älteste Erinnerung ist im Begriff, uns einzuholen – und offenbar müssen wir weit zurück, an den Anfang unserer Kultur und anderer Kulturen, um den gemeinsamen Zeitnenner dafür zu finden, was mit uns in der Zukunft geschieht.

ANMERKUNGEN

Allgemeine Siglen

AT	Antti Aarne und Stith Thompson: The Types of the Folktale. FFC 184. Helsinki ²1964
BP	Johannes Bolte und Georg Polívka: Anmerkungen zu den Kinder- und Hausmärchen der Brüder Grimm. Leipzig 1913 ff.
Dh.	Oskar Dähnhardt: Natursagen. Band 2. Leipzig/Berlin 1909
EM	Enzyklopädie des Märchens. Handwörterbuch zur historischen und vergleichenden Erzählforschung. Hrsg. von Kurt Ranke. Berlin/New York 1977 ff.
FFC	Folklore Fellows Communications (Schriftenreihe)
GdV	Das Gesicht der Völker. Dokumentation des Märchens. Kassel (Erich Röth Verlag)
GR	Gunsho-rui jû
KHM	Kinder- und Hausmärchen der Brüder Grimm
LexZM	Walter Scherf: Lexikon der Zaubermärchen. Stuttgart 1982
MdW	Märchen der Weltliteratur. Düsseldorf/Köln (Eugen Diederichs Verlag)
Mot	Stith Thompson: Motif-Index of Folk-Literature. Kopenhagen 1955/58
NKBT	Nihon koten bungaku taikei

Otto Betz: Das Gewicht der Stunde

1 vgl. Felix Karlinger: Zauberschlaf und Entrückung. Zur Problematik des Motivs der Jenseitszeit in der Volkserzählung. Selbstverlag des Österreichischen Museums für Volkskunde. Wien 1986. Karlinger bringt eine Fülle von Beispielen aus Sage, Märchen und Legende, die das Motiv der Zeitdehnung und Zeitkomprimierung variieren.

2 Horst Wagenführ: Vom Wesen der Zeit. Aphorismen. Tübingen 1968, 87

3 ebd. 113

4 Das Motiv ist uralt; schon Aesop berichtet in seinen Fabeln vom Pferd, vom Stier und vom Hund, die frierend zum Haus des Menschen kommen, dort gewärmt und genährt werden und zum Dank einen Teil ihrer Lebensjahre dem Menschen überlassen. Falco, ein spanischer Dichter des 16. Jahrhunderts, hat in seinem Gedicht schon die Tiertrias von Esel, Hund und Affe, die ihre ihnen zugewiesene Lebenszeit nicht behalten wollen, sondern froh sind, wenn Jupiter ihnen einen Teil abnimmt, um sie dem Menschen zuzulegen. vgl. BP III. 290–93

5 vgl. dazu Helmut Hark: Der Gevatter Tod. Ein Pate fürs Leben. Zürich 1986

6 in Italo Calvino: Italienische Märchen. Zürich 1975, 98ff.

7 Nizami. Die sieben Geschichten der sieben Prinzessinnen. Aus dem Persischen verdeutscht und herausgegeben von Rudolf Gelpke. Zürich 1959, 97f. Man kann natürlich einwenden, daß die Geschichten Nizamis keine Volksmärchen, sondern höfische Erzählungen des Orients sind; sie enthalten aber viele Elemente des Märchens, sind dem Erzählduktus der Zaubermärchen so verwandt, daß sie in unserem Zusammenhang durchaus einbezogen werden können.

8 vgl. dazu Max Lüthi: Das Volksmärchen als Dichtung. Düsseldorf 1975, 50. – Das eindrucksvollste Beispiel eines solchen *Schönheitsschocks* in unseren Märchen bietet die Szene im »Treuen Johannes« (KHM 6), in der der Königssohn das Bild der Königstochter vom goldenen Dache erblickt, ohnmächtig zur Erde niederfällt und sogleich in Liebe zu der abgebildeten Prinzessin fällt. Vgl. BP I. 42–57

9 Die Geschichte von Haiat Alnufus und Ardschir in: Zeitmond Morgenstern. München 1965, 559

10 ebd. 592

11 Die Geschichte von der unerfüllten Liebe, in Nizami (wie Anm. 7), 9–64

12 so im Märchen »Der goldene Vogel« (KHM 57), vgl. BP I. 503–515; Eugen Drewermann/Ingritt Neuhaus: Der goldene Vogel. Olten 1982

13 vgl. KHM 92 »Der König vom goldenen Berg«

14 KHM 93 »Die Rabe«; vgl. auch Marianne Klaar: Die Pantöffelchen der Nereïde. Märchen aus Lesbos. GdV 53. Kassel 1987, Nr.7

15 Simone Weil greift in ihren Aufzeichnungen dieses Märchenmotiv auf und versteht es als Gleichnis für die verborgenen Heimsuchungen Gottes beim Menschen. »Gott besucht die Seele, aber sie schläft. Wäre sie wach, die geistliche Hochzeit vollzöge sich, ohne Prüfung, ohne Bemühungen. Gewisse Heilige waren vielleicht so? – Er geht davon, läßt ein Zeichen zurück, daß er da war, läßt uns ahnen, daß er uns erwartet. Man muß sich aufmachen, durch das Übel hindurch, bis ans Ende des Übels, um ihn zu erreichen ... Man versucht nicht, das Böse in sich zu beseitigen, sondern auf das Ziel zuzugehen« (Zeugnis für das Gute. Olten [2]1979, 257). Aus der erlösungsbedüftigen Prinzessin ist bei Simone Weil der anrufende und heimsuchende Gott geworden, aus dem jungen Mann die menschliche Seele, die schläfrig ist, müde, unansprechbar, schlafmützig. Gott kommt, aber er drängt sich nicht auf.

16 »Der Junge, der sich beim Tod Brot lieh«, aus: Taikon erzählt. Zigeunermärchen und Geschichten. Aufgezeichnet von Carl Herman Tillhagen. Zürich [2]1973, 234ff. Vgl. auch »Der Grabhügel« (KHM 195, BP III. 420ff.); dort wird dem Teufel noch eine Seele abgeluchst, weil ein mutiger und listiger Soldat drei Nächte am Grab des Toten ausharrt, den Teufel mit immer neuen Aufgaben beschäftigt, bis der rechte Zeitpunkt vorüber ist. In dem Augenblick drang der erste Strahl der aufgehenden Sonne am Himmel herauf, und der böse Geist entfloh mit lautem Geschrei. Die arme Seele war gerettet.«

17 Märchen aus Wales, übersetzt und herausgegeben von Frederik Hetmann. Düsseldorf 1982, 163ff.

18 ebd. 192ff.

19 vgl. dazu Mircea Eliade: Ewige Bilder und Sinnbilder. Frankfurt 1966, 81f.

20 Chinesische Volksmärchen. Übersetzt von Richard Wilhelm. Jena 1921, 76ff.

21 ebd. 90ff.

22 Sören Kierkegaard: Der Begriff Angst. Übertragen von Liselotte Richter. Reinbek 1960, 81. Vgl. auch: »So verstanden ist der Augenblick nicht eigentlich das Atom der Zeit, sondern das Atom der Ewigkeit. Es ist der erste Reflex (Spiegelung) der Ewigkeit in der Zeit, ihr erster Versuch, die Zeit gleichsam anzuhalten...« (82).

1 Ich übergehe ganz die reichgefächerte Grundbedeutung des Wortes *kairós:* das rechte Maß (z. B. bei Xenophon, Symposion II 19: »einen Bauch über den *kairós* hinaus haben«). Der rechte Zeitpunkt ist in Wahrheit nur diejenige Spezialbedeutung des rechten Maßes, die sich als wichtigste herausgebildet hat.

2 II 122 f. Der Ausdruck *Märchen* ist zweideutig; die Griechen brauchten das Wort anders als wir. Solange ich dieses Thema nicht im Zusammenhang bearbeitet habe, verweise ich auf die Andeutungen zur Sache, die ich in meinem Beitrag zu dem Sammelband »Gott im Märchen«, bes. 156 f., gemacht habe.

3 Im Märchen verhält sich das grundsätzlich anders, auch im griechischen. Der listige Sisyphos besiegt den Tod sogar zweimal, und Persephone als Unterweltsgottheit schickt ihn gern wieder auf die Erde zurück. Dennoch endet er bekanntlich als Unterweltsbüßer. Auf das große Thema des Kampfes der Menschen mit dem Tod werde ich bei anderer Gelegenheit eingehen.

4 Lord Jim, im 5. Kapitel

5 Eine genauere Erläuterung der schwierigen Erzählung werde ich bei anderer Gelegenheit geben. Hier merke ich nur an, daß Bachofen ihr eine Deutung gegeben hat, die der meinen nicht fernsteht und sie im Grundzug bestätigt: »Der Tod ist die Vorbedingung des Lebens, und nur in demselben Verhältnis, in welchem das Zerstören fortschreitet, kann auch die schaffende Kraft tätig werden ... Kein Gedanke hat in der alten Symbolik und Mythologie so vielfachen Ausdruck gefunden als dieser. Ihn erkennen wir ... in dem Würfelspiele mit Demeter (der ägyptischen Rhampsinitossage), in dem der König abwechselnd gewinnt und verliert...« (Versuch über die Gräbersymbolik der Alten, Ges. Werke IV 23).

6 Immerhin wird man gewisse Frisuren auf den Wandmalereien in Thera nicht außer Acht lassen wollen; dem berühmten »Fischerknaben« steht die Halbrasur des Kopfes nicht schlecht. Aber eine Tradition, die bis zu Lysipp reichte, ist nicht zu erkennen.

7 Cook (s. Anm. 10) II/2, 859

8 Immerhin hatte der Kairos einen Altar zu Olympia, was an die Vorstellung knüpft, daß der Wettkampf im rechten Augenblick die volle Leistungskraft braucht.

9 De posteritate Caini § 121f.

10 Außer den Artikeln im Wörterbuch zum Neuen Testament (Delling) und in der Realenzyklopädie (Lamer) benutzte ich folgende Arbeiten: Abramić, Michael: Ein neues Kairos-Relief. In: Jahreshefte des österr. archäol. Instituts in Wien, 26 (1930), 1ff.

Cook, Arthur Bernhard: Zeus, A study in ancient religion II/2 (1925), Appendix A, »Kairos«, 859–868

Gagé, Jean: La balance de Kairos et l'épée de Brennus. In: Revue archéologique XLIII (1954), 141–176

Pfister, Friedrich: Kairos und Symmetrie. In: Festschrift Bulle, 1938, 131–150, ders.: Der Begriff des Schönen und das Ebenmaß. In: Würzburger Jahrbücher für die Altertumswissenschaft I (1946), 341–368

Wersdörfer, Hans: Kairos. In: Ders., Die *Philosophia* des Isokrates im Spiegel ihrer Terminologie, Bonn 1940, 54–79

11 Ovid: Metamorphosen, XI 86ff.

12 Gellius: Attische Nächte, I 19 n. Weiss

13 Natürlich gibt es zu dieser Lehre der römischen Sage Parallelen. Noch Einstein war überzeugt, der Mensch nutze nur 10% seines geistigen Potentials, und Friedrich Heer (»Sprung über den Schatten«) behauptete gar, es seien nur zwei bis drei Prozent, und selbst Ausnahme-Menschen, zum Beispiel Heilige, erschlössen nur »vielleicht zwanzig, vielleicht dreißig Prozent.«

14 Man vergleiche Max Lüthi: Das europäische Volksmärchen (=UTB 312) [6]1978, 50ff. Lüthi nennt es »nicht Zufall, sondern Präzision«, daß die Ereignisse im Märchen immer auf das feinste ineinandergreifen. »Dieses genaue Aufeinanderpassen der Situationen ist ... Konsequenz«, »Ihr Zusammenfallen ist nicht Zufall, sondern Präzision.« Ich hoffe, deutlich gemacht zu haben, worin ich den Grund für dieses Beharren des Märchens auf präzisem Zusammenhang sehe.

15 Im Unterschied zu dieser Beschreibung zeigt die bekannteste Darstellung (inTurin, Abb. 799 bei Cook) das Rasiermesser in der *Hand* des Kairos, und auf dessen Schneide ruht eine Waage, deren Urteil der Gott noch zusätzlich abfälscht, indem er mit der anderen Hand auf eine der Wagschalen drückt. In Einklang mit dieser Darstellung stehen die Verse des Dichters Poseidippos, nachzulesen im Reklam-Bändchen »Griechische Lyrik«, hrsg. von Walter Marg, 147

16 Ich setze hier die Ausführungen voraus, die ich in Kapitel V meines Buches »Die Herrschaft des Leviathan« (1978) gemacht habe, besonders ab 208

17 leitmotivisch in Heimo von Doderers Roman »Ein Mord den jeder begeht«.

18 Staat X 614 b H.

19 »Lied«, in: Christoph Meckel, »Bei Lebzeiten zu singen. Gedichte«, Berlin 1967 S. 22

Heinz Rölleke: Zeiten und Zahlen in Grimms Märchen

1 Karl Justus Obenauer: Das Märchen. Dichtung und Deutung. Frankfurt a.M. 1959, 112 f.

2 »Cinque ... dieci... venti« – Figaro beim Ausmessen der ehelichen Bettstatt (Lorenzo Da Ponte: Le Nozze di Figaro, I. 1)

3 Ortrud Stumpfe: Die Symbolsprache der Märchen. Münster 1963, 69–81

4 Rudolf Meyer: Die Weisheit der deutschen Volksmärchen. Stuttgart 1954, 157

5 Rudolf Geiger: Märchenkunde. Mensch und Schicksal im Spiegel der Grimmschen Märchen. Stuttgart 1982, 537

6 Friedmund von Arnim: Hundert neue Mährchen im Gebirge gesammelt. Hrsg. von Heinz Rölleke. Köln 1986, 110

7 Bernd Lorenz: Notizen zu Zwölf und Dreihundert im Märchen: Ausdruck bedeutungsvoller Größe und abgegrenzter Bereiche. In: Fabula 27 (1986) 42–45

8 Johannes Praetorius: Hexen-, Zauber- und Spukgeschichten aus dem Blocksberg. Hrsg. von Wolfgang Möhrig. Frankfurt a.M. 1979, 102, 148

9 Hartmann von Aue: Der Arme Heinrich. Mit einer Nacherzählung der Brüder Grimm. Hrsg. von Friedrich Neumann. Stuttgart 1959, 41, 15 (vgl. Anm. S. 76 zu Vers 303)

Krzysztof Bak: Die Zeitmodalitäten im Märchen von der Insel der Glückseligkeit

Herrn Dr. Diether Röth danke ich für die stilistische Überarbeitung meines Beitrags sowie für wertvolle Ergänzungen.

1 Max Lüthi: Das europäische Volksmärchen. Bern 1947, 27ff.

2 Sebastiano Lo Nigro: Die Formen der erzählenden Volksliteratur, in: Wege der Märchenforschung, hrsg. von Felix Karlinger. Darmstadt 1973, 389ff.

3 vgl. dazu BP IV. 269 Anm. 1; Johann Paludan: Lyksalighedens Ö. Atterbom og Paludan-Müller. Nordisk Tidskrift 1900, 172ff.; Frederik Vetterlund: Sägnen om Lycksalighetens ö bakom Atterboms sagospel. Ord och Bild 1921, 129ff.

4 Lycksalighetens Ö. Föreställd Uti en wacker historisk Berättelse, Som wisar fåfänglighet, hwilka söka at winna den rätta Lycksaligheten här i werlden, samt huru Tiden och Afunden alt til intet gör, ehuru stort nöje man tycker sig hafwa ärnådt. Mycket lustig och nöjsam at läsa. Tryckt hos Pehr Ol. Axmar, Falun 1810

5 das entspricht völlig AT 470^{+}

6 Mircea Eliade: Yoga. Unsterblichkeit und Freiheit. Zürich/Stuttgart 1960, 293. Zur Symbolik der Insel vgl. Juan Eduardo Cirlot: Dictionary of Symbols. London 1978, 160

7 Hugo Rahner: Griechische Mythen in christlicher Deutung. Zürich 1945

8 William Keith Chambers Guthrie: Orpheus and Greek Religion. London 1935, 172f.; Mircea Eliade: Die Religionen und das Heilige. Salzburg 1954, 228f.

9 Carl Hentze: Tod, Auferstehung, Weltordnung. Zürich 1955; Martin P:n Nilsson: Olympen. Stockholm 1968, 39f.

10 Alfred Jeremias: Handbuch der altorientalischen Geisteskultur. Berlin/Leipzig 1929, 53; Willi Wittmann: Das Isisbuch des Apuleius. Stuttgart 1938, 67; EM I. 138

11 Carl Gustav Jung: Symbole der Wandlung. Olten/Freiburg 1981, 474f.; Hugo Rahner ebd. 451. – Zu den Löwen als Wächtern in der Jenseitswelt vgl. Marianne Klaar: Die Pantöffelchen der Nereïde. Märchen aus Lesbos. GdV 53. Kassel 1987, 72f.

12 *Zypressen* (Cirlot (wie Anm. 6), 75; *Pappeln* Robert Graves: Mity greckie. Warschau 1974, 124.127.177; Rahner (wie Anm. 7), 397. 405; *Palmen* Rahner (wie Anm. 7) 397; Wittmann (wie Anm. 10), 20. 50ff., passim

13 Mircea Eliade (wie Anm. 8), 324 und passim; Graves (wie Anm. 12), 557. 657ff.; Carl Gustav Jung und Karl Kerényi: Einführung in das Wesen der Mythologie. Zürich 1951, 183ff., 193ff. und passim. Vgl. ferner Klaar (wie Anm. 11) 195f. Anm. 8 – dort ist sie auch mit den Löwen verbunden bzw. durch einen Mohren (als chthonisches Wesen) ersetzt

14 C. Foulon: La Féme Morgue chez Chrétien de Troyes. In: Mélanges J. Frappier. Paris 1970, 283ff.

15 Henri Jeanmaire: Couroi et Courétes. Lille 1939, 323ff.; Mircea Eliade: Das Mysterium der Wiedergeburt. Zürich/Stuttgart 1961, 103ff., 107 und passim; Heino Gehrts und Gabriele Lademann-Priemer (Hrsg.): Schamanentum und Zaubermärchen. Veröffentlichungen der Europäischen Märchengesellschaft Band 10. Kassel 1986

16 Albrecht Dieterich: Eine Mithrasliturgie. Leipzig 1903, S.7

17 Mircea Eliade: Wissenschaft und Märchen, in: Wege zur Märchenforschung (wie Anm. 2), 316 und passim

Heino Gehrts: Flucht und Verweilen

Der Beitrag enthält den im Bande »Märchen in der Dritten Welt«, Veröffentlichungen der Europäischen Märchengesellschaft Bd. 12, fortgelassenen Teil, hier nun erweitert im Hinblick auf die allgemeine Zeit-Thematik. Zur Literatur sei auf jenen Band verwiesen und nochmals hervorgehoben nur Antti Aarnes grundlegende Monographie: Die magische Flucht, eine Märchenstudie. FFC 92, Helsinki 1930. Besonders zu erwähnen ist außerdem Hedwig von Beit: Symbolik des Märchens, Bd. I, II, Bern 1952/56, an vielen Orten, besonders II, 638 ff. – Über die Deutung des Zeitgefüges gemäß dem Ewigkeitserlebnis siehe: Luise Dreesmann-Peterßen (Luise Resatz): Zeitkreis und Quellgrund. Darmstadt o. J. (1976). – Die Sammlung von Felix Karlinger: Zauberschlaf und Entrückung. Zur Problematik des Motivs der Jenseitszeit in der Volkserzählung. Raabser Märchen-Reihe 7, Wien 1986, – zeigt, daß im typischen Zaubermärchen die Motive »erlebte lange Weile – objektiv kurze Zeit« und »erlebte kurze Weile – objektiv lange Zeit« als wesentliche Ablaufsfigur nicht vorkommen. Wo sie dennoch als solche darin aufgenommen werden, wie in Karlingers Beispiel A 1, »Flucht ins Feenland«, AT 551, sprengen sie den sinnvollen Zusammenhang des Typs.

1 Karlinger, wie Anm. 0, B 5

2 Ludwig Bechstein: Sämtliche Märchen. Hrsg. von Walter Scherf. Darmstadt 1974, 213, 809f.

3 Beispiele für AT 313: Wilhelm Busch: Aus alter Zeit. Stuttgart 1982, Volksmärchen Nr. 23. Karl Müllenhoff: Sagen, Märchen und Lieder ..., 2. Ausg., Schleswig 1921, Nr. 598. KHM 193. Isidor Levin: Zarensohn am Feuerfluß. Russische Märchen. GdV 30. Kassel 1984, Nr. 5. Ludwig Mühlhausen: Diarmuid mit dem roten Bart. Irische Zaubermärchen GdV 17. Kassel 1956, 130 ff.

4 Beispiele für AT 314, »Goldener-Grindkopf«: Nordische Volksmärchen. II. Teil, Norwegen. Hrsg. von Klara Stroebe. MdW. Jena 1919. Nr. 12. Märchen aus dem Nachlaß der Brüder Grimm. Hrsg. von Heinz Rölleke. Bonn 1977, Nr. 5. Theodor Vernaleken: Kinder- und Hausmärchen in den Alpenländern. Nachdruck Hildesheim 1980. Nr. 8. Das weiße, das schwarze und das feuerrote Meer. Finnische

Volksmärchen. Hrsg. von Robert Klein. GdV 34. Kassel 1966, 76ff. Das Haus der Trolle. Märchen aus Lappland. Hrsg. von Ludwig Kohl-Larsen. GdV 49. Kassel 1982, Nr. 7

5 Baskische Märchen. Hrsg. von Felix Karlinger und Erentrudis Laserer. MdW. Düsseldorf 1980, 76

6 Vernaleken, wie Anm. 4, Seite 30

7 Jan Ulenbrook: Haiku, Japanische Dreizeiler. Bremen 1963

8 Jean Paul: Die unsichtbare Loge. 34. oder I. Advents-Sektor

9 Litauische Volksmärchen. Hrsg. von Jochen D. Range. MdW. Düsseldorf 1981, Nr. 27. Zigeunermärchen. Hrsg. von Walther Aichele und Martin Block. MdW. Düsseldorf 1962, 261, 158. Von Königen ..., hrsg. von Gottfried Henßen. Schloß Bentlage bei Rheine 1959, 73. Mundartl. *nur heute* = schriftspr. *erst heute!*

10 Deutsche Volksmärchen NF. Hrsg. von Elfriede Moser-Rath. MdW. Düsseldorf 1966, 31. Müllenhoff, wie Anm. 3, Seite 419. Rölleke, wie Anm. 4, Seite 44

11 Sächsische Volksmärchen aus Siebenbürgen. Hrsg. von Josef Haltrich – Hanni Markel. Bukarest 1973. Nr. 27. Spanische Märchen. Hrsg. von Harri Meier und Felix Karlinger. MdW. Düsseldorf 1961, 312 zu Nr. 11

12 Vgl. dazu John Meier: Ahnengrab und Brautstein. Halle 1944

13 Mahābhārata I, 76–78

14 Schleswig-Holsteinische Volksmärchen ... Hrsg. von Kurt Ranke Bd. I, Kiel 1955, 138ff. Märchen der Kabylen. Hrsg. von Hildegard Klein. MdW. Düsseldorf 1966, Nr. 10. Der Grüne Recke. Ungarische Volksmärchen. Hrsg. von Ágnes Kovács. GdV. 51 Kassel 1986. Nr. 13. Vgl. ferner: Marianne Klaar: Die Pantöffelchen der Nereïde. GdV 33 Kassel 1987. Nr. 2

15 Deutsche Hausmärchen. Hrsg. von Johann Wilhelm Wolf. Nachdruck Hildesheim 1972, 54

16 Müllenhoff, wie Anm. 3, Nr. 584. Die deutschen Volkssagen. Hrsg. von Friedrich Ranke², 85. Brüder Grimm: Deutsche Sagen, Nr. 298. Thüringer Sagen. Hrsg. von Paul Quensel – Leander Petzoldt. Düsseldorf 1974, 174

17 Wilhelm Wachter: Das Feuer in der Natur, im Kultus und Mythus, im Völkerleben. Wien 1904, 83ff.

Wolfdietrich Siegmund: Verzaubert zwischen Zeit und Ziel: der Mensch

1 Duden Bd 7. Mannheim 1963, 778

2 vgl. Antti Aarne: Die magische Flucht. Helsinki 1930 (FFC 92)

3 Gerald Kahan: Einsteins Relativitätstheorie. Köln 1987, 91–110

4 vgl. Eugène Minkowski: Die gelebte Zeit. Salzburg 1971

5 Max Mikorey: Das Zeitparadoxon der Lebensbilderschau. In Georges Schaltenbrand: Zeit in nervenärztlicher Sicht. Stuttgart 1963, 32

6 vgl. Bernhard Pauleikhoff: Person und Zeit. Heidelberg 1979. Theo Rudolf Payk: Mensch und Zeit. Stuttgart 1979

7 Hans Blumenberg: Lebenszeit und Weltzeit. Frankfurt 1986, 80–84

8 vgl. Martin Heidegger: Sein und Zeit. Tübingen [8]1957

9 Roland Kuhn: Daseinsanalyse. In Christian Müller: Lexikon der Psychiatrie. Berlin-Heidelberg 1973, 78–91

August Nitschke: Zeitvorstellungen bei Kelten und Germanen

1 Jörg Biel: Der Keltenfürst von Hochdorf. Stuttgart 1985

2 August Nitschke: Kinder in Licht und Feuer – Ein keltischer Sonnenkult im frühen Mittelalter, in: Deutsch. Arch. 39, Köln 1983, 6ff.

3 F. M. Luzel (Hrsg.): Le Château-vert, in: Revue Celtique 2, 1873, 308 f., vgl. ders., Contes Populaires de Basse-Bretagne. Paris 1887, 1, 40ff.

4 Oscar Almgren: Nordische Felszeichnungen als religiöse Urkunden. Frankfurt/Main (1934), 3, 4, 5, 8, 10, 87ff.

5 KHM 92

6 August Nitschke: Soziale Ordnungen im Spiegel der Märchen 1. Stuttgart (1976), 184 f.

7 KHM 60 (Die zwei Brüder); der Hirsch, der ins Verderben führt, ist auch in den germanischen Sagen bezeugt; vgl. Walter Haug: Theodorichs Ende und ein tibetisches Märchen, in: Märchen, Mythos, Dichtung. Festschrift zum 90. Geburtstag Friedrich von der Leyens am 19. August 1963, hrsg. von Hugo Kuhn und Kurt Schier, München (1963), 85ff.; Heino Gehrts: Das Märchen und das Opfer, Untersuchungen zum europäischen Brüdermärchen. Bonn (1967), 20ff., 45ff.

8 Otto Höfler: Siegfried, Arminius und die Symbolik, in: Wolfdietrich Rasch (Hrsg.), Festschrift für Franz Rolf Schröder. Heidelberg (1959), 29ff.

9 August Nitschke: Kunst und Verhalten. Analoge Konfigurationen. Stuttgart-Bad Cannstatt 1975, 48; ders., Die ungleichen Tiere der Sonne. Verhaltensformen und Verhaltenswandel germanischer Stämme. Festschrift für Wilhelm Messerer. Köln 1980, 22f.

10 Walter Krickeberg: Altmexikanische Kulturen. Berlin 1971, 222ff., 263ff.

11 Erik Hornung: Der Eine und die Vielen. Ägyptische Gottesvorstellungen. Darmstadt 1971, 153ff.

12 Tacitus: Germania, c. 6, 14; Rudolf Much: Die Germania des Tacitus. Heidelberg 1967, 140, 227ff.

13 August Nitschke: Die Wege der Toten. Beobachtungen zur irischen Ornamentik, in: Frank Steigerwald (Hrsg.), Martin Gosebruch zu Ehren. München 1984, 54f.

14 Ders.: Kinder, 16ff.

15 Ders.: Wege, 54ff.

16 Ders.: Tiere, 40ff.

Märchentexte

Es werden nur diejenigen Sammlungen aufgenommen, auf die im Text ausdrücklich verwiesen wird. Für die drei behandelten Typen wurden insgesamt über achtzig Varianten herangezogen.

Afanasjew, Aleksandr Nikolaevic: Russische Volksmärchen. 2 Bde. München [2]1986 (Russisch 1855–1863)

Bartsch, Karl: Sagen, Märchen und Gebräuche aus Meklenburg. 1. Band, Wien 1879

Bolte, Johannes (Hrsg.): Martin Montanus Schwankbücher. Tübingen 1899

Briggs, Katharine Mary: A Dictionary of British Folk-Tales in the English Language. Part A: Folk Narratives, Vol. 2. London 1970

Bukowska-Grosse, Ewa und Koschmieder, Erwin: Polnische Volksmärchen. Düsseldorf–Köln 1967 (MdW)

Cammann, Alfred: Deutsche Volksmärchen aus Rußland und Rumänien. Göttingen 1967

Dähnhardt, Oskar (Hrsg.): Natursagen, 2. Band. Leipzig–Berlin 1909

De Mont, Pol und De Cock, Alfons: Wondervertelsels uit Vlaanderen. Zutphen [2]1924 ([1]1896)

Ey, Carl August Eduard: Harzmärchenbuch. Stade 1862; Nachdruck Hildesheim – New York 1971

Haiding, Karl: Märchen und Schwänke aus Oberösterreich. Berlin 1969

Ders.: Märchen und Schwänke aus dem Burgenlande. Graz 1977

Jahn, Ulrich: Volksmärchen aus Pommern und Rügen. Norden-Leipzig 1891

Kohl-Larsen, Ludwig: Die steinerne Herde. Von Trollen, Hexen und Schamanen. Volkssagen aus Lappland. GdV 49. Kassel 1975

Kovács, Agnes: Der grüne Recke. Ungarische Volksmärchen. GdV 51. Kassel 1986

Kurz, Isolde: Von Dazumal. Geschichten aus meiner Jugendzeit. Tübingen 1935 ([1]1900)

Leskien, August: Balkanmärchen. Jena 1915 (MdW)

Littmann, Enno: Arabische Märchen und Schwänke aus Ägypten. Wiesbaden 1955
Loorits, Oskar: Estnische Volkserzählungen. Berlin 1959
Menzel, Theodor: Türkische Märchen II. Der Zauberspiegel. Hannover 1924
Pino-Saavedra, Yolande: Chilenische Volksmärchen. Düsseldorf-Köln 1964 (MdW)
Pomeranzewa, Erna: Russische Volksmärchen. Berlin 1964
Ranke, Kurt (Hrsg.): Schleswig-Holsteinische Volksmärchen (ATh 670-960). Kiel 1962
Rink, Henry: Tales and Traditions of the Eskimo. Edinburgh-London 1875
Simonsuuri, Lauri und Rausmaa, Pirkko Liisa: Finnische Volkserzählungen. Berlin 1968
Stroebe, Klara: Nordische Volksmärchen II: Norwegen. Jena 1915 (MdW)
Tegethoff, Ernst: Französische Volksmärchen aus neueren Sammlungen. Jena 1923 (MdW)
Von Hahn, Johann Georg: Griechische und albanesische Märchen. Leipzig 1864
Wolf, Johannes Wilhelm: Deutsche Märchen und Sagen. Leipzig 1845
Zaunert, Paul: Deutsche Märchen seit Grimm. 1. Band. Jena 1912 (MdW)
Ders.: Märchen aus dem Donaulande. Jena 1926 (MdW)

Sekundärliteratur

Bächtold-Stäubli, Hanns (Hrsg.): Handwörterbuch des deutschen Aberglaubens. 10 Bde. Berlin–Leipzig 1927–1942
Bayard, Jean-Pierre: Le Feu. Paris 1958
Boette, Werner: Lebenswasser, in: Bächtold-Stäubli (Hrsg.) V (1932), 972–976
Bolte, Johannes: Die Altweibermühle. Ein Tiroler Volksschauspiel, in: Archiv für das Studium der neueren Sprachen und Litteraturen 103 (1899), 241–266
Brednich, Rolf Wilhelm: Altweibermühle, in: EM I (1977), 441–443
Bringéus, Nils Arvid: Die Kunst wieder jung zu werden. Zu einem

volkskundlichen Bildthema, in: Ethnologia Scandinavica. Journal for Nordic Ethnology 1980, 5–30
Ders.: Volkstümliche Bilderkunde. München 1982 (urspr. schwedisch 1981)
Büchmann, Georg: Geflügelte Worte. Der Zitatenschatz des deutschen Volkes. Berlin [32]1972 (bearbeitet von Gunther Haupt und Winfried Hoffmann)
De Meyer, Maurits: Verjüngung im Glutofen – Altweiber- und Altmännermühle, in: Zeitschrift für Volkskunde 1964, 161–167
Edsman, Carl-Martin: Ignis Divinus. Le feu comme moyen de rajeunissement et d'immortalité. Contes, légendes, mythes et rites. Lund 1949
Fehrle, Hans: Die Legende vom heiligen Eligius und ihre germanischen Vorläufer, in: Oberdeutsche Zeitschrift für Volkskunde 7 (1933), 101–112
Findeisen, Hans: Schamanentum (dargestellt am Beispiel der Besessenheitspriester nordeurasiatischer Völker). Stuttgart 1957
Gehrts, Heino: Schamanistische Elemente im Zaubermärchen, in: Heino Gehrts – Gabriele Lademann-Priemer (Hrsg.): Schamanentum und Zaubermärchen. Kassel 1986, 48–89, 198–202
Ders.: Vom Beischlaf im Zaubermärchen, in: Jürgen Janning – Luc Gobyn (Hrsg.): Liebe und Eros im Märchen. Kassel 1988, 61–78, 208–211
Grimm, Jacob: Deutsche Mythologie. 3 Bde. Berlin 1875 (4. Ausg.) Reprographischer Nachdruck, Darmstadt 1965
Kaftal, George: Saints in Italian Art. Iconography of the Saints in Tuscan Painting. Florenz 1952
Kretzenbacher, Leopold: Voraussetzungen und Erscheinungsformen von Bild- und Wortzeugnissen zum mystischen Thema der »Geistlichen Mühle«, in: Bayerisches Jahrbuch für Volkskunde 1980/81, 55–75
Künstle, Karl: Ikonographie der christlichen Kunst. 2. Band, Freiburg 1926
Lesky, A.: Medeia, in: Georg Wissowa u. a. (Hrsg.): Paulys Real-Encyclopädie der classischen Altertumswissenschaft. 15. Bd. Stuttgart 1931
Lixfeld, Hannjost: Christus und der Schmied, in: EM II (1979), 1440–1444

Lüthi, Max: Das europäische Volksmärchen. Form und Wesen. 6., durchges. Aufl., München 1978

Megas, Georgios A.: Der Bartlose im neugriechischen Märchen (FFC 157). Helsinki 1955

Ders.: Der Pflegesohn des Waldgeistes (AT 667), in: Fritz Harkort u.a. (Hrsg.), Volksüberlieferung. Festschrift für Kurt Ranke. Göttingen 1968, 211–231

Negri Arnoldi, Francesco: Eligio, in: Bibliotheca Sanctorum. Istituto Giovanni XXIII della Pontificia Università Lateranense. Rom 1964, IV, Sp. 1064–1073

Peßler, Wilhelm: Handbuch der deutschen Volkskunde. 2. Band. Potsdam o. J.

Ranke, Friedrich: Dreibeinig, in: Bächtold-Stäubli (Hrsg.) II (1929), 420–422

Rapp, Anna: Der Jungbrunnen in Literatur und bildender Kunst des Mittelalters. Zürich 1976

Réau, Louis: Iconographie de l'art chrétien. 3 Bde. Paris 1955–1958

Röhrich, Lutz: Märchen und Wirklichkeit. Wiesbaden ^{3}1974

Rölleke, Heinz (Hrsg.): Brüder Grimm. Kinder- und Hausmärchen. Band 3. Originalanmerkungen. ^{3}1856 Neudruck, Stuttgart 1980

Scherf, Walter: Lexikon der Zaubermärchen. Stuttgart 1982

Schiller, Gertrud: Ikonographie der christlichen Kunst. Band 4,1: Die Kirche. Gütersloh 1976

Spieß, Karl: Feuer, in: Lutz Mackensen (Hrsg.): Handwörterbuch des deutschen Märchens. Berlin II (1934), 108–120

Stalpaert, Hervé: De verjongingskuur bewerkt door molenaar en bakker, smid en stoker. Gent 1965

Van Coppenolle, Maurits: Sint Elooi in het Volksleven. Antwerpen 1944

Van Heurck, Emile Henri und Boekenoogen, Gerrit Jacob: Histoire de l'imagerie populaire flamande et de ses rapports avec les imageries étrangères. Bruxelles 1910

Van Marle, Raimond: Iconographie de l'Art Profane au Moyen-Age et à la Renaissance et la Décoration des Demeures. Allégories et Symboles. Den Haag 1932

Wäscher, Hermann: Das deutsche illustrierte Flugblatt I. Dresden 1955

Ward, Donald: Feuer, in: EM IV (1985), 1066–1083
Wendeler, Camillus: Zu Fischarts Bildergedichten. I. Die Grille Krottestisch Mül, in: Archiv für Litteraturgeschichte 7 (1878), 308–331
Werner, F.: Eligius (Alo', Loy) von Noyon, in: Wolfgang Braunfels (Hrsg.): Lexikon der christlichen Ikonographie. Rom–Freiburg–Basel–Wien 1974. VI, Sp. 122–127
Wrede, Adam: Eligius, in: Bächtold-Stäubli (Hrsg.) II (1929), 785–789
Wünsche, August: Die Sagen vom Lebensbaum und Lebenswasser. Altorientalische Mythen. Leipzig 1905
Zschelletsky, Herbert: Drei Sozialsatiren der »göttlichen Maler«, in: Deutsches Jahrbuch für Volkskunde 7 (1961), 46–74

Anmerkungen

1 An dieser Stelle sei Dr. Ines Köhler-Zülch (Enzyklopädie des Märchens, Universität Göttingen) herzlich gedankt für ihre freundliche Hilfe bei der Sichtung des Materials. Sie kopierte aus der Kartei der EM das Variantenverzeichnis der uns interessierenden Märchentypen und schickte auch einige uns unzugängliche Fassungen. Für anregende Hinweise danken wir weiterhin: Heinz-Albert Heindrichs, Dr. Ursula Heindrichs, Jürgen Janning, Harlinda Lox, Dr. Heidi Müller, Dr. Diether Röth und vor allem Dr. Walter Scherf

2 Vgl. vor allem die Motive D 1338 (Magic object rejuvenates) und D 1880–1889 (Magic rejuvenation), weiterhin D 1865.1 (Beautification by decapitation and replacement of head), D 1865.2 (Beautification by boiling and resuscitation), D 1866.1 (Beautification by bathing), E 12 (Resuscitation by decapitation), E 14 (Resuscitation by dismemberment), E 15 (Resuscitation by burning) und E 80–82 (Water of life)

3 So fehlt das merkwürdige Motiv der Verjüngung des alten Königs durch Beischlaf mit der Schönen der Welt, das in vielen griechischen Fassungen von AT 531 und 667 begegnet. Siehe Megas 1955, bes. 13f., Megas 1968, bes. 216, 219f., 226 und 229. Vgl. auch weiter unten. In den skandinavischen Polyphem-Fassungen (AT 1137) versucht sich der alternde Troll durch Augengießen mit flüssigem Zinn zu verjüngen (vgl. Kohl-Larsen, 24–30 »Stallo wird geblendet«)

4 Zur Rolle des Feuers, vgl. Spieß, Edsman, Bayard und Ward; zur Rolle des Wassers, vgl. Wünsche und Boette

5 Etwas anders scheint es sich mit der Unsterblichkeit oder dem ewigen Leben zu verhalten (vgl. z. B. Mot D 1851.1 Immortality by burning und D 1883 Eternal youth), die offenbar viel weniger typische Märchenmotive sind. Auch wenn jemand verjüngt oder neu belebt wird, so heißt das noch nicht, daß er ewig lebt. Das

kommt sehr deutlich zum Ausdruck in einem Eskimomärchen, das Rink, 401–404) erzählt. In diesem Märchen werden die Urahnen des Helden Inuarutligak zwar fünfmal verjüngt, aber letzten Endes müssen sie dennoch sterben.

6 BP II, 162. Vgl. hierzu Lesky

7 Loorits, 157

8 Ward, Sp. 1078. Vgl. hierzu Findeisen, 50–60. Zu den Zusammenhängen zwischen Schamanentum und Zaubermärchen, vgl. Gehrts 1986; zum Zerstückelungsmotiv bes. 71f.

9 Röhrich, 68f.

10 Röhrich, 70. Röhrich bezieht sich u. a. auf Adolf Friedrich: Knochen und Skelett in der Vorstellungswelt Nordasiens. Wien 1943 und Kuhne: Märchen aus Sibirien (MdW). Jena 1940, Nr. 17 und 57. Auch in einigen bekannten Grimmschen Märchen spielt dieses Motiv eine wichtige Rolle, so in »Der singende Knochen« (KHM 28, AT 780), »Fitchers Vogel« (KHM 46, AT 311) und »Von dem Machandelboom« (KHM 47, AT 720). In »Marja Morewna« (Afanasjew NRS 159, Bd. 1, 322–323; AT 552 A + 302 C*) sind es die Tierschwäger, die den zerstückten Helden zusammensetzen und wiederbeleben.

11 Wlard, Sp. 1078f. Verwandt mit diesem Vorstellungskreis ist der hinduistische Gaube an *agnipravesha,* die ›freiwillige Selbstverbrennung‹, durch die man unsterblich werden soll (ebd.). Siehe auch weiter unten.

12 Vgl. Dh. 155f (mit zwei weiteren Belegstellen). Die urspr. italienische Fassung bei Giuseppe Pitrè: Fiabe, nouvelle e racconti populari siciliani. Palermo 1875, 3. Band, 54f. Vgl. weiterhin Edsman bes. Kap. II, 2: »Le feu du four (Aa 785)«, 41–82

13 Beide Flugblätter sind reproduziert bei De Meyer, 164f. und bei Bringéus 1980, 18f. Die Begleittexte werden unten bei den Bildnachweisen abgedruckt.

14 Eine schön und lebendig erzählte ältere Fassung dieses Märchens findet sich in Martin Montanus' »Wegkürtzer« (1557), in: Bolte (Hrsg.) 1899, 25–28. In viel einfacherer Form gibt es die Erzählung auch bereits in einem Meisterlied von Hans Sachs aus dem Jahre 1550: »Sanct Peter mit dem Landsknecht«; vgl. die Zusammenfassung in den Anmerkungen der Brüder Grimm (hrsg. von Heinz Rölleke 1980, 130)

15 So z. B. bei Paul Sébillot: Contes de Marins receuillis en Haute Bretagne, in: Archivio per lo studio di tradizioni populari 9 (1890), 237–239 (vgl. die Zusammenfassung in Edsman, 44f.) und bei Ranke 1962, 107f.

16 Literatur: Bolte, De Meyer, Stalpaert, Brednich und Bringéus 1980

17 Vgl. die Abbildung bei De Meyer, 164 und Bringéus 1980, 7

18 Abgedruckt in Peßler, 425

19 Text und Abbildung abgedruckt in Van Heurck–Boekenoogen, 579f.

20 Vgl. z. B. die Abbildungen bei Bringéus 1980, 14 und 17

21 Abgedruckt bei Zschelletsky, 63 und Kretzenbacher, 64. Kretzenbacher findet Zeugnisse – in Wort und Bild – für die Geistliche Mühle (in der zunächst allerdings keine Menschen gemahlen werden) seit dem frühen 12. Jahrhundert in Frankreich, seit dem 13. Jahrhundert im oberdeutschen Sprachraum. Übrigens ist bereits bei Plutarch (»Peri ton hypo tu theiu bradeos thuorumenon«, ca. 100 n.

Chr.) von Gottes langsam mahlenden Mühlen (der Rache) die Rede. Angabe nach Büchmann, 150

22 Eine detaillierte Beschreibung dieses Holzschnitts bei Kretzenbacher, 63f. Bei Kretzenbacher findet sich übrigens eine eingehende und ausgezeichnete Behandlung des Themas der geistlichen Mühle. Vgl. zu diesem Thema weiterhin Schiller, 61–63 und Abb. 142–144

23 De Meyer, 165. De Meyer verweist noch auf einen anderen wichtigen Holzschnitt zum Thema auf einem Flugblatt aus der späten Reformationszeit, aus dem Jahre 1577: »Die Grille Krottestisch Mül« (Holzschnitt von Tobias Stimmer, Text vom bekannten Satiriker Johann Fischart). Auch hier handelt es sich darum, daß aus Altem Neues geschaffen wird (denn aus toten Mönchen und Pfaffen entsteht ekliges Höllengetier). Der Holzschnitt ist reproduziert in Wäscher, 20, der Text wurde von Wendeler, 308–331 herausgegeben und kommentiert.

24 De Meyer, 164 (Abb. 4)

25 Bolte, 254–266

26 Bolte, 248f.

27 Carl und Theodor Colshorn: Märchen und Sagen. Hannover 1854, Nr. 3 (92–95). Wiederabdruck bei Zaunert 1912, 231–233

28 Kurz, 290–304. Der Name *Tripstrill* wird von Bolte 1899, 249–253 ausführlich erläutert. Er folgert: »Somit würde Tripstrill ursprünglich (...) das Land der Thoren sein; daraus kann sich leicht wie bei Schlauraffenland (...) die Bedeutung ›Land der Unmöglichkeiten‹ entwickelt haben, und allerlei Lügendichtungen konnten dort lokalisiert werden, auch die Altweibermühle.« (253)

29 Kurz, 304. Brednich (EM) verweist in einer Fußnote auf A. Holder: Die Pelzmühle zu Tripstrill, in: Der Schwabenspiegel 6 (1912/13), Nr. 38–40. Hier dürfte es sich um drei weitere volkstümliche Fassungen des gleichen Märchenstoffes handeln.

30 Vgl. Dh. 156f. und Edsman, 104f.

31 Dh. 157. Der vollständige englische Text ist abgedruckt in Briggs, 490–493

32 Vgl. Edsman, 128–131. Eine andere, sehr lustige bretonische Variante in Dh. 161f.

33 Dh. 159. Dort weitere Belege für diese Variantengruppe (157–162). Siehe auch BP III, 195f.

34 Spieß, 116. Es sei noch ergänzt, daß in der christlichen Symbolik der Affe häufig als Deckfigur für den Teufel auftaucht (Hinweis von Walter Scherf); vgl. Réau I, 112

35 Siehe Dh. 162f.; dort auch ein Gedicht auf einem Holzschnittbogen des Georg Glockendon aus Nürnberg (gestorben 1515)

36 Dh. erwähnt 166f. z. B. zwei Varianten aus Dänemark, wo auf diese Weise das Hermelin bzw. die Eule entstehen.

37 Wrede und Fehrle, 101. Vgl. weiterhin Van Coppenolle, der über Eligius in der Ikonographie, in (flämischen) Volkserzählungen und Volksliedern sowie in Volksbräuchen berichtet.

38 BP III, 197. In der Ikonographie dagegen ist das Beschlagwunder schon im 14. Jahrhundert, d.h. lange vor der ältesten erhaltenen Legendenfassung, ein paar Male belegt: in einem Glasgemälde im Freiburger Münster und in einer Wandmalerei in Bergamo S. M. Maggiore. Angabe nach Werner, 126

39 Grimm 1875, III 59

40 Spieß, 117. Viele Mythen, Märchen und Sagen kennen das dreibeinige Pferd, so z. B. Märchen vom Typ AT 302 C*; bekannt ist die Fassung von Ulrich Jahn in seinen *Volksmärchen aus Pommern und Rügen,* »Die Prinzessin auf dem Baum« (Nr. 3; auch in Zaunert 1912, 7ff.). Der dämonische Gegenspieler des Helden reitet einen dreibeinigen Zauberschimmel; das vierte Bein wurde von Wölfen ausgerissen. Der Held aber hat Lämmer mitgenommen und wirft sie den Wölfen zum Fraß vor. Sein vierbeiniges Zauberpferd ist dem Dreibeiner des Dämonen überlegen (s. LexZm 246f.). Auch der nächtliche Jäger Wodan reitet auf einem dreibeinigen Schimmel einher. Ursprünglich war dieses Pferd der Todesdämon und Anführer des Totenheeres. Auch der Teufel reitet das dreibeinige Pferd oder er tritt selbst in dessen Gestalt auf; vgl. Fehrle, 104 mit vielen Quellenangaben.

41 Siehe z. B. Wolf Nr. 17 (»Von Elig dem Schmiede«) und Simonsuuri – Rausmaa Nr. 61 (»Das Märchen von Petrus und Christus«)

42 Künstle II, 195 erwähnt eine ähnliche Wendung der Eligiuslegende.

43 Vgl. die Darstellung aus dem Diözesanmuseum Passau (1540), abgedruckt bei Künstle II, 197; Réau III, 426 erwähnt noch vier weitere Darstellungen im romanischen Raum. Verschiedene weitere Angaben bei Werner, 126. Schöne Beispiele geben Kaftal, Fig. 382 und 385 und Negri Arnoldi, 1071 f.

44 Vgl. Fehrle, 106

45 Spieß 117; mehr hierzu bei Fehrle, 106–108. Die gleiche Geschichte wird auch von einem anderen Schmiedepatron, Dunstan von Canterbury (geb. um 909, gest. 988), erzählt. Vgl. Werner, 126. Spieß weist darauf hin, daß wir auch die Verjüngung bzw. Reinigung des Weibes und dessen Hochzeit im Erzählungsgut von Eligius finden (ebd.). In ein paar Zaubermärchentypen spielt die Reinigung, Verwandlung bzw. Entdämonisierung der Braut eine wichtige Rolle. Vgl. vor allem AT 507 A (The Monster's Bride); ein schönes Beispiel findet sich bei Ey: »Die verwünschte Königstochter«. Hier wird die dem Unhold verfallene Königstochter dreimal bis aufs Blut gepeitscht, und durch eine Reinigungshandlung (in Wasser untertauchen) wird sie geläutert. In AT 507 C (The Serpent Maiden) muß der junge Mann oder sein Helfer in der Brautnacht darauf gefaßt sein, daß eine Schlange aus dem Mund der Geliebten kriecht und den schlafenden Bräutigam töten will, wie sie schon zahlreiche andere Freier getötet hat. (Zu AT 507 A, vgl. LexZm 397–401). Auch in AT 306 (KHM 133: Die zertanzten Schuhe) findet sich das Motiv der Entdämonisierung.

46 Fehrle, 112 mißt der Geschichte vom Jungglühen »im Rahmen der ganzen Legende (...) lediglich ausschmückende Bedeutung zu« — sicher völlig zu Unrecht. Er gibt eine naturmythologische (Hinein-) Interpretation: »Das Motiv der Verjüngung geht wahrscheinlich auf die Tötung und Wiederbelebung eines Jahresdämons zurück (...) Auch der Mythologie ist dieses Thema bekannt, für den germanisch-nordischen Bereich denke ich an Balder: Ihn trifft der tödliche Pfeil, der Lichtgott stirbt, mit ihm die Natur. Im Frühjahr aber wird er wieder auferstehen, und auch die Natur wird zu neuem Lichte erwachen.« Auf fast identische Weise, aber mit einer detaillierteren Auslegung, deutet Wünsche, 104 das Märchen vom Wasser des Lebens (AT 551).

47 Lixfeld EM II, Sp. 1442 sieht in dem Märchen eine »an den früher wirtschaftlich

bedeutenden und wohl auch zu überheblichem Stolz neigenden Berufsstand der Schmiede gebundene exempelhafte Warnerzählung.« Eine gattungsmäßige Zuordnung zum Schwank oder Legendenschwank erscheine ihm »zu vordergründig.« Ich kann Lixfeld hierin nicht beipflichten; mir scheint seine Typisierung dem Erzählstoff nicht ganz gerecht zu werden.

48 AT 531 teilt wesentliche Motivverbindungen mit der Erzählung von Tristan und Isolde; vgl. auch die Prinzessin in der Abbildung der Eligiuslegende.

49 Zu diesem Märchentyp vgl. LexZm 117–121, 214–216 und 338f.

50 Ein paar schöne Beispiele: Kovács, 28–30 (»Das Zauberpferd rettet den Prinzen«, Ungarn), Leskien, 186–193 (»Der Bursche und das Vilenpferd«, Balkan), Menzel, 42–53 (»Das Meerroß«, die Türkei), Zaunert 1926, 288–295 (»Der Knabe und die Schlange«, Siebenbürgen), Pomeranzewa, 54–63 (»Das bucklige Pferdchen«, Rußland) und Cammann, 187–194 (»Die goldene Feder«, Rumänien)

51 De Mont – De Cock, 301–312 (»Van het Tooverstokje, de gouden Pluim en het sprekende Ezeltje«); Haiding 1977, 133–138 (»Getreu und Ungetreu«)

52 Quelle für diesen Abschnitt: ARD-Sendung vom 22.10.87: Allzeit jung. Die Angst vor dem Älterwerden. Dokumentarbericht von Eckhard Garczyk.

53 Mehr hierzu in Grimm 1875, II 664

54 Bringéus 1980, 20f. Daß es eine deutliche Beziehung zwischen dem Jungbrunnen und dem Schlaraffenland gibt, kann hier nur angedeutet, nicht weiter ausgeführt werden.

55 Die Darstellung des Lebensbrunnens als christliches Motiv läßt sich sogar bis in die karolingische Kunst zurückverfolgen. Es gibt sie sowohl im *Godescalcevangeliar,* das um 782 für Karl den Großen geschrieben wurde, als im *Evangeliar von St. Médard* in Soissons, um 728, ein Geschenk Ludwig des Frommen an St. Médard. Vgl. Schiller, 63f. und Abb. 145–146

56 Vor der Renaissance war das Motiv in der deutschen Bildkunst nicht besonders populär. Die älteste bekannte Darstellung findet sich auf einer Wandtapete aus dem Elsaß (1. Hälfte des 15. Jahrhunderts; vgl. van Marle, 433 Abb. 461). In Frankreich wurde das Motiv seit dem letzten Viertel des 14. Jahrhunderts in der profanen Kunst verwendet. Vgl. hierzu ausführlich van Marle, 432–445 (mit vielen Abbildungen) und Rapp.

57 Psychologisch gesprochen ist dieser eine aber die Identifikationsfigur für jeden, der das Märchen hört oder mitspielt, potentiell also *jeder* Mensch, der sich radikal zu seiner Zielvorstellung inneren Königtums (Selbst- und Partnerfindung ineinander verschränkt) verwandeln will (briefliche Mitteilung von Walter Scherf).

58 Zauner, 1926, 295

59 Littmann, 37–44 (»Die Geschichte von dem Fischer und seinem Sohne«); Zitat S. 44

60 Edsman, 136–150

61 Die persische Übersetzung »Tuti-Nameh« (13.–14. Jahrhundert) ist verlorengegangen; die ursprüngliche indische Sammlung ist unter dem Namen »Sukasaptati« bekannt. Vgl. Edsman, 137–139 und Bayard, 40f.

62 Zum *agnipravesha,* vgl. Edsman, 250–282

63 Einige Beispiele: Bartsch, 483–486 (»Clarawunde«, Mecklenburg), Stroebe, 196–209 (»Vom goldenen Schloß, das in der Luft hing«, Norwegen), Tegethoff, 147–159 (»Dreißig-aus-Paris«, Frankreich), Bukowska-Grosse – Koschmieder, 103–110

(»Bogdynek und die Prinzessin«, Polen), Haiding 1969, 185-187 (»Johannes Ungeraten«, Oberösterreich)

64 Pino-Saavedra, 75–80. Zur Verjüngung im Backofen, vgl. Stalpaert. Ein schöner Beleg für die Verjüngung durch Jungkochen (Mot D 1885) bei Kohl-Larsen, 163–169 (»Der Zauberer Jakob Pontius«). Hier wird die Zeit des Jungkochens mit den neun Monaten des vorgeburtlichen menschlichen Lebens gleichgesetzt.

65 von Hahn II, 3–14

66 Gehrts 1988, 76f.

67 Vorsichtshalber sei hinzugefügt, daß *Entsprechungen* noch keine *Abhängigkeit* beweisen. Die Frage nach dem Vorher und Nachher der Abhängigkeiten oder der wechselseitigen Wirkungen über größere Zeiträume hinweg wird wohl nie endgültig beantwortet werden können.

68 Lüthi, 63–73 (»Sublimation und Welthaltigkeit«)

Bildnachweis

1 aus: De Meyer, 164. Der Text lantet:

Sechet lieben Herrn das můß ich lachen/
Das ich die alten weyber jung kan machen.

EJns mals ich mit eim grosse her
Wolt faren vber das breit Mer
Mit Kauffleüten wir wol bekant
Die heten gschaefft in Isslandt
Inn dem da kam ain grosser windt
Vnd schlůg das schiff also geschwint
Inn ain Insel mir vnbewißt
Die Senecla genennet ist
Wie man sy vns dann nennen thet
Von aim der drinn gewandelt het
Die Insel was hundert meil brayt
Diß volck waren nit Christen lewt
Inn diser Insel wir aldar
Můsten bleiben ain fuertel jar
Biß wir wider kamen herauß
Vber das wildes meres strauß
Wir sahen seltzam abentheür
Ein grossen ofen bran mit feur
Ein maister het vil gsind on maß
Der bey dem feur anschaffner was.
Mit wol riechenden negellein
Zymat Ziperes haitzten sy ein
Ich sach ain zal vil alter weib
Die machten sy wider von leib
Gar fein jung allsam schoen baldt
Dann sy waren vnglaublich alt
Ganz waegen kaeren man volbracht
Die der maister vom Newen macht
Die mann kamen hetten kain rhů
Drůgen sy auff den rugkhen zů
Gar alte weib die kaine kundt
Weder geen noch steen / die er gunt
Mit seinem gferdt sein formiern
Sam ainer zwaintzig jernig diern
Ganz schoen vonn leib / subtil gar
Liechte Augen ain goldfarbs har
Da ich arbayt schawet an
Fragt ich die so bei thaeten stan
Sampt meine gsellen vmb dise ding
Wies müglich wer vnd es zů gieng.
Da waren wir der sach bericht
Allain es nun bey jn geschicht
Das feur hab also die natur
Das alte ding jung drinnen wur
Was man drein werff das mach alda
Der Got des Feurs haist Vlcana
Jre weiber werden jn gar
Alt / siben acht neün hundert jar

Wann sy vor alter mügen nit
Vlcanus sy dann wider schmidt
Ich sprach der weiber woel wir auch
Ein haim fihren dann diser brauch
Ich nie han gsehen noch erhoert
Der sprach / bald sy auff dem Moer
foert
So stirbt sy / dann die frembden lüfft
Sein unser schad vnd grosses gifft
Vnser Insel glaubt gewiß
Ist der schlissel zum paradiß
Also es vns darinnen gůng
Kum erst rauß bring die new zeittung.
Anthony Formscheider.

2 aus: De Meyer, 164. Der Text lautet:

Jung mann machen.

Es ist ein muster kommen her
Auß frembden landē die sind fer
Von Cholchos vnnd Thessalia
Da findt man medicamina
Die hond vil wunderbarlich krafft
Die alten leütt mit meysterschafft
Zůbringen auff die jungen tag
Es ist also wie ich euch sag
Medea hats bewaert gar schon
An jrem schweher Esacon
Den sie erjüngert mit jr kunst
Vnnd Jason jres mannes gunst
Also thůt vnser meister auch
Es ist keyner weder ferr noch nach
Der sollichs ye gesehen hat
Darumb jr weyber ist meyn rath
Welche hab ein alten mann
Ders feld nit me wol bauwen kan
Dem treüfft die nas / die augen rinnen
Vnd der auch nit ist wol bey sinnen
Vnd der auff dreyen fiessen geet
Vnd dem der schertz nit wol ansteet
Der selb kom̄ her auff disen plan
Da wirt sie sehen wunder an
Wie diser meyster schmeltzen kan
Ain jungen auß eim alten mann
Kompt her es kostet doch nit vil
Die jren mann junghaben will
Der kost wirt sie gar nit gereüwen
Wann sye den man̄ sicht also neüwen
Schoen vnd frisch mit kradem leyb
Mit dem sie dann jr kurtzweil treybt
Nun kom̄end her vnd saumpt euch nitt
Der meyster hat eyn solchen sitt
Wer zlang verzeücht d' wirt verkürzt
Wa aber einer wirt vmbgestürzt
Jnn ofen geworffen bey der zeyt
Der selb groß lust vnd freüden geyt
Seym weyb / wan̄ er sich also jüngt
Vnd herfür auß dem ofen springt
Jhr weyber ich sag euch nit mer
Ain yede bring den alten her
Sunst würt es euch nit mer so gůt
Also spricht Hans Wolgemůt.

Anthony Formschneyder zů Augspurg.

3 aus: De Meyer, 164 (Kupferstichkabinett Amsterdam)

Der Text lautet: Hier worden oude Wijven wederom jong gemalen.

4 nach dem Bucheinband Wolfgang Eschker: Der Zigeuner im Paradies. Balkanslawische Schwänke. GdV 52. Kassel 1986

5 nach: Peßler, 425 (Kupferstichkabinett des Germanischen Nationalmuseums Nürnberg)

Der Text lautet:

Allhie werden alte Weiber jung gemahlen

Welchs Weib ist alt vnd vngeschaffen /
Geruntzelt vnd siht gleich einm Affen/
Auch nicht mehr gefaellt ihrem Mann/
Die komb/ ich sie jung machen kan/
EJn neue Muehl ist hie gemacht/
Da man die alte Weiber jung macht/
Nach jedes Wunsch vnd seim Begehren
Das thut ihm dise Muehl gewaehren/
Drumb welcher Mann fuer seinen Leib/
Nun mehr hat ein altes Weib/
Ich kan sie machen also jung/
Daß er mit ihr offt thut ein Sprung/
Nur daß der Mueller hab kein Ruh/
Faehrt man mit Schiebkarren zu/
In Schiffen auch zu gleicher Weiß/
Schifft man dem Mueller zu mit Fleiß/
Auf daß also ein junger Mann/
Fuer sein alt Weib bekomb voran/
Ein schoenes Weib jung vnd gerad/
Wie hie in disem Gemaehel staht.

Zu Augspurg / bey Marx Anthoni Hannas / Formschneider und Brieffmahler.

6 nach Zschelletsky, 63

7 nach Edsman, 100

Der Text lautet:
Ein nüw kurtzwylig hüpsch Spyl/ wie man alte Wyber jung schmidet. So dann zû Vtzisdorff in Berner biet gelegen/ von etlichen jungen gsellen gespilt ist worden.

8 nach Künstle II, 197

9 nach Bringéus, 111

Felix Karlinger: Vom Stillstand der Zeit in der Volkserzählung

1 Felix Karlinger: Zauberschlaf und Entrückung — Zur Problematik des Motivs der Jenseitszeit in der Volkserzählung. Wien 1986
2 Das Alte Testament (Buch Josua 10, 13), hrsg. von Vinzenz Hamp und Meinrad Stenzel. Aschaffenburg 1966
3 Gustavo Barroso: Mythes, contes et légendes des Indiens. Folklore Brésilien. Paris 1930
4 Felix Karlinger/Geraldo de Freitas: Brasilianische Märchen. Köln 1972, 7
5 Clemens Brandenburger: Mythen, Sagen und Märchen brasilischer Indianer. Sao Leopoldo und Cruz Alta 1919, 23
6 Sammlung Karlinger, unveröffentlicht
7 A. Bermejo Tenenti: Temi e testi di folklore. Mendoza o. J., 39
8 Felix Karlinger: Heilige Ereignisse – Heilige Zeiten (in Druck)
9 Vermittelt durch Luigi Lun; aufgenommen 1950 in Orta (Piemont). Unveröffentlicht
10 Ranjana Usai: Contes orales bengales. Bhowanipore 1986, 90

Nelly Naumann: Zeit, Zeitgefühl, Zeitvorstellungen im japanischen Märchen

1 Hiroko Ikeda: A Type and Motif Index of Japanese Folk-Literature. Helsinki 1971 (FFC 209)

2 Max Lüthi: Das europäische Volksmärchen. Form und Wesen. Bern/München [3]1968, 21

3 Für diese Angaben finden sich reichlich Belege auch in Übersetzungen, z. B. bei Toschio Ozawa: Japanische Märchen. Frankfurt 1974, in den folgenden Märchen: Te-Te-Koboschi (38 f.), Der Fuchs, der dem Menschen das Haar rasiert (39 f.), Der Reiche aus der Schnecke (56–62), Reisschalenglück und Reisglück (84–88), Mondchen und Sternchen (88–90), Die Schüsselprinzessin (90–95), Das Wunschkind der Göttin Kannon (95–98), Das Pferd, das Geld herausgibt (125–128). Ebenso bei Fanny Hagin Mayer: Ancient Tales in Modern Japan. Bloomington 1984, in den Nr. 17, 19, 28, 37, 38, 42, 49, 50, 88, 95, 138

4 Mayer, 97 (Nr. 87 Demon stories)

5 Mayer, 11 (Nr. 8 Issun Bôshi)

6 Ozawa, 56 (Der Reiche aus der Schnecke)

7 Mayer, 70 (Nr. 56 The power of treasures)

8 Ortsangaben z. B. in Mayer Nr. 22, 32, 45, 51. Wenn viele Märchen die Handlung »an einem gewissen Ort« spielen lassen, wirkt das ebenfalls wie ein Ersatz für eine genaue Ortsangabe. Entsprechende Dialoge bei Ozawa: 31 und 33 (Katzenmärchen 1 und 3), 34 (Das Ende der Menschenopfer), 90 ff. (Die Schüsselprinzessin)

9 So bei Mayer, 9 f. (Nr. 7 The eagle's foundling). Der Sage oder Anekdote stehen vor allem die Gespenstergeschichten nahe, die Ikeda (82–88) unter der Typennummer 326 A–J führt. Entsprechende Märchen sowohl bei Ozawa wie bei Mayer (hier bes. die Nr. 64, 74, 75, 97, 160, 179). Wie Sensationsberichte wirken manche Stiefkindgeschichten, so Mayer Nr. 43, 44, 47

10 Ozawa, 33ff. (Das Ende der Menschenopfer); Variante bei Mayer, 110 f. (Nr. 97 Destroying the monkey gods)

11 Ikeda Type 300 The Monkey-God Slayer. Vgl. AT 300 The Dragon Slayer

12 *Konjaku-monogatari* Fasz. 26, Nr. 7 Wie durch die List eines Jägers die Menschenopfer für einen Gott in der Provinz Mimasaka beendet wurden; Nr. 8 Wie die Menschenopfer für einen Affengott in der Provinz Hida beendet wurden. Textausgabe: Nihon koten bungaku taikei (=NKBT) XXV, 427ff.

13 Zu den *otogizôshi* siehe Roland Schneider: Die shussemono der otogizôshi. Literatur zwischen Mittelalter und Edo-Zeit. In: Oriens Extremus Jg. 23, 1976, Heft 1, 65–86

14 Vgl. Keigo Seki: Nihon mukashibanashi taisei, IV (1978), 289–196, Typ 196A. Gelegentlich wird das Märchen auch so erzählt, daß der junge Mann das Verbot einhält und nach einem Jahr reich belohnt entlassen wird. Der neidische Nachbar versucht ebenfalls sein Glück und versagt (Seki's Typ 196B, 297–298). Eine Variante des letzteren Typs bei Mayer 148 f. (Nr. 131 The forbidden room). Vgl. auch Ikeda, 126f., Type 480E Efficacy of Bird's Prayer).

15 Spiegelreiskuchen sind große, runde Reiskuchen, speziell für Neujahr hergestellt. Inari ist die Gottheit des Reises. Das Hauptheiligtum im Süden Kyôtos ist gekenn-

zeichnet durch ganze Alleen rotlackierter *torii,* die als Votivgaben dargebracht werden. Der »Erste Pferdetag«: die Tage wurden durchlaufend im Zwölferrhythmus nach den zwölf Tierkreiszeichen benannt.

16 Seki IV, 284–290

17 Seki IV, 293

18 Vgl. die von Ozawa übersetzte Variante »Wie man in die verbotene Scheune guckt« (113). Neben diesen Versionen gibt es noch solche, die verschiedene Stadien des Reisanbaus beschreiben, vgl. Seki IV, 291, 292f.; auch bei der rudimentären, auf einen Raum beschränkten Version, ist dieser ein »Frühlingszimmer«. Zur Erlösung durch Sutren-Rezitation siehe Wilhelm Gundert: Japanische Religionsgeschichte. Stuttgart/Tokyo 1935, 53, 104ff.

19 »Urashima Tarô« in *Otogizôshi,* NKBT 38, 340f.

20 »Shûtendôji« in *Otogizôshi,* NKBT 38, 369, 382. Übersetzung in: Die Zauberschale. Erzählungen vom Leben japanischer Damen, Mönche, Herren und Knechte. Ausgew. u. übers. von Nelly und Wolfram Naumann, München 1973, 327, 336

21 *Shintô-shû* Fasz. 4, Shinano no kuni chinju Suwa daimyôjin akimatsuri no koto, »Über das Herbstfest der Großen Leuchtenden Gottheit von Suwa, Schutzgott der Provinz Shinano.« Tôyô Bunko Text. Tokyo 1959, 110

22 *Konjaku-monogatari* Fasz. 19, Nr. 33, »Wie der Gott in der Östlichen Dritten Querstraße einem Mönch Dank abstattete«, NKBT 25, 127–128

23 Vgl. hierzu Nelly Naumann: Das Umwandeln des Himmelspfeilers. Ein japanischer Mythos und seine kulturhistorische Einordnung. Tokyo 1971, 199ff.

24 Seki IV, 293

25 So scheint es mir typisch, daß nur in ganz wenigen Märchen der Held auszieht und unterwegs Taten vollbringt; die Handlung spielt im allgemeinen »am Ort«, der Held »kommt an«.

26 Seki IV, 293

27 *Nihongi* (oder *Nihon-shoki*) Fasz. 4, Yûryaku 22, NKBT 67, 497. Vgl. die Übersetzung in Karl Florenz: Die historischen Quellen der Shinto-Religion. Göttingen 1919, 299f.

28 1. Ein im *Shaku-Nihongi* überliefertes Fragment des *Tango-fudoki* (»Topographie von Tango«), Text in *Fudoki,* NKBT 2, 470–477 (Übersetzung in: Die Zauberschale, 27–29, letzter Satz nach dem *Manyôshû* ergänzt); 2. *Urashima no Ko no den* (»Biographie des Urashima no Ko«), Text in Gunsho-ruijû (=GR) IX, 325–326; 3. Lied Nr. 1740 des *Manyôshû* Fasz. 9, NKBT 5, 382/383–386/387

29 Um nur einiges zu nennen: Im *Shoku-Nihon-kôki,* »Fortgesetzte Spätere Annalen Japans«, wird 849 aus Anlaß des Kaiser-Geburtstags in einem Preislied auf Urashima und die Insel Tokoyo angespielt; das 10. Jahrhundert bringt eine »Fortsetzung« (eigentlich eine Ausarbeitung) der genannten Biographie des Urashima; das *Genkô-shakusho* von 1322 enthält in Fasz. 18 die Biographie der Nonne Nyoi, zuvor Gemahlin des Kaisers Junna (regiert von 823 bis 833), die aus demselben Ort stammt wie Urashima no Ko und von diesem ein Kästchen erhalten haben soll, als er im Jahr 824 aus P'eng-lai, wo er viele hundert Jahre gewohnt hatte, zurückgekommen sei. Im ausgehenden Mittelalter entstand ein Nô-Spiel »Urashima«, in welchem die Entstehungslegende der »Leuchtenden Gottheit Urashima« dargestellt wird

(Aufführungsdatum 25.9.1465). Daß Urashima inzwischen göttlich verehrt wurde, zeigt auch eine Bildrolle mit der gemalten Legende aus dem 14. Jahrhundert. Sie wird aufbewahrt im Ura-Schrein im Flecken Urashima, Ine-machi, heute Stadtpräfektur Kyôto, wo Urashima als Hauptgott verehrt wird. Der Schrein als solcher wird bereits 920 erwähnt. Doch scheint es noch ein anderes Urashima-Schreinchen gegeben zu haben, um 1200 und danach in der Literatur mehrfach genannt, heute aber nicht mehr lokalisierbar. Vgl. *Shintô-daijiten* I, 199; Yoshida Tôgo: Dai-Nihon chimei jisho III, 51 (Ura-jinja), 57 (Amino-jinja); *Nihon koten bungaku daijiten* I, 317 f. Zur Literatur des ausgehenden Mittelalters gehört auch das *otogizôshi* »Urashima Tarô« in *Otogizôshi,* NKBT 38, 337–345, das mit einer Apotheose des Urashima in Gestalt eines Kranichs, vereint mit der Schildkröte, als Gottheiten des genannten Schreins schließt.

30 »Urashima Tarô« in *Otogizôshi,* NKBT 38, 337 f. Vgl. die Märchen von der Kranich-, Fisch-, Muschel-, Schlangen-, Fuchs-, Frosch-Frau, Ikeda 1971, 105–109, Type 413 A–E

31 Vgl. Seki VI, 22–31; Ikeda, 119 f., Type 470* »Dragon Palace«. Das Märchen ist (vermutlich seit Einführung der Schulpflicht) in standardisierter Form in die Lesebücher der Grundschule aufgenommen; mir liegt z. B. vor *Shôgaku kokugo tokuhon* 3 (für das 2. Grundschuljahr), Mombushô 1938, 107–121

32 Die erste Erwähnung in diesem Sinne in einem chinesisch geschriebenen Gedicht des Sugano Mamichi, aufgenommen in die Smlg. *Ryôunshû* von 814, Text in GR 8, 457

33 Zur chinesischen Vorstellung der Insel P'eng-lai(-shan) s. a. E. T. C. Werner: A Dictionary of Chinese Mythology. New York 1961, 372

34 *Kojiki* Fasz. 1, NKBT 1, 134/135ff.; *Nihongi* Fasz. 2, NKBT 67, 163ff. Übersetzung: Florenz (wie Anm. 27) 76–81; 204–219

35 *Nihongi* Fasz. 6, Suinin 90 und 99, NKBT 67, 279ff. Übersetzung in William George Aston: Nihongi. Chronicles of Japan from the Earliest Times to A. D. 697. London, Reprint 1956 I, 186f. Siehe auch *Kojiki* Fasz. 2, NKBT 1, 202/203, Übersetzung Florenz (wie Anm. 27) 102

36 *Kojiki* Fasz. 1, NKBT 1, 106/107ff.; *Nihongi* Fasz. 1, NKBT 67, 128/129, 130/131; Übersetzung Florenz (wie Anm. 27) 56ff., 171ff., 174ff.

37 Hierzu Nelly Naumann: Umgekehrt, umgekehrt... Zu einer Zauberpraktik des japanischen Altertums. In: Oriens Extremus Jg. 26, 1979, 62. Ausführlich befaßt sich mit diesem Thema Klaus Antoni: Miwa – Der Heilige Trank in der japanischen Überlieferung. Münchener Ostasiatische Studien Bd. 44

38 Über die Verbindung Tokoyo/Meergott-Palast dringt das Motiv der Zeitverschiebung dann auch in Geschichten ein, die anderweitig vom Besuch des (an die Stelle des Meergott-Palastes getretenen) Drachenpalastes berichten. Vgl. z. B. *Konjakumonogatari* Fasz. 16, Nr. 15 »Wie jemand, welcher der Kannon diente, in den Drachenpalast ging und Reichtum erlangte«, NKBT 24, 450–453. Sowohl in der Sage wie im Märchen bleibt das Motiv jedoch fakultativ und tritt immer nur vereinzelt auf, so im Märchen von der »Frau aus dem Drachenpalast«, vgl. Seki II, 193ff., Mayer 34 (Nr. 27), während Ikeda 121, Type 470 B, das Motiv nicht einmal erwähnt. Das Motiv fehlt auch im entsprechenden chinesischen Märchen, vgl. Nai-tung Ting: A Type Index of Chinese Folktales. Helsinki 1978 (FFC 223), 102, Type

555*. Hinsichtlich rezenter Sagen vgl. Nelly Naumann: Die webende Göttin. In: Nachrichten der Gesellschaft für Natur- und Völkerkunde Ostasiens Nr. 133, 1983: 48–56

39 Seki VI, 28, rechnet das Märchen zum Urashima-Typ; vgl. Ikeda, 163, Type 681 »Moments Thought to be Years«.

40 *Konjaku-monogatari* Fasz. 16, Nr. 17 »Wie Kaya no Yoshifuji aus der Provinz Bitchû zum Gatten einer Füchsin wurde und die Hilfe der Kannon erlangte«, NKBT 24, 456–458

41 Ikeda, 163. Vgl. Hermann Bohner: Nô. Die einzelnen Nô. Tokyo 1956, 315–318 (Mitteilungen der Ges. f. Natur- u. Völkerkunde Ostasiens, Supplementband XXII).

42 Vgl. Eugen Feifel: Geschichte der chinesischen Literatur. Darmstadt [4]1982, 264. Feifel nennt als Verfasser einen Shen Chi-chi, während die japanischen Nachschlagewerke Li Pi angeben. — Eine vergleichbare, ebenfalls t'ang-zeitliche Novelle, das *Nan-k'o chi* des Li Kung-tso, ist in Übersetzung zu finden bei Wolfgang Bauer und Herbert Franke: Die goldene Truhe. Chinesische Novellen aus zwei Jahrtausenden. München 1959, 91–105 (»Das geträumte Leben«).

43 Ting 1978: 116f., Type 681, »Years of Experience in a Moment«

44 Die Vorstellung der »Rückläufigkeit« kommt auch zum Ausdruck in der Bezeichnung des Jenseits dieses Märchens als *sakabettô no jôdo,* »Paradies des Vorstehers der Rückläufigkeit«

45 Wolfram Eberhard und Pertev Naili Boratav: Typen türkischer Volksmärchen. Wiesbaden 1953, 150f., Typ 134 »In der Zeit ist Zeit«. Herrn Prof. Dr. Gerhard Endreß, Bochum, verdanke ich den Hinweis auf Theodor Nöldeke: Das arabische Märchen vom Doctor und Garkoch. Herausgegeben, übersetzt und in seinem litterarischen Zusammenhang beleuchtet. In: Abhandlungen der Königl. Preuss. Akademie der Wissenschaften zu Berlin vom Jahre 1891, 4–50. Hier wird das betr. Märchenthema ausführlich behandelt. Der › Unglaube ‹ hinsichtlich der Zeitraffung bezieht sich, wie mir Herr Endreß mitteilt, auf eine Prophetenlegende im Anschluß an Koran, Sure 17, Vers 1, über die ›Nachtreise‹ Mohammeds zum Heiligtum von Jerusalem und zum Siebten Himmel, während welcher – wie schon in den Korankommentaren des 9. Jahrhunderts zu lesen – ein beim Aufbruch umgestoßener Wasserkrug bei der Rückkehr noch nicht einmal ausgelaufen ist: Erweis der Inkommensurabilität zwischen menschlicher Zeit und Gottes Ewigkeit.

46 Vgl. Lied 1741 des *Manyôshû,* Fasz. 9, NKBT 5, 386/387

Heinz-Albert Heindrichs: Hörzeit und gehörte Zeit

1 Eberhart Lämmert: Die Zeitbezüge des Erzählens, 199ff. in: Bauformen des Erzählens. Stuttgart 1980

2 Olivier Messiaen in: Musikkonzepte 28, edition text+kritik. München 1982, 3

3 Hans Heinrich Eggebrecht: Musik und Zeit in: Dahlhaus/Eggebrecht: Was ist Musik? Wilhelmshaven 1985, 186

4 Gerd Zacher in: Musikkonzepte 28, edition text+kritik. München 1982, 95

5 Augustinus: Dreizehn Bücher Bekenntnisse (Confessiones), Werke, Abtl. 3, Band 1. Paderborn 1964, 312
6 Olivier Messiaen: a. a. O., 4
7 Wilhelm Killmayer: Kammermusik Nr. 1 »The woods so wilde«. Mainz 1970
8 Dieter Rexroth: Die Perspektive einer »Großen Zeit« in: Neue Zeitschrift für Musik, Heft 7/8. Mainz 1987, 38
9 Bernd Alois Zimmermann: Intervall und Zeit. Mainz 1974, 34
10 Bernd Alois Zimmermann: a. a. O., 12
11 Wulf Konold: Bernd Alois Zimmermann. Köln 1986, 40

ÜBERSICHT